U0719925

日本
企业物流中心
案例精选

—— DC/TC 的规划、建设、运营与改善

李 瑞 雪
〔日〕大矢昌浩 主编

中国财富出版社

图书在版编目（CIP）数据

日本企业物流中心案例精选：DC/TC 的规划、建设、运营与改善 / 李瑞雪，
（日）大矢昌浩主编 . —北京：中国财富出版社，2015.9
（中日现代物流研究成果精编）
ISBN 978 - 7 - 5047 - 5826 - 2

Ⅰ.①日…　Ⅱ.①李…　②大…　Ⅲ.①物流—物资管理—案例—汇编—日本
Ⅳ.①F259.313.2

中国版本图书馆 CIP 数据核字（2015）第 178404 号

策划编辑 郑欣怡	**责任编辑** 沈兴龙　徐　宁	
责任印制 方朋远	**责任校对** 杨小静	**责任发行** 斯　琴

出版发行 中国财富出版社（原中国物资出版社）
社　　址 北京市丰台区南四环西路 188 号 5 区 20 楼　　**邮政编码**　100070
电　　话 010 - 52227568（发行部）　　　010 - 52227588 转 307（总编室）
　　　　　　010 - 68589540（读者服务部）　　010 - 52227588 转 305（质检部）
网　　址 http：//www.cfpress.com.cn
经　　销 新华书店
印　　刷 北京京都六环印刷厂
书　　号 ISBN 978 - 7 - 5047 - 5826 - 2/F · 2445
开　　本 710mm×1000mm　1/16　　　　**版　　次** 2015 年 9 月第 1 版
印　　张 16　　　　　　　　　　　　　**印　　次** 2015 年 9 月第 1 次印刷
字　　数 270 千字　　　　　　　　　　**定　　价** 42.00 元

序　言

日本企业物流中心的特征

极高的交货精度是日本企业物流中心的特征之一。例如日本最大的医药品和日用品批发企业 MEDIPAL HOLDING（本书中提到的 PALTAC 是其集团内核心企业之一），在这家企业的物流中心里，出货品种和出货数量的平均误差率只有百万分之一。尽管不是所有日本企业都能像 MEDIPAL 这样把交货精度追求到极致，但即便是一般的日本企业，把交货误差率控制在万分之一以内是常识性的标准。这样的标准在许多国家的企业看来显然是一个不易实现的目标。

而 MEDIPAL 的目标更加高远，他们想干脆省去交货中的验货环节。通常，收货方的工作人员需在送货司机在场的情况下，点验交货的商品。如果能省去这个验货环节，就可以大大降低交货业务的作业成本。

不言而喻，实施免检交货的条件是向客户保证足够高的交货精度。笔者在向许多日本企业调研中了解到，对于商品的平均单价在 300 日元左右的日用品，交货误差率须在十万分之一以下，而平均单价较高的医药品类则须控制在百万分之一以下。

防止出货错误的发生，可以通过物流中心发货前的反复点验的方式来实现。但这种方式耗时费力成本过高。仅仅依靠提高机械化自动化的程度也不能完全解决问题，因为不论投入了多么先进的设备，如果运营和操作上有问题，仍然难以避免差错的出现，况且自动化设备需要的投资规模总是很大。

MEDIPAL 的战略是在开发物流中心运营模式上狠下功夫。他们尝试从各个角度探索物流中心的运营方法，并引进与模式相适应的物流设备。根据物流中心功能设计的需要，MEDIPAL 还自己研发一些难以购置的必需设备。MEDI-

PAL 的物流中心正是通过模式的革新和独特设备的运用来不断减少发货差错。由于他们不是依赖增加验货次数来保证出货精度，因此可以在提高物流中心运营效率的同时，改善顾客服务水平，实现了世界上罕见的交货精度。

除了交货精度，多频度、小批量也是日本企业的物流特征之一。精益（Just In Time，JIT）的丰田生产方式要求将需要的物品以需要的量在需要的时间送到需要的地方，其实质就是实现库存最小化，消除供应链中产生浪费的物流方式。这种物流方式必然带来多频度交货、小批量运输。

日本独特的零售业态也要求多频度小批量的物流服务。日本的许多食品超市和日用杂货店位于商业区和住宅密集区，规模都很小。很多门店除了店内的货架外，几乎没有库存保管的空间。门店内商品一旦售出，必须马上补货，否则就会出现断货的情况。因此导致对应门店的多频度补货服务必不可少。补货频度越高，自然而然平均每次的交货量就越少。

欧美国家流通是以大型零售门店为主体的体系。这些大型门店都配置有面积很大的库存区，订货的批量也是以托盘甚至卡车为单位，通过大批量、少频度的方式追求物流效率。而日本的门店交货的批量极小。以加工食品为例，大约 20% 的门店交货都是不足整箱的拆零配送。根据笔者对许多零售企业的物流中心的调研发现：整个货物量约 20% 的拆零订货的处理成本，要占到物流中心运营总成本的 80% 左右。

这种几乎极端地追求交货精度和多频度、小批量的做法，在日本国内也并非总受到推崇。有些学者和业内人士把这种特征称之为"物流的加拉帕戈斯综合征"。"加拉帕戈斯现象"本来是指与大陆隔绝的孤岛上独自进化形成的物种现象。日本企业的物流特征需要借用这个词来形容可见其特异的程度。这些学者认为，如此极端的做法完全是在日本市场这个孤立的环境下异常进化的结果，不适用于海外的流通条件，也不值得推广。

但在笔者看来，日本企业的物流中心最值得借鉴和学习的地方正是被有些人称之为"加拉帕戈斯综合征"的高精度、多频度、小批量的运营特征。其实在当今世界，多频度、小批量早已不再是日本独有的现象了。供应链上游的精益生产方式（Lean Production System）已经在世界很多国家和地区包括汽车产业在内的许多领域广泛应用，而所谓的精益生产方式其实就是丰田生产方式的翻版。

在供应链的下游，Seven & I（柒和伊集团公司）开发的"单品管理方式"广为人知。随着 Seven & I 旗下的便利店连锁 7 - 11（Seven - Eleven）的海外扩张，"单品管理方式"已传播到亚洲各国。这一管理方式主要反映在对订货数量和门店内陈列方法进行优化的基本单位是商品品项（SKU），而不是商品大类（category），因此多频度、小批量的物流支持是这一实施单品管理方式的必要前提条件。

当下，网购电商的飞速发展对多频度、小批量的物流服务水平提出了接近极限的要求。由于网购的普及使最终交货点从门店分散到各消费者的家门口，订货和运输配送的批量都将降到最小单位。物流中心为了应对巨量的零散订货，必须具备快速高效的拆零拣选和拆零发货配送等功能。以大批量物流为前提条件的欧美型物流中心显然很难适应这种毛细血管式的物流要求。

对于这样的新型物流要求，美国的亚马逊公司试图凭借物流机器人等尖端的自动化技术的开发和应用来应对。他们的技术主义战略能否成功尚无法预测。不过不难想象，流通末端每天不断变化的物流量与相对固定的自动化设备处理能力之间总难以平衡。为了保证在承诺的时间期限内向顾客交货，就不得不根据物流量高峰时的需求来设定设备的运营能力。因此在需求量较少的时间段，就会有很多设备能力处于闲置状态。与计划相比，设备开工率常常很低。

另外，自动化设备的投资效益还会受到设施所处地域工人工资水平的影响。同样的自动化设备，在人工费相对较高的发达国家的投资回报要比人工成本较低的发展中国家高得多。因此，在发展中国家，选择依靠人工作业的方式常常具有足够的经济合理性。

而许多日本企业的物流中心倾向于选择人工作业与轻装备的物料搬运设备相结合的模式。这种被称为"人机系统（Man - Machine System）"的模式具有可以灵活应对物流量变化的优势，即把对物料搬运设备的依赖程度控制在最小限度以降低设施处理能力的刚性程度，进而压缩固定成本的比例。在业务繁忙时期，则通过大量投入临时工和短期工的方式提高短时期内的处理能力来应对增加的物流量。

物流中心内的劳动生产率的提高也并非依赖自动化和机械化，而是把着眼点放在以人为主的现场改善活动。"现场能力"是关键词，指的是现场的作业人员自发地解决问题，改善作业效率提高作业精度的能力。主要是依靠一线工人发挥主观能动性积极地减少作业中的"不合理、浪费、不均衡（MURI，MUDA，MURA）"现象，从而提高物流中心的整体效率。

"现场能力"的作用并非仅限于物流中心。在生产现场及其他所有作业现场，这种以高度的职业伦理和自律精神维系下的一线员工的"现场能力"随时随处都在发挥着不可替代的作用。日本产业人士普遍认为正是这种强大的"现场能力"才是日本企业国际竞争力的源泉。

本书编者之一的大矢昌浩发行的日本物流专业杂志《月刊物流商务（LOGI‐BIZ)》调查发现，日本各物流中心之间的劳动生产率存在 3 ~ 6 倍的差距。

在 2010 年和 2012 年实施的对日本国内 300 所物流中心所做的调查结果显示：库内作业人员每小时处理订单行数的平均水平大约为 20 行。其中，占调查总数 20% 的效率高的物流中心的处理能力的平均值大约为 60 行，而其余 80% 的物流中心的平均值只有 10 行左右。

同样的调查还揭示了物流中心的作业品质和服务水平与劳动生产率成正比的关系。许多人都以为作业质量或服务水平的提高与成本降低之间是二律背反的关系，但事实上，作业品质和服务水平高的物流中心，其劳动生产率通常也十分优秀，在成本上占有优势。长期从事物流中心运营管理的专业人员，对于这一现象已经早有共识。

在日本，物流中心的总运营成本中人工费要占六成左右，因此劳动生产率的差距直接影响到物流中心的成本竞争力。而劳动生产率的差距主要源于"现场能力"，所以日本的物流中心的管理人员总是千方百计地想着如何才能提高"现场能力"。本书中的许多案例都反映了这一特征。

但是"现场能力"关乎作业人员的职业伦理、协作意识以及技能结构，而且大多属于无法用数值和语言来表达的"暗默知（Tacit Knowledge）"范畴。因此即使在日本国内同一家企业的各物流中心之间，"现场能力"也会存在不小的差距。如何将"现场能力"移植到海外？究竟能不能移植？对于那些把海外市场的拓展作为今后企业发展方向的日本企业来说，这些问题都是无法回避的。

而在以亚马逊为代表的欧美企业的物流中心内，则充分利用自动化技术，其竞争优势来源于"形式知（Formal Knowledge）"。因此其运营模式易于移植，可以在世界各地实现同样或相近的效果和效率。

日本式的"人机系统（Man－Machine System）"模式与亚马逊式的机器人路线，哪一种途径更好，目前还难以作出判断。但是以往的经验告诉我们：答案应该在把两种途径的优点结合并升华后的模式中。

物流中心发展进化的舞台将逐渐转移到以中国为代表的新兴国家，中国的物流专业人员势必成为这个舞台上的主角。如果这本书能为他们提供些许借鉴之处，所有的编写人员都将欣喜万分。

李瑞雪　大矢昌浩

2015 年 3 月吉日于日本东京

·目 录·

第三部　物流中心的现场改善

第一部
物流中心的规划与建设

1　日本 ACCESS 的物流设施建设①

【提　要】日本 ACCESS（原雪印 ACCESS）曾是乳制品企业雪印集团的子公司。2001 年前后，雪印集团相继发生数起事故和丑闻，集团内多家主要企业遭受重创，但日本 ACCESS 的前身雪印 ACCESS 却在逆境中顽强生存，并继续发展壮大。该公司以冷藏食品的批发为主业，销售额达 6600 亿日元左右（2001 年度）。1993 年合并了 5 家企业并整合了物流基地。伴随着企业的合并，该公司着手物流基地的消减与整合，并构建了"和式日常食品"（以下简称"和日配品"）全国物流网络。该企业官网为：http：//www. nippon - access. co. jp/en/。

1.1　宣布脱离母公司

日本著名的乳制品企业雪印集团曾发生过一连串的产品质量和信誉丑闻，使得雪印品牌名声大损。日本 ACCESS 的前身——雪印 ACCESS 作为该集团的一员，自然不可能置身事外。虽然雪印 ACCESS 和发生假牛肉事件的雪印食品公司之间的交易额占总销售额的 1% 不到，但与包括雪印乳业在内所有雪印品牌的交易额却高达 25%。

但是当时流通业界的人士大多相信：即便所有的雪印品牌的商品从零售店下架了，当时的雪印 ACCESS 公司也会生存下来。日本 ACCESS 的执行董事兼营业部部长 G 先生曾向笔者解释说："作为同样以雪印冠名的企业，形象受损是不可避免的。但是本公司不仅经销雪印品牌商品，还与大约 4000 家生产商有业务往来。因此本公司虽然因那一连串事故而受到一定的影响，但与集团的其他公司相比，损失还是有限的。"

---

① 原文执笔：刈屋大辅，翻译：黎雪、卢梅，监译和改编：李瑞雪

2001 年雪印乳业的产品造成了集体食物中毒事件之后，雪印集团各公司都一度陷入了困境。本来，雪印 ACCESS 早就把承接包括集团外企业的恒温商品一揽子物流业务作为经营支柱，因此固守特定的生产商的招牌并不一定带来好的效果。为了能提高业绩，雪印 ACCESS 很早就希望尽快摘掉雪印的招牌。

但是雪印 ACCESS 作为雪印乳业握有 51% 股份的子公司，这一愿望一直很难成为现实。然而雪印食品的冒牌牛肉事件曝光以后，情况便发生了变化。雪印 ACCESS 的经营高层开始公开声称雪印的招牌对公司经营是个累赘，明确表明要脱离母公司。2002 年雪印乳业株式会社出售了其持有的大部分雪印 ACCESS 股份，雪印 ACCESS 正式脱离雪印集团。2004 年公司更名为日本 ACCESS。此后不久，日本大型综合商社之一的伊藤忠商事成为该公司的最大股东。

日本 ACCESS 的强势和自信来自于其庞大的物流网络（见图 1 - 1）。公司认为竞争对手要想达到与自己同等规模的网络几乎不可能，除非他们采取合纵连横的战略。拥有 6600 亿日元销售额的日本 ACCESS 在日本全国各地拥有 185 所物流基地，其冷藏设施的总占地面积达 10 万平方米。也就是说，该公司强大的冷链物流能力是其庞大的冷藏、冷冻食品批发业务的重要保障。

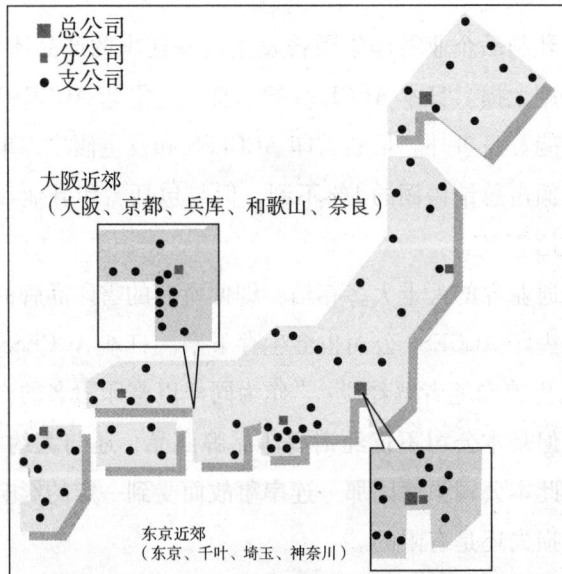

图 1 - 1　雪印 ACCESS 的物流网络（营业所、MD 中心除外，2001 年 1 月的状况）

1.2　全国 185 所物流基地

日本 ACCESS 的物流网络大致由两种设施构成：①具备向各地方城市的中型食品超市和小型零售店提供物流服务功能的分公司和营业所；②面向特定零售企业的一揽子物流中心（Merchandising Center，MD）。分公司和营业所共有 110 处，MD 共有 75 所。

日本 ACCESS 的前身雪印 ACCESS 是 1993 年由岛屋商业、仁木岛商业、雪印物产、东京雪印销售这 4 家公司合并成立起来的。当时共有 180 个分公司·营业所。公司花了 9 年时间将这个数量减至 70 个，同时把服务区域有重叠的基地进行了合并，并建设了新的大型基地，以拆旧造新（scrap and build）的方式推进了基地的拆并整合。

即使如此，现在运行的分公司·营业所的网络还不能说是理想状态。公司高层认为，为削减事务处理等间接费用，基地的数量还需要继续减少。但是如果数量过度减少的话，公司恐怕难以在全国范围提供均质的服务水平。因此需要通过考虑地域性特征来决定合适的物流设施数量。另外目前还存在在同一个物流设施内处理常温、冷藏、冷冻三个温度带的情况。今后的计划是在拆并整合物流设施的同时，增加一些特定温度带的专用物流设施。

MD 中心的数量自从 5 家公司合并之后一直是有增无减。为了满足零售企业的一揽子物流服务的需求，日本 ACCESS 在全国各地设立了许多面向特定零售企业的物流中心。目前 75 所 MD 中心所服务的客户企业有 119 家，其中便利店连锁企业 15 家，其余的都是包括 GMS（综合超市）在内的食品超市企业。

G 先生介绍道："有一段时期，零售商自身也建设运营了一些一揽子物流中心。但是后来大多慢慢改为外包（outsourcing）。为了应对这一趋势，本公司增加了 MD 中心的数量，今后还将继续增加。仅从加强与零售企业的商流关系的意义上，我们也有必要继续扩建这类物流中心。"

中间流通业通常销售额很高，但是利润率却很低。这一特点在日本 AC-

CESS 的业绩上也反映得很明显。该公司 2000 年度（2000 年 4 月—2001 年 3 月）的销售额（联合决算）高达 6638 亿 4800 万日元，但经常利润仅为 31 亿 4700 万日元，经常利润率仅为 0.5%。在日本食品行业，日本 ACCESS 的销售额从雪印 ACCESS 时期就雄踞首位（见下表）。

2000 年度日本食品行业销售额排行

企业名称	销售额（亿日元）
（1）雪印 ACCESS	6432
（2）菱食	6242
（3）国分	5733
（4）加藤产业	3686
（5）伊藤忠食品	3456
（6）旭食品	2888
（7）明治屋	2588
（8）三友小网	2196
（9）西野商事	2023
（10）NACX 中村	1713

数据来源：雪印 ACCESS 官方网站。

尽管利润率很低，1993 年合并以来日本 ACCESS 及其前身的雪印 AC-CESS 一直坚持对物流设施设备大力度的投资，高的年度达 50 亿日元，低的年度也保持在 25 亿日元左右的规模，目的是通过持续的高强度设备投资以达到强化物流网络的目的。即便在冷链大国日本，冷藏冷冻食品行业中拥有全国性冷链物流网络的企业也为数不多。所以日本 ACCESS 判断只要能够建设成比较完备的物流网络，就一定能形成竞争优势，获取扩大业务的机会。结果证明这个战略判断是正确的。目前在冷藏冷冻物流网络的广度和深度上，在日本没有任何一家别的企业能出其右（见图 1-2）。

日本 ACCESS 并没满足现状。他们认为目前的物流网还远远不是理想形态，还须继续实施相当规模的物流设备投资，以充实以分公司、营业所和 MD 中心为核心的物流网络。

·覆盖常温、冷藏、冷冻、速冻等
　所有温度带
·在全国共有335处设施的物流网络

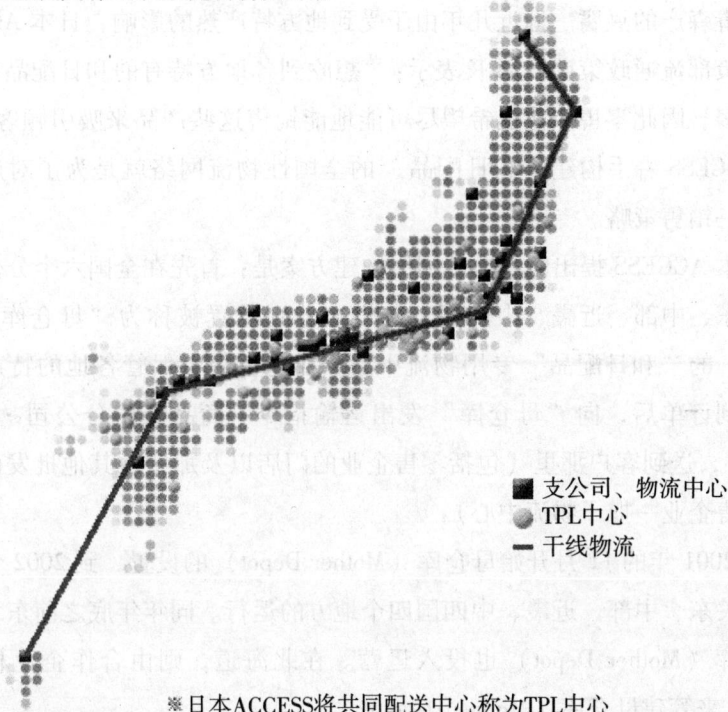

支公司、物流中心
TPL中心
干线物流

※日本ACCESS将共同配送中心称为TPL中心

图1-2　日本 ACCESS 最新物流网络分布图（2015 年 1 月）

1.3　在业界首家开展"和式日常食品（和日配品）"的全国物流网络

与此同时，日本 ACCESS 还着力构建和式日常食品（即和日配品）的物流网络。目的是将从全国各地采购来的纳豆、膏状点心、咸烹海味、咸菜等这些所谓的"和日配品"供货给全国各地的零售门店。建设这类专用物流网络在日本是开业界先河的。

在日本，随着社会老龄化，对"和日配品"的需求将越来越旺盛。雪印ACCESS 2001 年度"和日配品"销售额达 560 亿日元（与上年比增加 17%）。2004 年的销售额目标为 1000 亿日元。

由于日配品的消费期限短，中小型的生产商没有能力开拓出更多的销售渠道，因此日配品供需一直以来大多只限于当地。比方说，东京的消费者几乎吃不到在青森产的豆腐。但近几年由于受到地方特产热的影响，日本 ACCESS 的流通政策部流通政策课 N 课长表示："想吃到各地方特有的和日配品的消费者越来越多。因此零售企业也希望尽可能地能销售这些产品来吸引顾客"。当初日本 ACCESS 着手构建"和日配品"的全国性物流网络就是为了对应零售企业的这一销售策略。

日本 ACCESS 提出的具体的网络构建方案是：首先在全国六个分公司（东北、关东、中部、近畿、中四国、九州）分别设置被称为"母仓库（Mother Depot）"的"和日配品"专用物流中心，在这里集中保管各地的特产和日配品。接到订单后，向"母仓库"发出运输指令。商品经由分公司·营业所、MD 中心，送到客户那里（包括零售企业的门店以及那些由其他批发商承接运营的零售企业一揽子物流中心）。

从 2001 年的 11 月开始母仓库（Mother Depot）的设置，到 2002 年 3 月就完成了关东、中部、近畿、中四国四个地方的运行。同年年底之前东北和九州的母仓库（Mother Depot）也投入运营。在北海道，则由合作企业杉野日本 ACCESS 来筹建母仓库（Mother Depot）。

日本 ACCESS 的 N 课长告诉笔者，"因为本公司发挥了中间流通功能，'和日配品'的中小型生产商得以扩大销售范围。另外，零售企业通过本公司可以获取哪些'和日配品'畅销、哪些滞销的信息。一直以来'和日配品'的各个生产商都是直接向门店或一揽子物流中心交货。变更为由本公司负责的一揽子物流方式，订货、收货的作业变得很轻松。"

不过这样的"和日配品"经销模式要在日本全国市场展开还存在很多困难。特别是即使充实了商品构成，零售商也不一定改为通过日本 ACCESS 来进货。

在这之前"和日配品"交易主要是生产商和零售商直接进行，几乎没有批发商介入的空间。生产商与零售商长期以来结成了密切的交易关系，日本 ACCESS 很难轻易打进去。"很多地方的超市一直以来是与那些'和日配品'的生产商一起发展起来的，有很长时间的交往。批发商不是那么简单就可以插进去的"（N 课长）。

1.4 剩下的是生鲜食品网络

日本 ACCESS 开始建设"和日配品"物流网络的背景是许多有实力的干货食品批发商纷纷进入冷藏冷冻食品领域。正如本文开头提到的，日本 AC-CESS 在这一领域的物流功能在业界首屈一指。后发企业需要花很长时间才能赶上同等水平。不过随着业务趋同的竞争日益激化，日本 ACCESS 目前的优势地位毫无疑问会受到动摇。

日本 ACCESS 如果能在目前尚无强有力竞争对手出现的"和日配品"物流领域上成功地构建起全国物流网络，就能在顾客（零售商）服务的差别化上领先一步。事实上，日本 ACCESS 正是以此为战略目标。该公司的 G 董事颇为自豪地告诉笔者，"能提供包含'和日配品'在内所有种类食品的批发商在日本只有敝公司。"

对日本 ACCESS 来说，在冷藏冷冻领域里，唯一尚未涉足的就只剩下生鲜食品了。因此，该公司已经在一部分地区开始尝试做蔬菜水果的物流业务，力求早日实现全线（full－line）冷链物流业务的战略目标。

思考题

1. 根据本文介绍的日本 ACCESS 的现状，分析一下该公司为实现包括生鲜食品在内的全线冷链物流战略目标，有什么有利条件，又有哪些困难和弱点需要克服？

2. 作为一家批发企业，日本 ACCESS 为什么投入巨资大力整备冷链物流设施网络？与单纯的冷链物流企业相比，该公司有哪些优势和劣势？

3. "和日配品"的流通广域化对冷链物流设施网络的整备和运营提出了哪些新的要求？

2 日本 3M 的物流基地集约[①]

【提　要】日本 3M 公司（3M 公司：明尼苏达矿务及制造业公司）重要的外协物流公司第一货物株式会社重建了神奈川县厚木的卡车零担专线运输的枢纽基地。日本 3M 公司决定租用该基地的楼上，以整合相模原地区（日本东部神奈川县中部）内的各库存点，以此减少短驳运输，进而缩短交货提前期。同时装卸次数减少也有利于提高物流品质。通过这次物流基地的集约，日本 3M 公司在该地区的运输费用可削减 10%。日本 3M 公司的官网：http：//solutions. 3m. com/wps/portal/3M/ja_ JP/About/3M/。第一货物的官网：http：//www. daiichi－kamotsu. co. jp/。

2.1　合作伙伴的第一货物

2009 年 6 月，卡车零担专线运输企业（LTL）的第一货物株式会社正式运营了厚木分公司的新物流设施（位于神奈川县爱甲郡爱川町）。该设施为 6 层建筑，建筑总面积 3.3 万多平方米，1 层和 2 层用于第一货物株式会社的卡车零担专线运输的枢纽设施，3~6 层则作为日本 3M 公司的物流基地使用（见图 2-1）。

日本 3M 公司是美国 3M 公司的日本法人，生产销售可再贴报事贴、胶带等文具，以及工业用密封胶、研磨剂等品种繁多的化学产品。公司成立于 1960 年，当初是美国 3M 公司、住友电气工业、NEC 三家出资的合资企业。2002 年改为美国 3M 公司持 75%、住友电工持 25%，美国 3M 公司控制了经营主导权。2014 年住友电工又将所持股份全部转让给美国 3M 公司，公司更名为日本 3M 公司，成为了美国 3M 公司的全资子公司。

[①]　原文执笔：冈山宏之，翻译：王晓华，监译和改编：李瑞雪

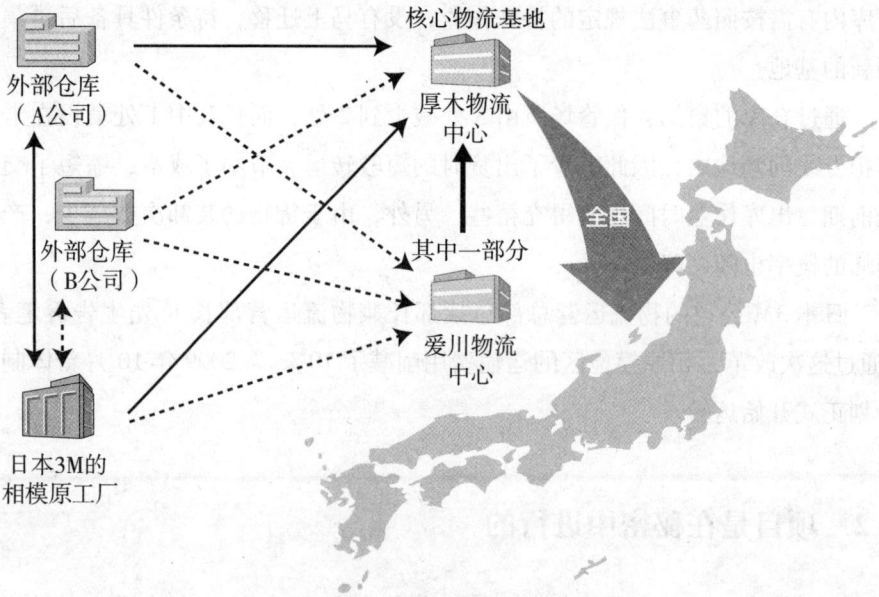

图2-1 推进中的相摸原地区物流优化

日本 3M 公司销售总额为 2454 亿日元 (2008 年)。3M 公司在世界 60 多个国家拥有生产设施，销售总额达 252 亿美元 (约 2.3 兆日元)，日本 3M 公司的销售额约占 10%，在美国以外的各集团企业中销售规模最大。日本 3M 公司的经营自主性较强，其物流体制及管理方针基本由日本法人自主决定。

现在该公司在日本保有 6 处工厂。公司直接管辖的两处工厂位于相摸原 (神奈川) 和富士小山 (静冈县)，集团内的其他公司则管理位于岩手、山形、茨城、滋贺的 4 处工厂。其中相摸原工厂是 1961 年在日本国内最早投入运营的主力工厂。

以前，相摸原工厂的产品分散在附近的 3 处外部仓库里保管。出库时，先短驳转运到第一货物株式会社原来的厚木基地，然后通过卡车零担专线发送到全国各地。3 处外部仓库中有一处由第一货物株式会社的爱川物流中心运营，另外两处由其他的合作物流公司 (图 2-1 中的 A 公司和 B 公司) 运营。

第一货物重新改建的厚木分公司的基地投入使用后，日本 3M 公司便逐步将这些分散的仓库集约到这里。3 所仓库中的两所 (第一货物的爱川中心及 B 公司的仓库) 的业务很快就全部移到了新设施。而另一所仓库，因为 A 公司仓库内有需按照药事法规定的特殊作业，没有马上迁移，待条件具备后再集约到新的基地。

通过仓库的集约，保管场所由 3 处减少到 2 处，而且其中 1 处就设在卡车零担专线的基地内，因此减少了出货时的短驳转运，节约了成本，缩短了交货提前期，出库作业时间也变得充裕些。另外，由于货物的装卸次数减少，产品损坏的概率也随之降低。

日本 3M 公司的物流运营总部总括部长兼物流运营部长 K 先生告诉笔者："通过这次改革，相原摸地区的运输费用削减了 10%。"2009 年 10 月新体制按计划正式开始运转。

2.2 项目是在秘密中进行的

这次物流基地整合项目起源于第一货物在 2007 年的一个建议。当时第一货物打算对已显狭小的厚木分公司的设施进行改建，并询问了日本 3M 公司，如果在专线零担货运枢纽设施的楼上新设营业仓库，是否有意租用。

第一货物是日本 3M 公司 30 多年的合作伙伴。10 多年前，日本 3M 公司就将相摸原地区运输业务全部委托给第一货物，让其作为总承包商管理多家卡车运输企业。同时，日本 3M 公司还把自有物流设施爱川物流中心也让渡给第一货物。由此可见两家公司间不同寻常的紧密合作关系。

第一货物的新建议对日本 3M 公司很具诱惑力。如果仓储/出货设施与卡车发车地点实现一体化，不难想象益处多多，但日本 3M 公司无法确切地判断短驳转运的减少能带来多大程度的效率改善，因为运费是统一向第一货物支付，再由第一货物向各家分包卡车运输企业支付的。

因此两家企业先召开了一次有日本 3M 公司分管物流业务的董事和第一货物的社长参加的会议。在会上互相交换了信息和意见，明确了日本 3M 公司相摸原地区物流效率改善的方向。依据双方高层的协定，2007 年秋正式启动了双方的合作项目。

日本 3M 公司内设立了由物流运营部 5 人参加的项目组。由于物流基地的整合势必会影响到与多家物流企业之间业务委托合同的变更或中止，所以项目从一开始就在秘密中进行，对内称为"A 项目"（A 是厚木的第一个大写字母）。

这个项目没有采用物流竞标方式。这不仅因为第一货物的建议很合理，而且"双方高层之间的信赖关系是很关键的。"K 部长回忆说。

10 多年前，日本 3M 公司是典型的自营型物流管理。20 世纪 90 年代成立了物流子公司 3M 物流仓库株式会社，在自有仓库的爱川物流中心内引进了自动化仓库设备，甚至对物流现场作业也尽量在内部管理而不外包出去。另外公司里还设有专门负责通关业务的部门。

物流自营并且自己管理现场作业是出于两方面的考虑。一是可以抑制对外支付成本，达到财务上的效果；二是可以在公司内部积累物流管理和物流运营的经验。但随着外部物流专业公司实力的增强，作为货主企业的日本 3M 公司自行管理物流现场的优势渐渐消失。

因此日本 3M 公司转变了方针，开始实施物流外包战略。先是 2002 年撤销了为通关业务而设立的大井事业所（大阪市）。2004 年又将物流子公司 3M 物流仓库更名为关西 3M 公司，使其转换功能，变成一个从事生产的子公司。现在这家子公司主要为家电厂商等生产特殊薄膜。

2.3　整合分散管理的物流业务

除了物流自营化方针以外，公司原来的组织架构和管理体制也对物流管理产生过很大的影响。日本 3M 公司以前是按产品群分设事业部的组织结构。物流业务是由各个事业部分别管理，外协物流企业的选定也是由各事业部自行判断，外部仓库通常也是各个事业部独自签约租用。其结果是，比如在相模原工厂附近，就出现同时租用了多家外部仓库的状况。

物流管理组织也过于细化分散。总公司虽设有"物流管理部"，但其管理对象只限定国内物流业务的一部分。另外还设有通关部门和出口业务部门。生产物流和销售物流分别由生产部门和营业部门管理。

为了解决物流管理分散的状态，日本 3M 公司在推进物流外包的同时，逐步进行管理体制的改革。首先将通关和出口业务部门合并为"进出口部"。2006 年又将进出口和国内物流部门合并，成立物流运营部（The Department for Logistics Operations）。生产物流和销售物流也划归物流运营部统一管理（见图 2－2）。

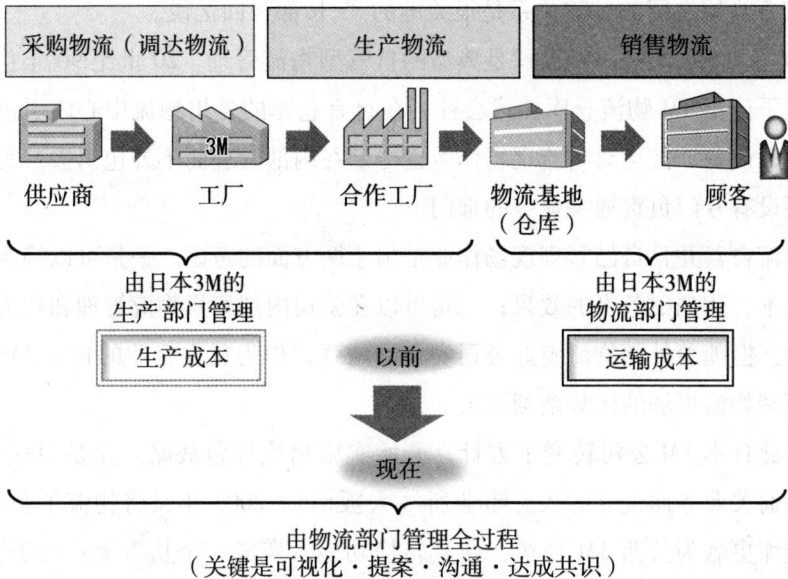

图 2－2　物流部门的权限扩大

整合物流管理最直接的目的就是掌控物流成本。以往组织细分化的状况下，财务部门的统计报表出来之前，无法知道花了多少物流成本。了解物流成本的变动原因也很困难。为了让企业高层能即时准确把握物流成本的变动，采取适当的对策，也有必要对物流进行一元化管理。这就是物流运营部诞生的背景。

组织重构之后，实施了多项跨业务的措施。比如，"进口集装箱的国内利用"项目。以前，在京滨港入港的集装箱被陆运到山形县的 3M 工厂后，总是空箱状态返回。现在把这些空箱利用起来装入运往东京地区的产品，从而大大节省了运费。

物流运营部步入正轨后，基本上解决了各事业部物流管理各自为政的状态。但有关汽车企业的物流业务，现在仍然以生产部门为主进行物流管理。汽车企业把准时交货作为绝对的交易条件。如果冒然改为物流运营部根据生产部门的指示来控制物流的体制，很有可能达不到保证顾客满意的物流服务水平。尽管这部分将来也会逐步划到物流运营部，加大一元化管理的程度，但目前还处于过渡期。

即便如此，物流运营部对供应链全体物流实施一元化管理体制完善后，以往未发觉的浪费、业务的重复等得以逐步实施改善。厚木项目是其象征性的成功案例。

K 部长强调说："简化供应链，变革物流方式。从这个角度出发，研究如何完善的结果之一，就是这次跟第一货物合作的厚木项目。其实我们同时实施了多项物流业务的改革，但厚木项目的优先度是最高的。"

虽然这个项目是根据第一货物的提议而启动的，但日本 3M 公司的物流运营部打算把这个项目的经验总结成系统的解决方案推广到全国各生产单位。相摸原取得成功的话，同样也在山形和岩手实施。在相摸原地区所实施的各项活动被看作是全国 6 处工厂在物流改革上的先行尝试。

2.4　从区域内的局部优化到广域范围的全体优化

之后厚木项目进展顺利。虽然处理特殊产品的外部仓库的整合问题依然存在，不过日本 3M 公司已经看清了物流基地网络设置的优化方向，即在生产基地（工厂）只设置 1 处原材料仓库，在顾客企业附近只设置 1 处出库基地。明确了这个理想状态的方向，剩下的就是如何推动了。

尽管明确了改革的方向，但日本 3M 公司并没有操之过急，而是在如何开展横向推广上采取了十分慎重的态度。日本 3M 公司其他几处工厂的物流管理方式跟相摸原地区类似。虽然程度上多少有所不同，但受各种因素的影响，都是利用多家外部仓库和卡车运输企业。

如果在岩手和山形实施和相摸原同样的物流改革，物流效率应该可以获得很大提升。各工厂发送到全国的运输成本虽跟以前不会有太大变化，但如果在 6 个工厂附近设置 6 处核心物流基地，其租金与设在大消费地的外部仓库相比，肯定要节省很多。整体来看成本削减的效果将会极其明显。

但是对此也有不同的看法。3M 公司在日本国内的客户大多集中在东京、名古屋、大阪等这些大消费城市。如果在这几个城市附近设置大型配送中心，即便租金等设施的运营成本较高，但相比较在地处偏远地区的工厂附近设置物流基地，对于包括运输成本在内的物流总成本上，很有可能更为有利。

各种因素综合考虑之下，日本 3M 公司认识到在 6 处工厂附近设置物流基地只能实现区域内的局部优化，而为了实现全国范围的整体优化，应该考虑建设东日本和西日本两座大规模配送基地，在这里集约所有产品。比如在第一货物的厚木基地，不仅处理相模原工厂的产品，其他 5 处工厂的产品都集中到这里。用厚木基地来覆盖东日本的全部客户。

当然，对于并不是按这个方针设计的第一货物的厚木基地而言，要使此构想成为现实，其规模显然不够大。2009 年 9 月相模原地区的物流业务大都转移到了厚木基地。其他 5 处工厂是否实施同样的整合集约，日本 3M 公司还没有做最后的决断。K 部长告诉笔者，对于全国范围的物流整合，公司须做足够的测算和分析才能做出决定。

是否转换物流改革方针的考量其实还有一个大的背景：美国 3M 公司的全球战略的变化。如前所述，关于日本国内的物流管理，以前基本上全部由日本法人自主判断决定。但近年来美国 3M 公司强化全球化经营。在这种情况下，如何推动包括日本在内的亚洲太平洋全域市场的运营优化就成为了重要的课题。

3M 公司正在着力强化全球规模的生产优化配置，推出了亚洲太平洋全域的生产基地重新定位的方针。K 部长估计："倘若生产基地需要重新定位，包括进出口商品在内的物流优化战略将不可或缺。"

预想这样的环境变化，思考应该如何进行国内物流的优化。为了确保物流战略的柔性，与适应变化能力较强的非资产型物流公司的合作也许是一项可行的选择。时刻关注外部变化、做出最佳判断是必须的。

思考题

1. 根据日本 3M 公司在物流基地整合和重新设计的经验，讨论企业在物流基地网络设计上需要考虑的因素和依据的原理。

2. 结合本文中的相关内容，思考制造企业的物流管理组织的功能设定、权限划分以及专业知识技能的积累等问题。

3. 日本 3M 公司与第一货物株式会社的长期密切合作的关系对日本 3M 公司的物流/供应链战略的制定和实施产生了什么样的影响？

3　FT－SHISEIDO 的物流设施集约①

【提　要】资生堂20世纪90年代末加快结构改革的步伐。2000年4月，将日化部门独立出来成立子公司 FT－SHISEIDO（菲婷资生堂，以下简称 FT 资生堂），实行独立核算。日化事业部门在资生堂是仅次于化妆品事业部门的收益源泉，但长期以来，该事业部的营业利润率一直偏低。这次结构改革的目的就是要改善其营业效率。为了达到这个目的，首先从物流体制改革入手。

3.1　从化妆品事业独立出来

"即使都属于资生堂的事业，化妆品和日用杂货品的物流是截然不同的。化妆品物流业务直到拣选作业都由自家物流部门承担，为此还专门设立了物流子公司资生堂物流服务株式会社。而日用杂货品的物流业务则完全外包。日杂品的物流以箱为单位，拣选作业全部委托给批发商"，就化妆品和日用杂货品物流管理上的差异，FT 资生堂的物流部长 T 先生这样解释道。在市场营销手法方面，附加价值高的化妆品和实用性强的日用杂货也有很大差异。但是资生堂一直将两项事业都作为资生堂品牌的组成部分加以统一管理。

这样做的结果使资生堂的日用杂货商品的形象得以提升，但同时也引起了经营管理上的诸多不利。在日用杂货领域，为了提高经营效率，日本国内以花王为首的为数不多的企业间竞争非常激烈。资生堂的日用杂货事业作为仅次于化妆品的主要事业，年营业额达1000亿日元，但营业利润率却很低，在公司内部曾一度被视为应该抛弃的"包袱"。

实际上与化妆品事业近年来10%左右的营业利润率相比，日用杂货事业

---

① 原文执笔：夏川朋子，翻译：王晓华，监译和改编：李瑞雪

的利润率一直低于 5%（见图 3 - 1）。因此 2000 年 4 月，资生堂设立了"FT 资生堂"，将日用杂货事业分拆出来，旨在"独立之中求效益"。同年 10 月，将日用杂货事业的营业权转给新公司，FT 资生堂名副其实地独立出来了。

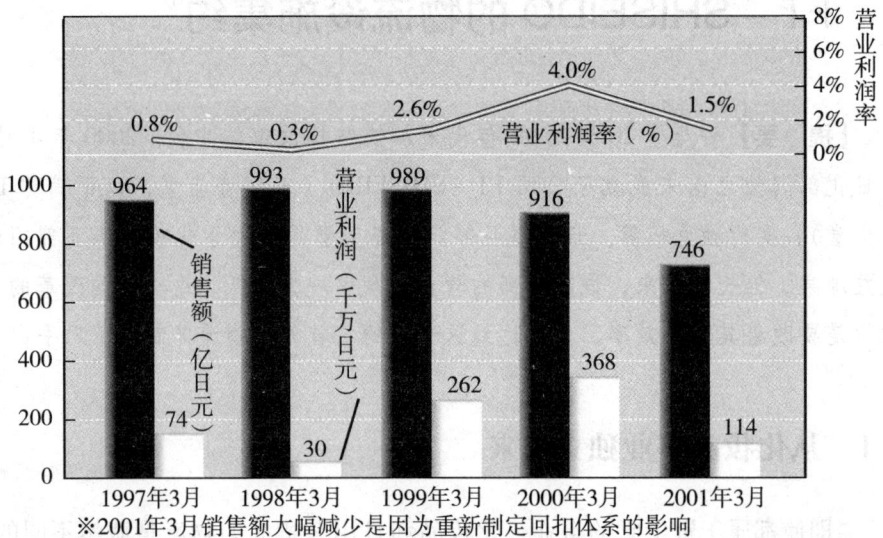

图 3 - 1　FT 资生堂的绩效

3.2　供应链功能的整合

按物流量计算，该公司 85% 的产品都在埼玉县久喜工厂生产。另外位于四国的关联工厂专门生产卫生用品，还有一部分产品由分散在全国的 7 座 OEM 工厂生产。这些产品最终都通过 FT 资生堂的物流中心销往市场。

全物流量的 80% 面向批发商。在 FT 资生堂的物流中心以箱为单位进行分拨。然后 Paltac、Daika 等日用品批发商再根据零售商的要求进行拆零拣选和门店分拨。在公司分拆之前，资生堂的日用杂货事业部已经进行了物流管理部门的重组。1999 年 12 月公司分拆公布约两个月前，资生堂在该事业部内新设了物流部。

在那之前，企划部的物流组负责全国 9 座物流中心的运营管理，但是没有参与物流的战略和企划工作。新设的物流部不仅承担管理中心的运营管理，而且还将负责需求预测以及生产计划调整等业务。可以说，这其实是基于供应链管理（SCM）的组织重构。

需求预测和生产计划调整等业务之前一直由久喜工厂的生产管理部门负责。各个市场营销人员直接跟工厂里的有关人员联系的体制，在管理上非常烦杂。T部长告诉笔者，现在"确立了由物流部做好计划调整以后再转到生产部门的体制"，并且将原来独立的信息系统部门也移至物流部旗下，完善了SCM的管理体制。

3.3　将全国9座据点整合至5座

将权限集中到物流部的同时，还进行了原有物流设施的改革。这是因为各物流中心一直存在库存过剩、缺货以及设施间运输成本浪费等许多问题。1999年年初，就开始着手分析既有的物流设施网络存在的问题。当时是以9座物流中心（札幌、仙台、久喜工厂内、东京2座、名古屋、大阪、广岛、九州）覆盖全国市场的物流网络。

在全国设有9座物流中心，目的是为了提高对批发商的物流服务水准。实际上，对于新商品上市时的订单，基本上不会发生缺货，从这个意义来说，该公司对于批发商的服务水准是很高的。然而经过调查结果发现，物流效率低下的主要原因也与物流中心的数量有关。

"比如：新商品上市时，销售计划设为100个，但实际只卖了80个，剩下20个成为库存。过了新商品销售高峰，销售会直线下降，返品也不会少。因此各物流中心的库存就会越积越多"，T部长分析道。

为了保证批发商订货的订单满足率，各物流中心有充分理由保有库存。但是，把握瞬息万变的市场动向，使全国9座中心的库存保持在合理水平难度极大。T部长认为这"不是使用了信息系统就能简单解决的问题。"

而且以前的管理手法难以避免各中心库存过剩以及库存量不均衡等问题。为了解决这个问题，非常极端的做法就是将北海道的物流中心的库存发往九州的顾客，这样做的话效率之低可想而知。

当务之急是构建能够统一管理全国的体制。在反复商讨后，FT资生堂决定在不影响对批发商的物流服务水准的前提下，将物流中心由 9 处整合为 5 处，关闭仙台、东京、名古屋 3 座设施，将其业务转移到新设立的物流中心。而且将以前作为配送中心使用的坐落于久喜工厂内的仓库定位为作为全国物流中心缓冲的储备中心。最重要的是新物流中心的设立。FT 资生堂最后决定利用日立物流新建的仓库，它位于距离久喜工厂约 6 千米之处。如前所述，2000 年 5 月先将仙台和久喜工厂的物流功能转移到了新中心。同年 8 月又接管名古屋的物流功能。东京两座中心的一座关闭，其业务由东京的另一个座中心和新中心共担。

5 处设施正式运营 1 年后，集约效果非常明显。T 部长欣喜地告诉笔者，"设施间的交叉运输大幅减少，运输成本大大下降。各物流中心向服务范围之外的地区的出货也大幅度减少，每年削减成本约 3 亿元左右。"

3.4 受托业务不断扩大的日立物流

在这次物流据点整合改革中，负责中心运营管理的物流公司几乎没有发生大的变化。延续下来的 4 座中心——札幌（茑井仓库）、东京（大成仓库）、西宫（东罐仓库）、鸟栖（九州产交运输）——继续委托给以前的物流公司。唯一新加入的公司是日立物流，这家企业承接位于埼玉县加贺市新中心的运营。

可以说加贺中心是这次物流基地整合的关键。选择其运营承接企业时，FT 资生堂并没有举行物流竞标。"近些年日立物流作为日本最大的 3PL 企业发展迅速。我们相信跟他们合作能共同探索出今后的发展方向"，T 部长称。

事实上，在资生堂实施的一系列的物流改革中，日立物流发挥了非常重要的作用。两家公司最初的合作大约是在 1995 年，当时在资生堂久喜工厂举行面向全国的物流中心的长途运输业务招标中，日立物流中标一部分线路。这是两家合作的契机。

1996 年，久喜工厂兼设的物流中心采用了日立公司建议的出库验货信息系统。日立物流营业开发部系统组的 H 部长助理回顾当时的情景说："那时就和日立物流软件一起，提出了与现今加贺中心所用一样的手持终端系统的建议。"

1999 年年初，应资生堂的请求，协助调查分析了物流中心内存在的问题。

　　日立物流根据物流中心3个月的各种数据，用5个月时间详细调查分析了网点设置和库存管理的问题所在。前文所说的将物流设施集约的决策就是基于当时的调查结果而做出的。

　　也就是说，日立物流比任何一家物流公司都了解资生堂的需求。当得知资生堂在久喜工厂10千米以内寻找物流设施以作为物流集约后的新物流中心的消息后，日立物流便展开了攻势。正好当时日立物流承接了杏林制药的3PL业务，计划在埼玉县建设新的物流中心。兼顾此计划，日立物流向资生堂提出在距离久喜工厂6千米之处建设新中心的方案。

　　因为有以前的合作经历，日立物流对资生堂所需的物流中心了如指掌。而且根据在久喜工厂的出库管理系统中积累的经验，双方约定了将开发物流中心的库存管理系统。另外日立物流还提出了一些专为资生堂定制的方案。例如：在一般的物流中心里，往楼上搬运货物的垂直搬运机都设置在进出货月台上，但在这里却将其设置在地面。这样货物不必先暂放在月台，可以从卡车的货厢直接运往2层。类似这样的举措是为了提高以托盘为单位的物流效率。

　　因为有这样的合作背景，FT资生堂没有举行物流竞标就决定将新中心委托给日立物流。2000年4月加贺中心竣工，同年5月正式开始物流设施的整合项目（见图3－2）。对日立物流来说，超过7年的默默积累，终于开花结果了。

图3－2　日立物流管理的加贺物流中心

3.5　依托物流信息开展生产革新

自 1999 年 12 月就任物流部的负责人以来，FT 资生堂的 T 部长主导了一系列的物流改革。"在运营面上，接下来的课题就是如何争取实现面向批发商的配送业务的共同化"。但在供应链管理的层面还存在着许多问题，最大的难题是库存水准的合理化。被赋予了需求预测和生产计划调整权限的物流部"要承担最终的库存管理责任。"T 部长说，"对于库存管理，如果不特意明确责任范围的话，谁都不愿承担责任。比如一款新开发的商品觉得有可能畅销而决定生产，但结果只售出生产量的一半左右，大量库存便因此产生，而开发部又不得不进行下一个新商品的开发。因此必须明确责任所在。新商品预测是不容易的，我们只能尽职尽责提高预测的精度。"

现在 FT 资生堂的状况是品种过多，库存削减非常困难。公司的主力品牌有惠润（SUPER MiLD）、水之密语（AQUAIR）、海帆（SEA BREEZE）等 5 个品牌。一直以来主要靠增加品牌来确保销售增加，结果导致了主力品牌过于分散。

单从物流的角度考虑，果断地整合品牌会益于管理。但是从 FT 资生堂最近的业绩来看，就不那么容易了。由于还受到商品单价降低的影响，2001 年度的中期销售额比前期下降了 11%，营业利润的赤字达 36 亿日元。在这样的背景下，对勉强实现销售额目标的品牌进行整合是很不现实的。

T 部长欲通过生产方式的革新来打破现状。"公司以往的做法是：每推出新商品时，就会提前 1 个月生产计划量的 100%。对此，我们打算采取如下措施，计划销售 20 天前仅生产 50% 左右的产品，剩下的 50% 在之后的 20 天内生产。接近实际需求的生产，不考虑物流是行不通的。以物流信息为基础进行生产革新是必要的。"T 部长的决心很强。这是今后 FT 资生堂跟像花王那样的物流强者对抗下去的必经之路。

思考题

1. 日立物流为什么能够不经过竞标而成功获取 FT 资生堂的新物流中心的

运营业务？这对双方企业会带来什么样的效果？

2. 从物流总成本和物流服务的相互关系等角度，探讨物流设施的集约和分散所产生的效果。

3. 从物流特性的角度，分析资生堂为什么要将日化部门与化妆品部门分开？

4　HAPPINET 的物流中心建设①

【提　要】日本最大的玩具批发企业 HAPPINET 很早就引进了先进的物流设备和信息系统。该公司 2001 年投入使用的物流中心，其自动化程度非常高。但是到了 2006 年公司却一改原来的方针，设立了一处依托人工作业为主的大型物流中心（位于东京附近的千叶县），其目的是为了通过灵活使用两种不同类型的物流中心来应对客户的不同需求，进而强化公司在承接物流外包业务上的竞争优势。该企业官网为：http：//www. HAPPINET. co. jp。

4.1　对新商品依赖度很高的玩具行业

2005 年，日本玩具市场再次掀起电子宠物"Tamagochi"热潮。1996 年，玩具制造商 BANDAI 首次推出了这种能在玩的过程中享受"饲养乐趣"的独特商品。从那以后大约过了十年的时间，加入游戏及通信功能的新型"Tama-gochi – Plus"系列商品再次热卖。

玩具行业对于新产品（包括重新复活的以前的人气产品）的依赖程度是相当高的。通常新产品的销售额占总销售额的六七成，因此精确的市场需求预测总是非常困难。而且一年中近四成的销售量都集中在圣诞节前后的年末商战时期。这样的需求特征就足以使得向市场及时供给商品的门槛很高，再加上从布制玩偶到钥匙扣各类商品形状各异，给物流效率的改善带来极大的障碍。

HAPPINET 是日本玩具行业规模最大的中间流通企业（批发企业），拥有最大的市场份额。该企业起初只经销 BANDAI 的商品，在 20 世纪 90 年代玩具

① 原文执笔：内田三知代，翻译：谢蕊，监译和改编：李瑞雪

流通业惨烈竞争中胜出，成长为行业中的龙头企业。2005 年秋 BANDAI 与 NAMCO 合并为 BANDAI·NAMCO 集团公司，HAPPINET 是该集团公司商品的主要流通渠道，继续发挥不可替代的重要作用。

除了玩具以外，HAPPINET 还涉足电玩中心的商业器材等娱乐范畴的业务。近几年为了扩大业务范围，开始进军电视电脑游戏软件、DVD 等音像制品以及音乐软件等领域。2002 年微软公司开始发售其游戏软件"Xbox"的第一代产品，从那时起 HAPPINET 就作为该产品在日本的进口总代理商，承担其在日本市场的销售业务并获取了巨大的收益。

不过在那之后的两个年度，HAPPINET 的销售额增长缓慢。到了 2004 年度（2004 年 4 月—2005 年 3 月）再次显示出增长的态势。这一年集团总销售额达 1405 亿日元，比上一年增长了 14.5%。到 2006 年 4 月，HAPPIN-ET 的供应商超过 600 多家，客户企业达 1300 多家，供货的门店有 11 万间之多。

4.2　构建自主的信息系统和物流功能

HAPPINET 很早就与上下游的合作企业之间构建了信息系统网络，这也是该企业迅速发展壮大的因素之一。大约从 1996 年开始，HAPPINET 就运用基本系统"CAPS"来促进与制造商和零售商之间的信息共享，与供应商的制造企业之间建构 EDI 系统，扩大大型零售连锁企业通过 EOS 的订货比率，引进了适应合作企业经营状况的收发订单系统等。

这些系统被灵活运用在诸如与合作企业的销售信息共享、ASN（事先出货明细）的提交、商品母数据（master data）优化等方面。截至 2006 年，通过系统与零售店交易的比率已经占到订单处理件数的八成左右。

HAPPINET 同时也努力追求物流的高度化。HAPPINET 在过去的中期经营计划中多次将扩充物流功能列入基本经营战略中。在物流功能构筑方面，原则上都是由 HAPPINET 自身来完成。该企业副社长 S 先生对其原因解释为："作为中间流通企业要想发展壮大，不能将物流业务外包，而必须将其作为支撑公司发展的核心功能。"

就像前面所说的那样，在玩具流通方面，为了更有效率地向市场提供商品，需要克服越来越高的障碍。近年来客户企业越来越多样化，销售渠道不断增加，不仅包括一般的玩具专卖店和大型量贩店，还有极速发展的大型郊外专门连锁店、便利店以及网店等。

HAPPINET 为了扩大销售，必须根据不同顾客企业的需求来安排商品构成，提供更高品质的服务。因此不断提升信息系统和物流功能不可或缺。为此，HAPPINET 首先在 2001 年 10 月设立了位于千叶县市川市的"HAPPINET东日本物流中心"（见图 4 - 1）。

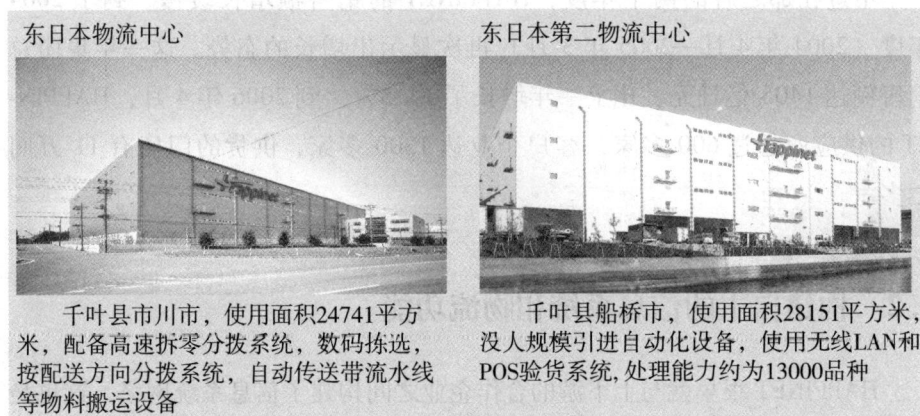

东日本物流中心

千叶县市川市，使用面积24741平方米，配备高速拆零分拨系统，数码拣选，按配送方向分拨系统，自动传送带流水线等物料搬运设备

东日本第二物流中心

千叶县船桥市，使用面积28151平方米，没人规模引进自动化设备，使用无线LAN和POS验货系统，处理能力约为13000品种

图 4 - 1　HAPPINET 物流中心

这个物流中心，仓库部分分为三层，总使用面积达 24741 平方米。为了能够迅速、准确且低成本地应对多品类商品的出入库，HAPPINET 总结了长期以来积累的物流管理经验，引进了无线 LAN 系统、数码拣选系统、高速自动分拨系统等当时最先进的技术，并且充分灵活地应用条码技术对库内作业进行控制（见图 4 - 2）。

首先在进货时用手持终端扫描商品和纸箱上的条码，然后将扫描到的信息通过无线 LAN 录入到"CAPS"系统。系统会迅速将录入信息和事先的预定信息对照后完成进货入账。接着根据系统的指示将商品搬运到指定区域，等待发货作业。

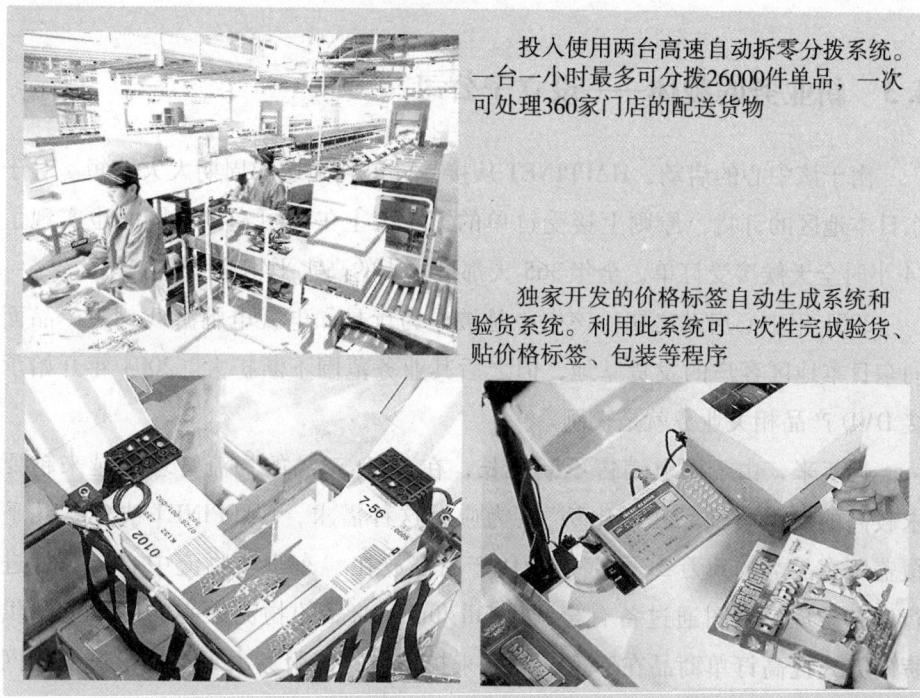

投入使用两台高速自动拆零分拨系统。一台一小时最多可分拨26000件单品，一次可处理360家门店的配送货物

独家开发的价格标签自动生成系统和验货系统。利用此系统可一次性完成验货、贴价格标签、包装等程序

图4－2　不断提高自动化水平的东日本物流中心

拆零出货的拣选工作在二楼进行。首先利用数码拣选系统进行整体拣选（total picking），接着利用高速拆零分拣器（piece sorter）进行门店分拨。两台高速拆零分拨器可完成360家门店的分拨作业，一小时最多可处理单品数达到5万2千件。

门店分拨作业结束后，扫描贴在转送带上的料箱上的库内作业用的条码，自动生成并打印出发货用的货物标签和物流标签。然后在物流加工流水线上，会贴上每家客户企业指定的价格标签。该工序在读取商品条码时价格标签就自动生成，而且也同时完成验货作业。这种"价格标签自动生成系统"是根据HAPPINET独自的管理经验开发的。

在"东日本物流中心"的物流系统中，为应对形状各异的各种商品的处理，HAPPINET做了大量的探索和尝试，实现了交货错误率在十万分之一以下的高水准的物流品质，并能做到快速出货。这种配备先进功能的物流中心成为了HAPPINET实施差别化战略的不可缺少的武器。

4.3 新业务的载体——设立子公司

由于该中心的启动，HAPPINET 从接受订单到配送的周期大大缩短。对于东日本地区的订货，原则上接受订单的第二天上午即可送到。同时也实现了 24 小时全天候接受订单，全年 365 天都可发货的高水平物流服务。

2001 年中心启动之初，该中心是被作为玩具和电视电脑游戏相关产品面向东日本地区客户的发货基地，但之后其业务范围不断扩大。2004 年开始承接 DVD 产品相关业务就是一例。

近年来，由于网上销售不断增长，在 DVD 产品的物流管理上越来越要求较高的"订货商品在库比例"。为应对这种需求，HAPPINET 决定将几乎覆盖所有品类的 6 万 3 千多种 DVD 产品都放在"东日本物流中心"一处进行库存管理。力图通过备有全线（full line）商品的物流中心向日本全国供货的方式提高订单商品在库率，以此来扩大在物流服务水平上要求严格的网上销售业务。

从这项举措可以看出，该中心在设立当初就把依托先进的物流功能来承接物流委托业务作为目标。早在该中心启动之前的 2001 年 4 月，HAPPINET 已经把物流部门剥离出来，成立了物流子公司"HAPPINET 物流服务公司"。该子公司的定位就是作为承接物流业务的载体。

目前，HAPPINET 的物流方针政策是由总公司的物流战略室负责制定，物流中心的运营管理则委托给 HAPPINET 物流服务公司，中心的库内作业和配送等业务大半都是委托给外部的物流企业完成。这一系列物流功能连成一体形成了对外开拓物流业务的主体。

HAPPINET 物流服务公司对外拓展物流业务的努力很快有了成效，承接了除 BANDAI 集团以外的许多业务。例如，2002 年 10 月，HAPPINET 物流服务公司承接了 TOMY（BANDAI 的主要竞争对手之一）旗下的销售公司 U - ACE 的物流业务委托。该公司销往一些大型量贩零售企业的玩具商品，从接受订单到保管、流通加工、发货、配送等物流全过程的业务都交由 HAPPINET 物流服务一揽子承担。另外，2005 年 11 月，HAPPINET 物流服务还成功地获取了纪伊国屋书店的 DVD 网购专用网站 "Forest Plus" 从商品采购筹措到向最终用户配送的一连串物流业务的委托。

4.4 分别运用两种类型的物流中心

2006 年 2 月，HAPPINET 启动了位于千叶县船桥市的新物流中心 "东日本第二物流中心"。这两处物流中心连同公司在札幌、船桥、大阪、福冈已有的物流中心一起，构成了在日本全国范围的物流设施网络。

东日本第二中心的仓库部分的使用面积达 2 万 8 千多平方米，比 "东日本物流中心" 规模更大。但这里并未配备数码拣选系统和高速自动分拨系统。为了灵活应对货物量的大幅度变动，在中心运营上更重视灵活性。基本的原则是：根据客户需求分别使用这两种不同类型的物流中心。

零售企业门店的商品构成根据营销战略的不同区别很大。这一点在玩具商品上表现得尤为明显，零售商对于商品大类的设定多种多样。比如：卡通人物文具和附带玩具的零食，这类商品在量贩店里多被划分在玩具以外范畴，但在专卖店则一般被划分到玩具类里。

另外，由于面对少儿以上年龄层的玩具的顾客群多半和 DVD 顾客群重合，以这类顾客群为目标客户的话就必须扩大商品范围。玩具专卖店平均经销品种（item）数以箱为单位达 3000 多，且其中的商品内容每家店都大不相同。

这对中间流通企业会产生很多影响。自动化程度很高的 "东日本物流中心" 对于那些根据特定商品进行货架分配，采取近似常规品种管理方式的客户十分有效。到 2006 年，该中心对量贩店等客户供货的商品达 5000 ~ 7000 多品种（item），"自动化设备的全面运用极大程度上带来了运营的高效化"（HAPPINET 物流战略室的 O 先生）。

而以灵活性为主要特征的 "第二物流中心" 主要是面向专卖店供货。2006 年计划提供商品品目达到 1 万 3 千种（高峰时）。HAPPINET 的高管 S 先生说："基础设施的建设已告一段落，今后要进一步提高两个中心的功能，力争在娱乐产业（entertainment industry）界承接到更多的物流业务。"

4.5　同时加强与 BANDAI LOGIPAL 的合作

玩具的生产周期一般为一个月到三个月，但是商品的生命周期（life cycle）却很短。许多商品在动画节目开始上映时发售，节目播出结束时市场也就基本消失了。由于这类商品很容易引起库存过剩或因断货带来的销售机会丧失，批发企业的作用十分重要。批发企业必须根据零售商的销售信息尽可能地进行需求预测，并在支援制造商生产和物流计划的同时，也促进零售商能更有效地开展销售。

"公司用 10 年时间构筑的信息系统网络今后仍然是重要的基石。但是向客户和制造商提供怎样的功能才能使供应链的整体效率提高，我们还需要不懈的探索"（S 先生）。

与制造商的海外工厂之间的信息共享也是一个需要研究的课题。玩具商品的生产不断向海外转移。HAPPINET 从 BANDAI 采购的商品有八成以上都是在中国生产。但由于在中国的工厂的信息系统尚不完备，因此出货信息常常很难准确地把握。

BANDAI 的物流业务是由其旗下的物流公司 BANDAI LOGIPAL 承担的。HAPPINET 力图通过加强与 BANDAI LOGIPAL 的合作，来摸索解决这一问题的方法。今后努力的方向是：不仅仅是提高物流信息的精度，还将门店分拨等功能移交到海外，从全球化的视角来提高物流效率。

2004 年度（2004 年 4 月—2005 年 3 月）决算报告显示，HAPPINET 的物流费用（包括运费和仓库委托费）占销售额的比率从 2003 的 3.7% 下降到 2.8%。玩具的库存周转率也从 2003 年的 15 次增加到了 22 次。这些成果主要是以玩具营业部门为中心实施的业务改革提高了运输效率，削减了库存所带来的。虽不能说这全是物流效率化带来的成果，但物流相关的经营指标确实大为改善。

今后由于少子化的影响，玩具市场将会不断缩小。脚踏实地地强化运营能力，应该成为今后支撑 HAPPINET 业务的基本能力。

思考题

1. 结合本文的案例，试讨论商流与物流的关系。

2. 卓越的物流功能和能力能否成为批发企业的核心竞争能力？为什么？

3. 企业在设计和建设物流中心时，应该根据什么样的基准来决定选择自动化程度高的重装备物流中心还是依托人工的高灵活性的物流中心？为什么？

5   PALTAC 的物流中心建设与改革^①

【提　要】大型日用杂货批发商 PALTAC 于 1998 年 4 月与一家业界公认的拥有先进物流管理能力的中型企业新和公司合并，并以此为契机不断强化自身的物流基础设施。合并以后，以新和公司的物流中心为蓝本陆续开设了多处大型物流中心，并不断完善了原有的物流网络，力图将业务范围扩张至日本全国，并以完善的物流基础设施为依托实现向业态型批发商的转型。该企业官网为：http：//www. PALTAC. co. jp。

5.1　面向零售企业的一揽子物流中心

近些年在日本涌现了一大批面向零售企业的一揽子物流中心。连锁零售商则设立本企业专用的物流中心，把众多供应商的商品通过物流中心有效地送到各个门店。这种物流方式在欧美被广泛采用。然而在日本，物流中心的利用费（center fee）等一揽子物流中心的各种弊病和问题也一直困扰着业界人士。

大多数日本的一揽子物流中心被设计成没有库存的通过型中心（Transfer Center，TC）。因此就算零售商设置自己的专用中心，根据订单类别进行的分拣工作也还是像以往一样由批发商或者制造商来完成。多环节的物流流程不但没有被简化，反而还多出了一个环节，仅此一点就增加了物流总成本。

大型日用杂货批发企业 PALTAC 以"拥有高功能的通用中心，成为中间流通的骨干企业"为目标。该公司的 Y 副社长提出："零售商主导的 TC 型

---

①　原文执笔：冈山宏之，翻译：谢蕊，监译和改编：李瑞雪

中心非常多，但这种物流方式是最恰当的模式吗？在高成本的流通结构中，零售商和批发商很有可能同时陷入困境。我们将零售商作为客户，不仅要满足客户提出的要求，而且应该认真考虑如何从根本上消除浪费，减少流通总成本。"

像在日本这样无论制造商还是零售商的任何一方都无法占据垄断地位的市场中，在门店和工厂之间只存在一处中间流通中心的话，总成本就会达到最小化。这种情况下的物流中心，不仅仅是零售商的供应中心，同时还应承担着制造商的发货业务。

物流成本按照常理应由制造商、批发商和零售商三方共同承担。"但事实并非如此，以前日本的中间流通企业对零售业的结构不怎么关心，也没有好好关注制造商的生产。这样的状态不可能构成良好的产业供应链。而在传统的日本物流行业的业务往来中，一直存在着不对等的关系。这样的情况难道不该被改造吗？在物流行业这样狭小的世界里生存，我应该平等地交往"（Y 副社长）。

5.2　灵活运用新和的物流管理经验

PALTAC 将分散在全日本的数十处物流中心整合为被称为 RDC（Regional Distribution Center）的大型通用型物流中心。以 1999 年 3 月在大阪开设近畿 RDC 为开端，同年 7 月在爱知开设东海 RDC，2001 年 11 月又启动了九州 RDC。至此，PALTAC 所拥有的 RDC 除了上述三处以外，还有岐阜、北陆、横滨等八处。

其中，以近畿地区的二府四县（京都府、大阪府、滋贺县、兵库县、奈良县和歌山县）为主要配送地区的近畿 RDC，现在大约为 1200 多家企业的 6000 多家门店按照货物类别提供商品，年业务额达约 400 亿日元。虽然该 RDC 也向包括一些特定零售商的专用物流中心发送商品，但其能够对应零散订货，具备批发商的物流中心特有的特征。

该中心商品处理量约为 16000SKU（Stock Keeping Unit）。通常便利店（CVS）陈列有 3000 多 SKU，面向特定零售商的日用杂货专用物流中心大约处理 5000 多 SKU 相比之下，近畿 RDC 的商品种类十分丰富繁多。

尽管客户数量多，商品种类繁杂，但是近畿 RDC 的交货精度一直维持在 99.9%。10 万件商品中没有发生过一次失误。该公司物流总部负责人 M 先生介绍说："开设近畿 RDC 以前，大部分的交易对象都是在交货时进行验货。但此中心开设以后，有一半做到了免检。"

近畿 RDC 之后 PALTAC 建设的物流中心，主要是以 1998 年与其合并的位于北陆地区的日用杂货批发商新和公司的管理经验为基础（见下表）。当时，与该企业合并由于在很多方面都不符合常理，受到了社会上很大的关注。那个时候 PALTAC 的年营业额为 2000 亿日元，居业界第一。与此相比新和的年营业额仅为 260 亿日元。从经营规模上来看，PALTAC 收购新和的兼并形式才符合常理。

日本的日用杂货行业动态

1996 年	花王设立"花王系统物流公司"
1998 年 3 月	7/11 日本公司成立专用批发公司"SVD"
1998 年 4 月	日用杂货行业最大企业 PALTAC 公司与新和公司合并
	该行业的第二大企业 DAIKA 与 TANAKA、富士商会合并，开始进入日本关东地区
1999 年 10 月	P＆G（美国宝洁公司）的日本法人实施交易制度改革
2002 年 4 月	DAIKA、伊藤伊、SUNBIG 三家企业整合，设立控股公司

但实际上两家企业最终的股权合并比率为一比一，还聘任原新和社长 Y 为新的 PALTAC 的副社长。经营规模仅为 PALTAC 七分之一的新和受到如此厚遇的原因就是 PALTAC 热切希望获得当时业界最先进的新和的物流和信息管理技术。

这样的安排对于 Y 来说也正中其下怀。拥有"量"的 PALTAC 与新和的"质"相结合，可以开拓更大的新局面。对于新和来说，长期以来积累形成的有关中间流通管理的丰富经验有了更广阔的用武之地。实际上，据 M 先生介绍，近畿 RDC 的基本理念与新和 1996 年在石川县开设的北陆 RDC 一脉相承。

新和在岐阜县设立的北陆 RDC 的设施至今还被 PALTAC 作为通用物流中心使用。全面导入原新和公司的物流管理经验的 PALTAC 近畿 RDC 如图 5 - 1 所示。

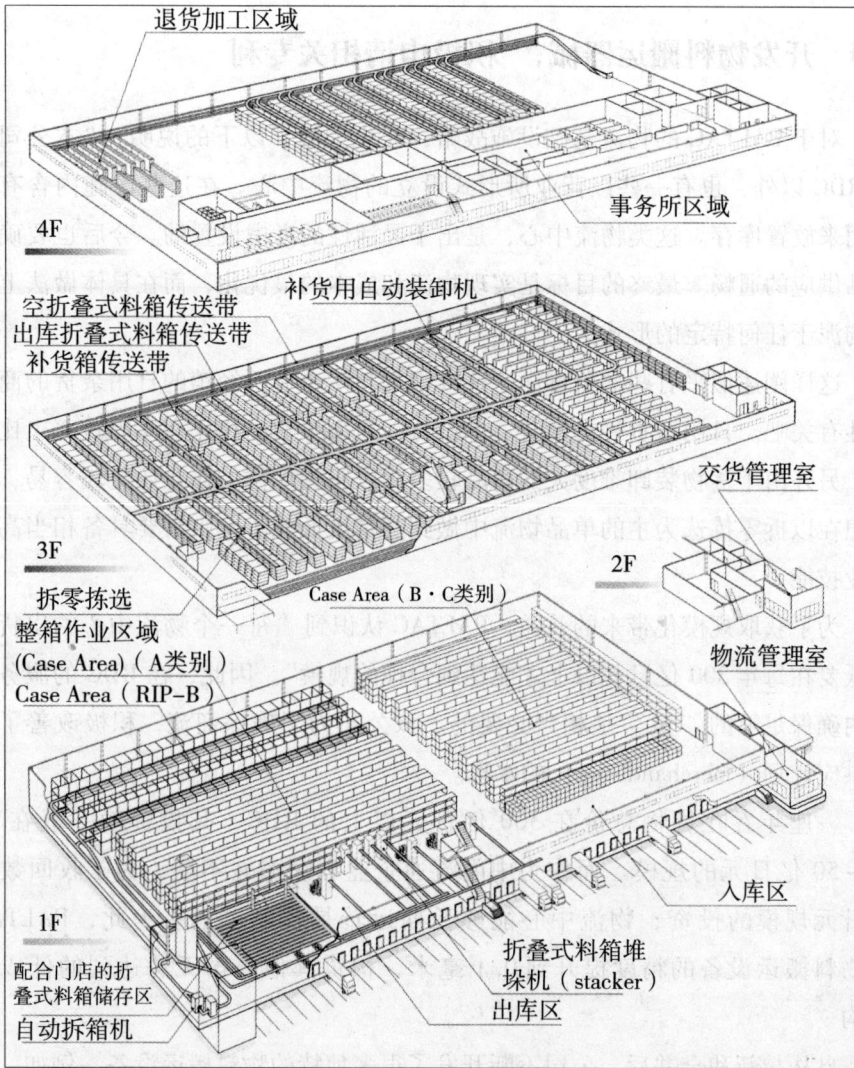

图 5 - 1　全面导入原新和公司的物流管理经验的 PALTAC 近畿 RDC

积极摄取新和物流管理经验的 PALTAC 所期待的物流基础设施最终是什么样子，现在很多地方还不太明晰，并非像日本大型加工食品批发商三菱食品那样明确提出在全国开设分功能的物流中心的战略构想。同时，面向特定连锁商专用物流中心的运营变得不太积极。现在仅保留服务于超市连锁 MYCAL 一家的专用物流中心。

5.3　开发物料搬运器械，积极申请相关专利

对于 PALTAC 的物流基础设施战略，M 先生做了以下的说明："本公司除了 RDC 以外，也有一些以营业所形式设立的物流中心。在这些设施内含有仓库用来放置库存。这类物流中心，是出于灵活性的考虑设置的。今后也要确保商品供应的通畅。最终的目标是实现物流和成本的最优化，而在具体做法上不会拘泥于任何特定的形式。"

这样阐述似乎有些抽象难懂，这或许是与该企业所经销的日用杂货的商品特性有关吧。日用杂货种类繁杂、单价低，与加工食品相比在库周转率也比较低。另外由于货物装卸难度大的商品较多，以箱为单位的作业还比较容易，但要想在以拆零拣选为主的单品物流中做到高精度低成本，则需要具备相当高的专业技能。

为了获取规模化带来的效益，PALTAC 认识到"每一个物流中心的出货量最低要在每年 300 亿日元以上才能达到合理的规模"。因此，在 RDC 的服务区域内确保足够的"量"是相当必要的。该公司为了确保商流，积极改善了商品供应计划（merchandising）的水准。

一座年吞吐货物总价在 300 亿日元以上的 RDC，其投资额一般在 30 亿～50 亿日元的规模。而作为中间流通企业利润率并不高，为了收回数十亿日元规模的投资，物流中心能够长期运转是很必要的。为此，PALTAC 将物料搬运设备的精度提升到 0.1 毫米，构筑其他公司无法达到的低成本结构。

自从与新和合并后，公司不断开发了很多独特的物料搬运设备。例如，能够打开各种尺寸纸箱的自动开箱机，不需要自动分拨设备的"整箱门店分拨系统"，拆零拣选货架补货用的高效自动提升机等（见图 5 - 2 ~ 图 5 - 8）。这些都是这家公司独有并享有专利权的器械。

作业人员通过安装在叉车上的无线LAN获取关于作业区域和拣选箱数等指示。pick to belt的RIP-B和拣选用的叉车上装有同样的系统。拣选时如没有发生误选等差错,就使用装载在叉车上的小型打印机打印出标签贴在纸箱上。拣选完的商品经由传送带运到同在一楼的出库区域或三楼的拆零分拨区的补货作业线上

图 5-2 整箱拣选分拨

用公司独自开发的配备无线LAN的入库手推车（SRAV）扫描入库商品进行验货。商品被送往一楼的整箱作业区域（基本上采用非固定货位方式）及三楼的拆零作业区域（基本上采用固定货位）。扫描后打印出进货信息条,指示转运位置。将这些信息条直接贴在纸箱上之后,根据指示转运。转运到补货区域的商品,在到达补货区域后扫描进货信息条和货架上的条码。考虑到成本效率,在这里没有引进自动化设备

图 5-3 入库验货

由于成本、空间、速度（处理能力）等方面的困难,并未引进自动仓库。处理的商品数仅整箱作业区域就达5000SKU之多,此外,进货时的包装形态并不限定为托盘单位,因此自动仓库非常不适合。一楼的整箱作业区域根据商品的周转率分为三块,周转率最高的商品放在独自开发的（RIP-B）内,其他的商品因为要使用配备无线LAN的叉车来拣货,所以放在货架上

图 5-4 整箱拣选（case picking）

图 5－5　折叠式料箱的堆垛机（stacker）

用手推车拣选后的折叠式料箱通过传送带送到一楼的出货区域,再被自动堆放在一种被称为"angle carry"的推车上。使用这种推车推入配送卡车以及门店店内。PALTAC公司独有的折叠式料箱的容量为40公升

图 5－6　使用已取得专利权的"ADELS"按门店分拣

特点是不使用自动分拨设备(sorter)。由于配送门店数在6000家以上,使用自动分拨设备会造成空间利用效率低的问题。而且使用自动分拨设备,卡车司机最后需目视来将料箱装入笼车内,很容易出现错误。也就是说,在这里也必须扫描验货以降低错误率。为此,PALTAC公司独家开发了"ADELS"系统,即按批次拣选后的箱子用传送带转运过来时,箱子上面的ITF条码(物流条码)就会被自动扫描。作业人员只需按照眼前的显示屏上显示的指示将箱子搬入对应的笼车里。一个箱子搬完后,作业人员踩一下脚下的按钮,传送带便传来下一个纸箱。在这里可以同时摆放11个笼车

图 5－7　自动拆箱机（已取得专利权）

利用光感器判读纸箱上盖的尺寸然后自动切割的"自动拆箱机"。在开发这种定制机器时,对手工开箱以及一般的标准设备来开箱的成本做了详细的调查和比较。设备和建筑的基本设计图都是公司内部的技术人员绘制。为了避免图纸外泄,在选择生产企业时并没有进行公开招标。现在大部分都交给OKURA输送机公司负责制作

利用独自开发的cart picking式手推车"SPIEC"进行拣选作业。"SPIEC"上使用的并不是手持式的扫描仪，而是像零售店收银台上常见的固定式平面扫描仪。作业人员移动商品完成扫描后迅速放入可折叠式料箱内。作业指示的显示屏位于扫描仪的旁边，便于作业人员操作。在开发这种手推车时，认真研究了手持扫描仪的作业效率，发现扫描时手持终端拿起放下的动作很浪费时间，所以最后决定使用现在的方式。"SPIEC"现在的拣选能力为平均1小时可拣选120～200行

图 5－8　拆零拣选

批发行业申请专利是很少见的。此举一是为了保护知识产权，二是将个人的独创性以可见的形式展现以此来激励员工的热情。如果加上实用新案，已经有近十个技术获得专利保护。

公司一直持续不断地推动物流技术的革新活动。2001 年 11 月新的 RDC（九州 RDC）投入运营。该中心不仅继承了近畿 RDC 的基本理念，还加入了新的创意，即改进整体布局的同时，还革新了拆零拣选的周转箱补货机制。这样反复地改进工作，使得 PALTAC 独自的物流管理经验不断积累。

M 先生介绍说："在信息系统方面，相关软件的开发也都是由公司内部工程师担任的。统揽全局的同时也能灵活应对各地区的具体情况，这是本公司的一个强项。"此外，M 先生还特别强调了"在解决不断出现各种新问题的过程中，强化了应对异常状态的能力"。

PALTAC 和新和合并后，在日本的日用杂货批发行业中引发了企业重组的风潮。2002 年 4 月，同行第二位的 DAIKA 与具相当规模的伊藤伊、SUNBIG 以控股公司的形式整合到了一起。整合后的公司集团在营业额上超过 PAL-TAC，跃居业界第一位。

但 PALTAC 对此举不以为然，因为他们认为拥有健全的企业结构才能保证公司获得持久的竞争优势。正是基于这样的想法，该公司不断充实其在关东地区、东北地区的物流网络，并积极建设北海道的 RDC。

思考题

1. 结合本文的案例并依据流通学的相关理论，讨论差异化的物流能力对于批发企业的竞争战略的意义。

2. PALTAC 为什么要自己来研发一些物流中心内的物料搬运器械？

3. 服务于零售企业门店的一揽子物流中心有哪些类型，分别应该具备哪些功能？

6　铃谦的物流设施规划[①]

【提　要】大型医药品批发企业铃谦（SUZUKEN）制定了在日本全国建设 9 所物流中心的计划。随着医药分离的推行，销往配药药店（Dispensing Pharmacy）的比例逐渐增长。这就要求批发企业提供更丰富的商品构成，并缩短交货时间。因此铃谦着手在日本全国范围内构建中型物流设施网络，以实现当天配送的服务水平。该企业官网为：http：//www. suzuken. co. jp/。

6.1　商物一体型物流管理的局限

铃谦是日本一家大型医药品批发企业，总公司设在名古屋。2005 年 10 月该公司在埼玉县设立了"户田物流中心"，投资额达 53 亿日元（包括土地、物料搬运设备等在内）。户田中心的使用面积为 2 万平方米，最多能保管 2.8 万 SKU。年处理能力为价值 2500 亿日元商品的物流量（见图 6 - 1）。投入运营后发货配送功能覆盖整个东京都。

日本的医药品批发行业近年来经过兼并整合逐渐形成了少数企业寡占的局面。铃谦是兼并整合浪潮中的领头企业之一，已经将好几家中等规模的批发商收归旗下。2005 年度整个集团的销售额已超过 1 兆亿日元。2006 年公司又制定了到 2010 年度销售额翻一番的经营目标，即连接销售额（Consolidated Sales）达 2 兆亿日元。为达到这一目标就必须不断扩大市场份额。

为了实现这一经营目标，该企业在物流领域制订了新的战略性计划：到 2010 年在日本全国主要城市设立 9 所与"户田物流中心"同等规模的物流设施。将物流功能集约到这 9 所物流设施，以推动物流业务和商流业务的分离。

---

① 原文执笔：内田三知代，翻译：卢梅、金艳华，监译和改编：李瑞雪

【设施概要】所在地：琦玉县户田市，占地面积：9996平方米。设施的建筑结构和规模：钢架结构5层建筑，总使用面积：19992平方米，经销品类数：33000SKU/批次，保管品类数：28000SKU/批次，进货车辆数：60台/天，进出货箱数：9000箱/天，主要的物料搬运设备：立体型自动仓库（2350货位）、数码拣选系统（1152货位），设备的设计和施工：村田机械株式会社和日本电气株式会社（NEC）。

图6-1　户田物流中心

在日本医药品批发行业，长期以来一直保持着物流商流一体化的习惯做法。业务代表（Marketing Specialist，MS）走访各医疗机构做销售活动的同时，也从事商品的配送活动。

铃谦的特点是"贴近顾客型"的营销战略，而这一战略正是通过商物一体型的营销物流体制来推行的。该公司的营销组织由设立在日本全国各都道府县的共32个营业部和在其管辖之下的184个分店所组成。

该公司之前在所有营业部和分店都保有库存，从生产商那里采购的商品都经由营业部向各个分店的仓库进行补货。将商品保管在客户附近，能够更好地对应紧急配送的要求，从而提高企业竞争力。但近些年由于商业环境的变化，这种物流形态的弱点越来越突显出来。

6.2　医药分离促使环境急变

近年来，医疗领域为降低医药费支出进行了一系列的制度改革。医药分离比率急速增高就是改革成果之一。所谓医药分离，是指患者根据医生开的处方在医院外的配药药店（Dispensing Pharmacy）买药的分工形态。据日本药剂师会的调查，2004年度的全国平均医药分离率达53.8%，有些地方甚至超过了70%。

　　医药分离的进展意味着在医药品批发企业的客户中，配药药店占的比重越来越大。也就是说，医药品批发企业的商业环境实际上发生了重大的改变。与医院等医疗机构相比，配药药店不仅单次订货量少，而且对不断货和短时间交货等物流服务的水平要求更高。配药药店必须严格按照医师的处方来配药。如果处方上所写的药品断货，不可以擅自用具有同一功效的其他药品来代替。因此配药药店的商品结构必须能够应对任何处方。

　　在医药分离制度刚刚开始实施的时候，患者在医院门前的药店取药的情况较多。但是为了管理每位来店患者的用药记录，避免患者重复用药，"定点药房"开始逐渐普及。患者可以在自己经常光顾的定点药房购买任何一家医院开出的处方药。定点药房为了能够对应各家医院的处方，必须拥有丰富的药品品类。

　　但是由于很多药店的药品储备空间很有限，因此大多数药店为了不增加库存量，就必须增加下订单的频度。这就要求医药品批发企业既要丰富药品的品类，又要代替药店保存足够的库存。

　　铃谦公司之前的物流体制无法充分满足客户（药店）的这一需求。由于公司的各分店仓库保管的药品品类有限，因此很难避免断货现象。每次分店断货，都要从母店（营业所）或制药企业调拨药品。所以尽管在客户附近设置有物流中心，但交货时间却往往很长。

　　为此铃谦决定重新构建物流设施网络。在各主要城市设置月吞吐规模达200亿日元商品（年吞吐规模2千多亿日元）的物流中心，并储备全线产品。这里说的"全线产品"包括铃谦之前不太经销的厂家的商品，以及销售频率较低的药品。

　　以前日本的大多数医药品批发企业都不同程度成为了各大型制药企业的销售渠道（即流通系列化），因此每家批发企业经销的药品品类都很局限。但随着医药流通行业的结构重组，原来的生产商主导的流通系列大多已解体。如今的大型医药品批发企业都经销几乎所有厂家的商品。同时医疗机构为了提高采购效率，减少了药品供应商的数量。这也促使了批发企业不得不经销全线产品。

　　铃谦经销的医药品品类多达25000～28000SKU。为了应对客户的订单，新建的各物流中心将保管该公司经销的所有品类的药品。同时将各分店的库存集约在物流中心内，分店内只储存能够应对紧急需求和特殊客户的药品。物流中心拣选出的商品经由分店配送给客户。另外还把配送业务从 MS 的日常业务中剥离出来，与物流中心内的作业一起委托给集团内的物流子公司。

重新规划建设的物流设施网络的另一个要件是：物流设施必须可以向客户当天配送的地点。为此铃谦公司把"实现两个小时内配送到各个分店"作为物流中心选址和设施数的前提条件。经过认真的讨论和测算，得出了全国共需要 9 所物流中心的结论。

尽管这些物流中心的规模都相当大，铃谦却把它们看作中等规模的物流中心。这反映了该公司一贯坚持的"贴近顾客"的营销战略和物流战略。该公司物流部长 I 先生告诉笔者："从客户服务第一的原则来考虑，当天交货和充实药品品类非常重要。为了满足客户这两方面的需求，我们决定将物流中心设置在既能集约物流业务，又靠近客户的地方。"

铃谦规划了在札幌市、仙台市、千叶市、户田市、横滨市、江南（名古屋市）、奈良市、阪神地区（大阪市和神户市之间）、福冈市 9 个地方建设中等规模的物流中心。笔者采访时，户田物流中心已经建成，札幌市和名古屋市使用原有的设施，其余 6 所中心将于 2010 年之前依次建成。而从这些物流中心无法进行当天配送的二线城市，根据客户需求另外设置比中型规模物流中心小一点的"商品配送中心"，每个商品配送中心的商品保管能力大约在 15000SKU 左右。

6.3 缺货问题得到大幅度改善

铃谦 2005 年 10 月末启用了户田物流中心后，将东京都周围 19 处分店的库存集约到了这个设施内。为提高作业效率，仓库内引进了数码拣选系统和使用条码的出入库验货系统。并在药品入库、上架以及出货 3 个环节都进行验货，从而大大提高了作业精准度。每天上午 11 点前接到订单的药品经由分店当天配送。医疗机构的订货则从物流中心直接配送（见图 6-2）。

为了应对客户的紧急订单，分店里仍需放一部分库存。尽管如此，将大多数药品集中到物流中心内保管，使订货频率极低的滞留库存大幅减少，物流设施集约的效果逐渐显现出来了。以前铃谦公司全国平均库存量高达近 0.9 个月。户田物流中心启用后，该中心的库存为 0.36 个月，接近原定目标。此后

出货检验　分拨作业线　装车作业　流通加工　出货检验

自动仓库　托盘单位进货

4F POS验货区　4F 拆零货架 DPS系统 HT系统 少量危险物品库　补货　2F 拆零物品到货检查　利用传送带搬运物品　到货检查、到货输人系统、贴保管标签

REJECT查验　包装货架　补货

冷藏区 特殊物品区 不适合搬运商品区　2F　升降机　装入台车

危险物品区

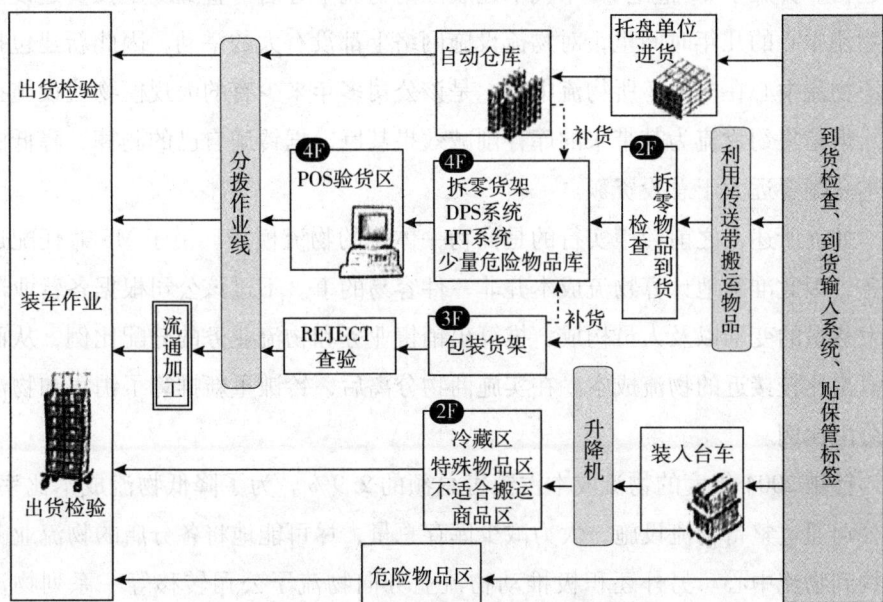

图6-2 "户田物流中心"的商品流程

铃谦打算将分店内的急用药品库存缩小到 0.2 个月，继而将总库存缩减到 0.5 ~ 0.6 个月。为此，铃谦还计划在一定区域内的各分店的急用药品集约到一处保管。

铃谦非常重视缺货问题。这次规划的物流设施网络在解决缺货问题上发挥了可喜的成效。尽管公司在东京地区的缺货率原本就低于全国平均水平，但在实行物流设施集约前的 2005 年 9 月，其接收订单时的缺货率也有 1.93%，而在物流中心运作 1 个月后就减少至 1.1%。这么短的时间内就把缺货率降低了一半，该公司的管理人员也没有想到。I 部长十分感慨地告诉笔者："成果出现得比估计的要快。"

当天配送服务于 2006 年 2 月才正式开始实施。因为接收订单的截止时间为上午 11 点，只有 5 成左右的订货能够当天配送。笔者在物流中心采访时，I 部长表示："今后等物流中心的业务进入轨道后，尽可能地配合分店的要求，延长订货截止时间，力争把当天配送服务扩大到 6 ~ 7 成。"

继户田物流中心之后，2006 年开工建设阪神地区的物流中心，2007 年投

入运营。铃谦于 20 世纪 90 年代末建成江南物流中心后一直到决定投资建设户田物流中心的几年时间里，对物流设施网络上都没有大的举动。因此新建包括户田物流中心在内的 7 所物流中心，是该公司多年来少有的大规模物流设施投资。但是集约物流为其带来的库存削减效果甚巨，据铃谦自己的测算，降低的成本总额要远大于总投资额。

如前所述，之前铃谦实行的是商物一体化的物流模式。由于 MS 兼任配送业务，因此准确地计算物流成本并非一件容易的事。不过该公司根据各营业部门发货量的变动以及人员构成，推算出销售业务和物流业务的分配比例，从而计算出比较接近的物流成本。在实施商物分离后，铃谦重新推算了销售和物流的分配比例。

铃谦 2004 年度的物流成本占销售总额的 2.9%。为了降低物流成本比率，该公司通过整备物流设施，大力减少库存总量，尽可能地将各分店的物流业务集约到物流中心。另外还积极推动物流业务向物流子公司转移等一系列物流改革。

6.4 实施药品追踪管理

在规划和建设物流设施网络的同时，铃谦的物流战略还包括新的物流信息系统的引进。该系统被称为"新库内物流系统"。2003 年修订的日本药事法规定，医药品批发企业必须对所谓的"生物药品"的生产批次批号和有效期以及购买药品的企业等信息进行追踪管理。"生物药品"是指使用来源于动物的原材料制成的药品。其实早在药事法修订之前，铃谦在其江南物流中心就实施了对中心内保管的包括生物药品在内的所有药品的生产批次和有效期的严格管理。

"新库内物流系统"是之前管理系统的升级版，该系统从 2005 年 5 月起逐步引进到全国各地的各营业部。药品入库时查验其生产批次和有效期，对于数据不全的药品，输入相关信息。新系统可以确保对售出的商品也能够进行追踪管理。笔者采访时，该公司 20 个以上的营业部已经完成了系统的安装，计划在 2006 年内完成所有营业所的安装测试。

长期以来，从制药企业的进货大多由各营业部（母店）接收，造成了营业部门的负担过重。通过将各母店的药品库存集约到新规划的物流中心来管理，能够大大减轻母店的作业负荷。单从这一点来看，就急需物流中心的建设。I 部长强调："市场竞争愈演愈烈，本公司希望能够通过物流服务的高品质来确立企业的竞争优势。"

最近几年医药品批发企业的经营环境在迅速变化。与"原研药"（Innovator Drug，新药：全球基于系统开发研究结果而最早上市的药品）价格相比较为便宜的"通用名药"（Generic Drug，GE：相对于在专利保护期内的原研药的一类药品。其具体特征是已失去化合物专利的保护，其他药品生产商都可以注册生产，需要证明和原研药临床上等效，并且不能使用原研药品牌名）的普及等可能改变批发企业的利益构造。

铃谦规划建设的新的物流设施网络为企业更好地对应经营环境的变化发挥了重要作用，特别是在降低物流成本、提高物流服务水平等方面。物流设施的集约和物流与商流的分离打开了一条低成本化之路，而且保证了贴近顾客战略的延续和提升。

思考题

1. 简要梳理一下铃谦公司新物流设施网络规划的背景和要件设定，讨论物流中心规划的基本原则。

2. 为什么说商物一体的物流服务体系很难对应医药分离下的医药物流需求？

3. 试讨论医药物流与一般消费品物流的主要区别。

7 三丽鸥新物流中心的规划与建设[①]

【提 要】2001 年 9 月，三丽鸥集团启动大规模物流中心项目，投资 47 亿日元建设一座土地及建筑均为自有的物流设施。新设施整合以前分散在两处的物流中心，避免重复作业以降低成本。另外，为了提高作业效率还积极采用自动化和信息化技术。公司力争到 2007 年物流成本占销售额比率由原来的 4% 降低到 3%。该企业官网为：http：//www. sanrio. co. jp。

7.1 淡季和旺季销售量相差三倍的礼品行业

以 Hello Kitty（凯蒂猫）这一卡通形象被大家熟知的三丽鸥具有独特的企业业态。按照一般产业分类，三丽鸥应被归类为批发企业。三丽鸥自己是不生产商品的，而是从日本国内外 600 多家有合作关系的工厂采购商品然后通过量贩店和直营店来销售。使用卡通人物图案的商品从人偶、玩具、日用杂货到文具，十分繁多，甚至还包括点心和家电制品等商品。

2000 年度（2000 年 4 月—2001 年 3 月）该公司年销售额为 1143 亿日元，其中卡通人物类商品占了九成。1998 年空前的 Hello Kitty 热，带来了销售额与前年相比急速上涨了 40% 的纪录。公司物流部门的员工们虽然高兴，但销售增加带来的庞大工作量也让他们叫苦不迭。

流通中心的 H 次长回忆道："那时候货物量全年增加了四成，而且从单月来看的话，1998 年的 9 月一下子增加了相当于前年同期两倍的货物量。那一年从 5 月黄金周开始到年末，每一天都在加班。"

但是大潮过后出现逆转。随后两年的销售额连年递减，销售陷入低迷状

---

① 原文执笔：冈山宏之，翻译：谢蕊，监译和改编：李瑞雪

态。三丽鸥希望能再次掀起新的风潮，便不断努力开发新的卡通人物系列商品。平均每月新发售的商品达 600 多种，到 2002 年该公司共有 13000 多个品种（items）。

三丽鸥要将这些商品供应给全日本大概 1900 多个门店。其中有 1000 多家是位于量贩店内的门店，还有 300 多家是直营店或者接近直营店管理方式的门店，剩余的 600 多家属于专卖店。当新商品上市时，为了在全日本同时上架，必须做到大量同一商品的同步供给。这对三丽鸥的物流部门的物流能力带来了巨大的挑战。

礼品类销售的季节波动给三丽鸥的经营造成了很大的困扰。日本的礼品类行业，6 月为销售淡季，到了 12 月则进入销售旺季。在旺季，物流部门的工作量会比淡季增加 3 倍多。品类繁多、季节波动大的特点使三丽鸥必须在物流管理方面具备与之相适应的能力。

7.2　由于地价下跌使拥有自己的物流中心成为现实

2001 年 9 月三丽鸥在东京都町田市的多摩新城郊外的工业园地内建起了占地 16915 平方米的新物流中心——三丽鸥配送中心（Distribution Center，DC）（见图 7 - 1）。投入运营后，将东京都内原来的两处物流中心都整合到这里。该中心为 5 层建筑，总使用面积达 20457 平方米。

新中心规划之初，公司首脑就提出了建设一座"有三丽鸥特色并能提高员工工作热情"的 DC 的基本思路，还要求门店开发的员工也参与到中心的设计当中。DC 的建筑外观充满休闲情趣，员工餐厅还配有门厅和露天木质阳台。

建筑投资总额约为 47 亿日元。其中土地费用为 16.4 亿日元，建筑成本约为 20 亿日元，内部设备投资约为 10 亿日元。对于以前一直利用外部营业仓库的三丽鸥来说，这是第一个自有物流中心。公司在决策建设这个物流中心之前经过了反复调查和论证。

在 20 世纪 70 年代，三丽鸥的物流中心只有越中岛（东京都江东区）一处，在那里处理不完的业务都使用外部的营业仓库来处理。到 1989 年，公司

三丽鸥位于东京都町田市的大规模DC，晚上Hello Kitty的脸部会亮灯，营造出不似物流中心的气氛

图7-1　三丽鸥的物流中心

认为将外包的物流业务集约起来可以改善效率，于是在东京都立川市启动了第二个物流中心。之后，越中岛中心主要应对日常的物流业务，而立川中心则承担常规商品（basic items）中的新商品的物流业务及流通加工业务。

但后来业务量不断增加，两个物流中心的布局带来了很多浪费。据H次长介绍说："各个物流中心季节波动不同，使业务常常处在不平衡状况，比如一方忙得不可开交的时候，另一方有可能闲到无事可做。并且还出现相当一部分重复作业。此外，常规商品（basic items）过了销售高峰期以后，大量商品都必须由立川中心运到越中岛中心。"

其实早在20世纪90年代前半期，公司内部已经就是否应该整合两处物流中心反复讨论。当时还处在日本泡沫经济时期，营业仓库的租金很高，所以有人提议将物流中心集中到立川中心一处。但是到了90年代后半期，地价和建筑成本持续下跌，公司高层认为自己置买土地来建造的方式更加划算。

于是公司开始物色土地，先后调查了 100 多处土地。资金是一个大问题，能否招到足够作业人员尤为重要。当时三丽鸥物流中心内的自动化程度已经相当高了，但为了充分应对高达三倍的货物量波动，必须合理配置设备和人力。单纯考虑地价的话，比现在中心所在地便宜的地方也有不少，但是如果不能招揽到劳动力，地价再便宜也没有意义。用地的购置并不是轻易完成的。H 次长回忆说："购买土地的计划早在 1998 年就提交上去了，但一直没有得到社长的批复。到了 1999 年秋天，我们得知有一块原先标价 22 亿日元的地皮降到了 19 亿日元。我想这样应该还有交涉的余地，便再次向社长提起了这件事。最后以 16.4 亿日元的价格买下这块用地。"

7.3　目标是门店免检

新的物流中心的理念就像前面所讲的，提高自动化水平的同时合理利用人力资源灵活应对货物量的波动。这样使劳动生产率得以提高，中心的运营成本实现优化。1999 年度决算显示物流费用占销售额 3.93%（约为 47 亿日元）。公司的目标是：到 2006 年物流费用占销售额比率降至 3%。

提高面向客户和门店的物流服务水平也是一个重要的课题，希望通过自动化和作业程序的高度化来缩短从订货到发货的周期同时提高物流精度（见图 7-2～图 7-11）。目标是在不久的将来，能不断提高交货精度最终实现门店交货免检。因此，提高物流中心内的作业精度，实现发货和订货的电子数据交换（EDI）化是关键。

由保管货架和自动仓库内高架吊车（stacker crane）组合的物料搬运设备。入库和出库为单行线式的作业顺序，托盘从货架前方入库，从货架后方出库，这样就可以按入库时间顺序出货，保证先入先出。主要用于设定有保质期的糖果点心类商品的保存

图 7-2　Magic Flow（大福公司的产品）

将验完货的商品用叉车移至入库传送带的旁边。将托盘放在台式升降机（table lifer）上然后按动按钮，台式升降机便会升至与传送带相同的高度，这样托盘上的纸箱就可以毫不费力地滑到传送带上

图7-3 向入库传送带投放货物

在前一天向制造企业发去翌日须交货商品的代码。货物到达时，作业人员将此代码输入到手持终端后，画面会出现相关的交货信息。作业人员根据这些信息验货。验货以后将货物堆放在托盘上，最后使用终端为每一个托盘生成编号。这个编号写在纸箱外面。这样，托盘编号和货物内容就绑定了

图7-4 进货时扫描条码进行验货

在保管区域，此物流中心为了能够高效率地存放13000多种货物，根据商品的库存周转率将货物分区存放。出货频率最高的商品存放在可以托盘为单位移动货物的货架上。出货频率中等的商品以箱为单位保存，拣选时使用一种作业人员坐在上面并可上下移动型的叉车，商品存放在可以进行这样作业的货架上。出货频率低的商品存放在可移动货架上，根据需要移动货架打开通道进行拣选

图7-5 保管整箱用的货架（冈村制作所等企业的产品）

这种分拨设备最多可同时为184家门店进行分拨。有六个投放口，作业人员扫描来投放的商品的JAN码，画面便立即显示应该放入多少货物的指示。并不一定都是一个一个商品投放，而是根据货物量，有时会同时放入多个商品，即"多个商品投放方式"。设备的货物弹出口处的作业人员只管将商品装入纸箱，并将之传送至下一个阶段

图7－6　小件货物自动分拨设备（椿本 Chain）

使用一触式（one touch）纸板箱。根据当天的作业内容快速地组装这种纸箱。使用的纸箱大小有10余个尺寸。一只纸箱组装只需数秒钟。在预先切割好的地方夹入该纸箱应该放入的交货明细单。然后将其放在传送带上传到3楼和4楼的拆零拣选区域

图7－7　配送用纸板箱的组装作业

拣货作业人员扫描贴在空箱上的出货标签的条码，相关的拣货指示信息就会立刻通过无线区域网传到手持终端上。作业人员根据终端上显示的指示边扫描验货边进行拣货作业。拆零拣货作业区设在3楼和4楼。4楼的货物有约1000SKU，由作业人员用手推车拣货。3楼的货物有约5000SKU，分成几个作业区域，一次拣货作业可在一个区域完成，以便缩短作业人员的动线，提高生产效率

图7－8　使用手推台车进行分拣

包括传送带在内的分拨设备主要是由Toyo Kanetsu公司制造的。由于已经按照门店对纸箱进行了分类，最终出货时只需根据路线分拨即可，因此出货用的分拨设备的岔口只有五条。也无须太大的暂存空间。经过分拨设备传下来的货物便直接装入专线卡车运输企业的卡车内。对于运往量贩店专用物流中心的货物，在这里拼装发送

图7-9　出货作业

作业人员站在呈"コ"字型数码拣选货架当中，根据指示灯拣选货物，然后用脚踩地上的按钮，发出"已拣选"的通知。并扫描拣选的商品进行验货然后放入纸箱。数码拣选和扫描验货并用的方式并不常见，这是一种可以提高物流精度的有效方式。共有11套"コ"字型数码拣选货架，每次可以有11个人同时进行作业

图7-10　数码拣选（digital picking）

新物流中心在使用完的纸箱的处理方面也想了很多办法。多的时候一天会产生6吨左右使用过的纸箱。在原来的物流中心都是手工将纸箱拆毁堆积后交给废旧纸制品回收企业。在新DC，专门配备了废旧纸制品回收企业使用的拆毁处理机器，物流中心各处的废纸箱都通过传送带收集到这里，不需手工便能轻松处理

图7-11　对于已用纸板箱的处理

　　过去三丽鸥也尝试过发货和订货的EDI化。但当时无论如何也无法将失误率降低到千分之一以下，作业过分依赖人工存在很大的局限性。针对这个问题，在新的物流中心，不仅在发货时进行扫描验货，收货及入库时也同样进行验货。于是失误率一下子就降到了万分之一以下，作业精度大大提高。今后物流精度还能提高到什么程度仍在继续努力中。

订货和发货的 EDI 化，其实已经与永旺（原 JUSCO）、麦凯乐（MYCAL）等量贩店之间实现。三丽鸥计划将来在所有的直营店和量贩店（共计 1300 家门店）都实施订货和发货的 EDI 化。

7.4 用"○×"方式对员工的作业效率进行评价

为配合新物流中心的启动，信息系统也全面更新。位于东京都品川区的公司总部和全日本三处分公司以及物流中心，另外设有主服务器的中原中心（富士通承接运营的信息中心）都由专用的光纤连接。

DC 的 T 代理课长解释说："公司总部、物流中心和中原中心应该说都是三丽鸥的核心部分。三者之间用大容量的专用线路连接。如果物流中心和公司总部数据交换不畅，可以通过中原中心来通信，以此确保了安全性。"

三丽鸥接受订货的流程如下：首先从全日本的门店及营业员那里收集订货信息，这项工作原则上一天三次（早上 8 点、中午 12 点、晚上 10 点）通过主服务器分批处理。同时从在库中确定对应各订单的发货商品以及"容量重量计算"的工作也在这个时候完成。

这里所说的容量重量计算，是指预先输入每个商品的重量和容积，然后自动算出包装每一单订货所需要的纸箱的尺寸。也就是说，在这个时间点，用多大尺寸的纸箱、在什么时候、出货多少都已经决定了。有些订单对应的货物虽然已经确定，但由于距离该订单的交货时间尚有时日，还不能确定发货日期，这样的现象也偶有发生。将这种种因素考虑进去的基础上，制订物流中心的作业安排。

这里制订的作业安排作为发货指示传送给物流中心内的物流统合服务器。在这里这些信息被处理成具体的发货信息发送给各种物料搬运设备以及专线卡车运输企业。物流统合服务器还通过无线区域网发出各种拣选指示以及对各物料搬运设备的控制信息。

物流中心内部的作业都是基于这些处理后的信息来进行的。不过在现场的运营系统中不乏三丽鸥独具特色的要素。比如：对于标准作业时间实施的○×

式评价系统。

以使用手推台车进行拣选作业为例。作业人员利用手持终端进入作业指示页面，该页面便会显示标准预定时间，向作业人员提示拣选完成大致所需的时间。三丽鸥根据过去几年积累的作业数据制订了各作业时间表。利用这个时间表可根据具体作业内容算出预计完成作业的时间。

然后物流中心负责人根据实际作业完成时所用的时间，对作业人员做出四种评价（×△○◎）。早于标准时间30%的为"◎"，反之超过标准时间30%的为"×"。这个系统运用到实际现场时，T代理课长亲自做了实验确认可行后才正式实施。

这个评价系统的开发工作，大约是从1998年三丽鸥导入手持终端时开始的。目的是使员工在工作时能有做游戏的感觉，同时又能对于每个作业人员的劳动生产率做出公正的评价。评价的结果并不直接反映到考评制度上，但作为提高现场的生产效率的手段之一是一个有意义的尝试。

7.5 温情主义和降低成本

原来两处中心的作业人员共计有400多人，新的物流中心启动后，减少到了约330人，目标到2007年将人数精减到280人左右。这个计划安排得似乎太过漫长。H次长解释说，三丽鸥标榜建立"人性化的物流中心"，所以基本上是采取自然减少的方针来精减人员，当然需要花费时间。

对于合作的物流企业，三丽鸥也展现出温情主义的一面。新的物流中心投入使用后便不再利用外部的营业仓库了，但是依然与以前有过合作关系的仓储企业和物流企业继续保持着一些业务往来。现在，该公司的物流中心内的实际操作业务主要由MIHOTAKA、渡边运输、东京物流这三家专业物流公司承接。MIHOTAKA除了主要承担配送业务以外也从事向百货店代理交货服务。渡边运输是从前三丽鸥越中岛物流中心的业主，现在主要负责商品的补货作业。另外，原立川中心的合作企业东京物流承担出入库方面的业务。

承担商品配送的运输企业，主要有佐川急便和福山运输这两家以前就有合作关系的公司。现在，全部货物量有五成是由佐川急便承担的，两成交与福山运输。从负责区域来看，大阪到中四国由福山负责，其余地区均由佐川承担。剩下的大约三成左右的业务主要是针对百货店，由代行交货企业利用外协车辆完成。

　　向新物流中心转移时，没有实施物流招标。H 次长说："当然希望合作企业配合我们努力降低业务成本，但并不打算与任何一家有长期合作关系的物流企业分手。"重视长期合作关系的方法能否实现削减成本的目标，非常值得关注。

思考题

　　1. 本文的新物流中心设计"有三丽鸥的特色"指的是什么特色？三丽鸥为什么要这么做？

　　2. 结合本文的案例，讨论物流中心自有自营的利弊。

　　3. 三丽鸥的新物流中心内的自动化设备采用了多家物料搬运设备厂商的技术。这种做法需要在物流中心的规划和建设时做哪些考虑？

　　4. 结合本文的案例和其他一些案例，讨论在选定物流中心运营承包商时，采用招标方式的利弊。

8　东京内饰家具新物流中心的建设与运营^①

【提　要】东京内饰家具（TOKYO INTERIOR）是日本家具连锁零售商三强之一。该企业从商品采购到门店销售的供应链全部都由自己管理，门店和物流中心等基础设施也都是企业自有资产。2005 年 12 月东京内饰家具在被视为家居行业"激战区"的千叶县幕张开了该企业在日本首都圈的第一家门店。在此之前，该企业从批发企业的角度垂直统合了家具的流通渠道，并投资 28 亿日元新建了大型物流中心。该企业官网为：http：//www. tokyointerior. co. jp。

8.1　直接从制造商进货实现低价格销售

东京内饰家具是一家在东日本地区有 23 家门店的家具连锁零售企业。2004 年度（2004 年 5 月~2005 年 4 月）销售额约为 308 亿日元。自创业以来，公司业绩一直保持平稳增长，现在和似鸟、大塚家具一起被称为日本家具连锁零售界三强。

东京内饰家具的前身是昭和初期创业的家具批发商。1967 年开始向零售业进军，在宇都宫市开了一号店。长年做批发生意的公司为什么在这个时期决定进入零售行业呢？该公司的专务董事 T 先生向笔者解释说："因为感到只做批发业务局限性很大，于是开始摸索如何进入零售行业。当时的家具零售企业是不负担库存风险的，需要的时候才向批发商要货，所以零售企业大多不做精确的销售计划。这种低水平的管理常常导致门店丧失很多销售机会。我们确信如果能抛开旧的商业习惯，创立一种新的流通模式就一定能取得成功。"

---

① 原文执笔：森泉友惠，翻译：谢蕊，监译和改编：李瑞雪

日本的家具产业一般都采用"制造商→批发商→零售商→消费者"这样的流通渠道。在"批发商→零售商"之间很多时候还有二级批发商、三级批发商，所以这个产业属于多级流通模式。商品从生产者到门店被陈列的过程中有多个中间企业经手，这不仅造成了流通成本高，还会使总库存量过大。这种流通模式也是零售价格高居不下的重要原因。

为了变革这一流通模式，东京内饰家具采用了一种自己负担库存风险、从制造商那里进货后在自己的门店内销售的垂直统合型商业模式。与制造商直接交易省去了中间差额，实现了低价格销售，赢得了消费者的支持。

不仅仅是日本国内生产的商品，海外生产的商品也是直接从制造商那里进口到日本。一开始主要是从欧洲进口成品，近年来东京内饰家具将自己开发的商品委托给海外制造商生产，这样的开发进口型商品逐年增加。2005 年以后，从海外进口的家具基本上都是企业自己开发的商品，占到总销售额的三成左右。

8.2　门店和物流中心的自有资产化

除了低价格以外，东京内饰家具的开店方式也是非常独特。同行业的其他企业大多是在那些大型购物中心等综合性商业设施内开店，以租借店铺的方式加快开店的速度。而东京内饰家具则坚持自己投资建大型门店的"自力主义"原则。

在提倡企业资产流动化的时代，该公司之所以还始终坚持自有资产化的开店方式，是因为他们认为"租借店面的方式很难实现盈利"（该公司的 T 专务董事），与常年租借店铺支付高额租金相比，还是自己投资建店的总体成本更低。

不光是门店，在物流中心的建设方面东京内饰家具也是坚持自己投资自己运营。中心内的运营设计及向配送企业支付的运费的计算方法也都是公司自己开发的。他们编制了一套独特的计算方法——将商品金额、运输距离、配送件数等打分（point），通过将这些分数累加在一起的方式来计算运费。这种运费计算法就是 T 专务设计出来的。

东京内饰家具20世纪90年代以后才开始自建物流中心，在那之前一直是委托给外部专业物流公司来做的。该企业为了适应开店战略的转变，曾进行过数次大规模的物流体制改革。下面我们就简单回顾一下这一段历史。

8.3 配合门店扩张，不断强化物流体制

在一号店宇都宫店开业的时候，是从位于东京的总公司向该店发货的。东京到宇都宫有100多千米的路程，而且那时的公路状况也比现在恶劣，一趟运输要花3~4个小时。再加上只有这一家店，所以一次的运输量很小，货车的装载率很低。

因此东京内饰家具决定增加门店数量，在周边的栃木县境内的小山市、大田原市、栃木市等地以及茨城县、福岛县陆续又开了8家门店。随着货物量的增加，公司就在当地也设置了仓库，就近向门店供货。

东京内饰家具以前以经营家具业为主，但自1993年后，该企业以提供"家庭时尚"（home fashion）为使命，在大型门店内分设家具区和杂货区，销售商品的范围开始覆盖家居生活的全部领域。同时也加快了开店速度，在日本东北地区和上信越地区的仙台、秋田、金泽、新泻等地以一年新开一店的速度不断扩大门店网络。

门店的目标市场定为人口30万以上的商圈。每开一家新店时会考虑到该区域的平均收入，在家具内饰方面的平均消费额及住房大小等因素。在注重商圈大小的同时，为了避免与公司批发业务部门的顾客企业的商圈重合，很长时间东京内饰家具都没有在埼玉县、神奈川县等首都圈地区开店。

为了支持在大的地理范围开店，东京内饰家具1990年在栃木县鹿沼市新设了作为物流和信息的核心基地"总部信息商品中心"，另外在开设门店的地区分别设立了配送中心。在"总部信息商品中心"建构起了从制造商接货、商品的仓储、经由各地配送中心向顾客发送等一系列的物流体制。1997年又开设了"九州信息商品中心"，作为日本国内委托生产的商品的集货基地，以此强化了采购物流体制（见图8-1）。

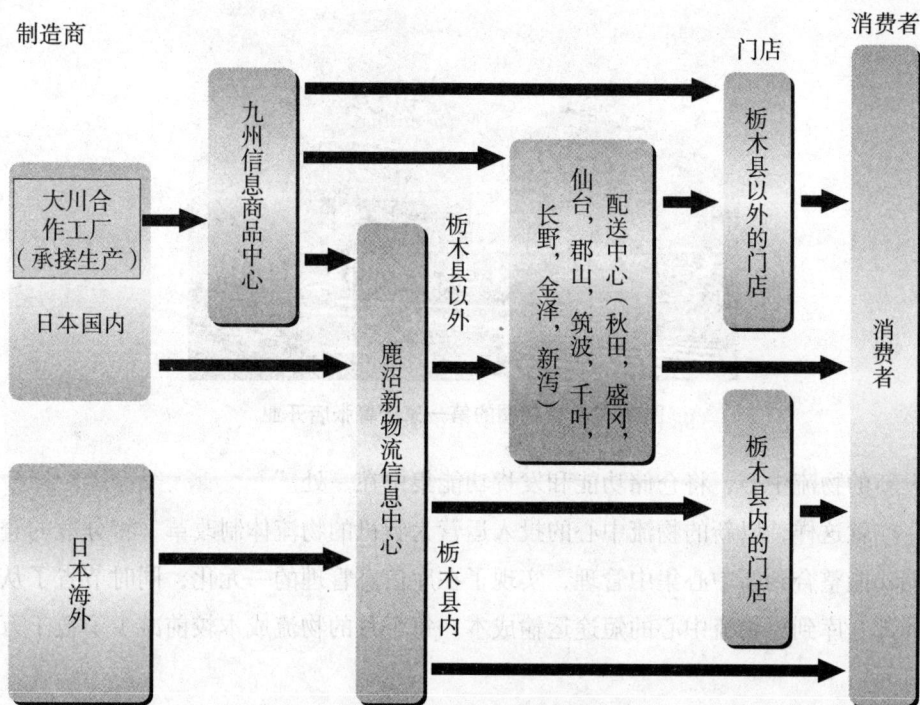

图 8-1　东京内饰家具的物流体系

2005 年 10 月，东京内饰家具又投资约 28 亿日元建起了"鹿沼新物流信息中心"。新中心为两层建筑，占地面积约为 2 万 7 千平方米，使用面积为 3 万 2 千平方米。位于高速公路的鹿沼出口约 3 千米处。其库存能力是原来的中心（即总部信息商品中心）的 10 倍。

2005 年 12 月，东京内饰家具在首都圈的第一家门店幕张店开张，这也是该公司营业面积最大的门店（见图 8-2）。千叶县的幕张一带有很多家大型家居门店，如大塚家具、KANETAYA、宜家等，竞争异常激烈。幕张店的开张是东京内饰家具正式向首都圈家居零售市场扩张的开端，从此更加快了开店的步伐。"鹿沼新物流信息中心"的建立就是为了应对门店的扩张战略所带来的物流量增加的趋势。

T 专务董事告诉笔者："原来的物流中心的库存能力已经达到了极限，新中心运营前的那几年都不得不一直租用一些外部仓库。那段时期，库存大都放在外部仓库，原来的物流中心基本上只承担中转和发货功能。因此公司决定建

图 8-2 首都圈的第一家店幕张店开业

设新的物流中心，将仓储功能和发货功能集中在一处。"

就这样，以新的物流中心的投入运营为契机的物流体制改革，将分散的仓储功能整合到新中心集中管理，实现了在库信息管理的一元化，同时节省了从外部仓库到原物流中心的短途运输成本。每个月的物流成本较前减少了数千万日元。

8.4 大量商品在新物流信息中心集中管理

新物流中心（鹿沼新物流信息中心）是由自动仓库、一般仓库和保税仓库3部分构成的。占总使用面积4成左右的自动仓库有4300个托盘货位，如前所述，库存能力达到了原中心的10倍左右。8辆高速搬运台车来往于自动仓库和集货发货区之间，集货发货区设有5座进出货站台（stations for receipt and shipment of goods）。

新物流中心每天大约有400个托盘的进货入库。商品从入库到出货的基本流程是：①商品在鹿沼新物流信息中心统一接收；②在新的中心库存；③根据门店接到的订货信息向配送中心（共有9处）发货；④从各配送中心配送给购买者。

东京内饰家具有自己开发的商品（PB商品），这些商品的生产都是委托给日本屈指可数的家具生产地——福冈县大川市的数十家制造商。这些制造商将完成品交货到"九州信息商品中心"，然后再转运到鹿沼的新物流中心汇入上述的流程①。另外，鹿沼新物流信息中心还承担着栃木县境内配送中心的功能，向该县内的消费者的配送都是直接从这里发出不需另行经由配送中心（见图 8 - 1）。

商品不会直接从制造商发往门店。如果商品零零散散地交货到门店的话，门店就会忙于繁杂的接货工作，从而占用本来可以用于接待顾客的时间。从各制造商发来的货都在新物流中心统一接收，然后按照规定的时间经由配送中心向门店发送。这样做的目的就是尽可能减少门店的物流作业量，让店员能够集中精力做好销售工作。

在库存管理方面，东京内饰家具使用自己独特的条码。由于家具行业没有业界通用的条码，所以企业可自行编写并使用本企业的条码，在托盘和商品上贴上条码便于管理。

日本国内生产的商品出厂时就贴上东京内饰家具指定的条码。对于进货时没有附加条码的海外商品，根据预定进货信息生成标签，接收货物时确认品类和数量后将标签贴上。入库时用手持终端扫描条码，在库数据就会更新。发货验货时也通过阅读条码来进行。

8.5　推动自动化和省力化

自动仓库除了库存商品以外，还存放已按门店拣选分拨完毕等待发货的商品，一俟送货卡车到位立即出库。自动仓库里装备的无人操作堆垛吊车（stacker crane）将相应的托盘放进或取出。

如果感知器感应到要入库的商品过大作业就会自动停止，并发出警报声。相关工作人员则立即赶到现场进行处理。仓库内任何地方发生了异常状况，工作人员可以通过每一台设置在现场的电脑确认。所以无须每时每刻监视，只要在发生异常状况时做应急处理就可以了。

从自动仓库出库的商品是通过在全长 400 米的圈式轨道运行的高速搬运台车运到集货/发货区域的。这里有一台自动托盘转向台把托盘转换方向，然后通过流利式传送带移动到出货口（见图 8 - 3）。

出货口月台的高度可以对应卡车货厢的高度而上下调节，使装货卸货都不

①从自动仓库出库。自动仓库可存放比较高的柜子类家具。使用5台堆垛吊车（stacker crane）进行出入库作业

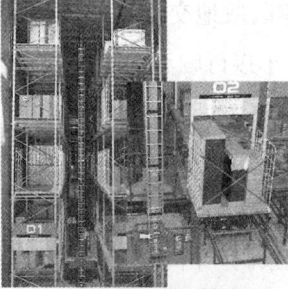

③托盘从轨道横着滑进集货出货区域

⑥流利式传送带直通进出货月台。大型家具也可以轻松移动

④在自动式托盘转向台上转换方向

②使用高速搬送车将商品运至集货出货区域。8台高速搬送车在全长400米的圈式搬送轨道上来回作业

⑤托盘可以通过流利式传送带轻松地滑到集货出货区域内设置的5座进出货月台

⑦装车。进出货月台的地面上嵌有球状物，托盘可自由转换方向。另外，使用从天花板上吊下来的操纵杆可调节月台高度使其与货车车厢一致

图8-3 从出库到装车的流程

会遇到高度不一致的麻烦。类似这样的人性化、省力化设计随处可见。例如：所有进出货月台都只要按动电钮就可以调节高度，而且轻轻一推货物就可滑动。有了这样的设计，就省去了将货物搬起来移动的费力活。

另外，托盘用高速搬送台车运到出入货区域入口，从这里到出货月台有流利式传送带连接，因此可以不费力气将货物移过去。从托盘上卸下的纸箱放在没有把手的台车上移动。该公司自己开发的托盘一体型货架，只要轻轻压一下货架背面交叉型支架的中心位置，就能轻松地将其折叠起来（见图8-4）。

继首都圈一号店——幕张店开店之后，东京内饰家具还计划在东海地区（甲府店和浜松店）和栃木县境内继续扩大开店范围，目标是达到40家门店。随着门店的增加，新物流中心的重要性会越来越高。

企业自主开发的托盘一体型货架，主要用在自动仓库。该设计只要轻轻压一下货架背面交叉型支架的中心位置，就能轻松地将其折叠起来

德国产的大型货架，用在一般仓库和保税仓库。可重叠堆积，能有效利用仓库内空间

图8-4 中心内两种不同类型的货架根据保管场所不同分开使用

思考题

1. 东京内饰家具公司在家具流通模式上有哪些创新（innovation）？试分析其创新的战略意义和合理性。

2. 讨论东京内饰家具采取的自有资产化方针与该企业良好业绩之间的关系。

3. 东京内饰家具的新物流中心内采用了哪些要素技术？这些要素技术的运营对于该中心的功能发挥起到了什么样的影响？

9 东邦药品的新物流中心建设[①]

【提　要】 大型医药批发商东邦药品2006年秋天在东京新建了两处物流中心。一处向全国的客户提供检查用药，另一处向东京圈的客户提供一般医药品。两处均引进了首尾一贯地管理生产批次和产品有效期的信息系统和作业系统，并采用"闪光RFID"技术避免错误的发生，其主要目的是确立迅速而准确的出货体制及实现药品的跟踪管理。该企业官网为：http：//www.tohoyk.co.jp/ja/。

9.1 实行分割销售提供客户支持

近年来，日本医药流通行业掀起了企业重组的浪潮。许多医药流通企业之间开展了业务上的合作或互相参股甚至合并。大型医药批发商东邦药品也参与其中。东邦药品与子公司以及一些合作企业一起成立了"共创未来集团"（15家加盟公司），在行业内影响力颇大。目前，该集团的经营范围已经遍布日本全国各地。

为了强化组织能力提高整体效率，"共创未来集团"各加盟公司的所购药品由东邦药品进行统一采购，东邦药品并向各加盟公司提供信息系统主机服务，进而整合了集团内各企业的基干信息系统。另外，东邦药品还积极推动各加盟公司共同利用业已建立起来的该公司的物流体系和各种客户服务系统。

随着近年来医药分离的进展，医药批发商的主要客户由医疗机构逐渐转为处方药房。但是大多数处方药房都没有足够的药品储存空间。医药批发商若想扩大与处方药房的交易量，必须具备不断货和短时间快速配送的物流功能。

---

① 原文执笔：内田三知代，翻译：金艳华，监译和改编：李瑞雪

为此东邦药品积极强化了物流功能。在因企业合并而新扩展的商圈内相继新建了多处物流中心，同时还对已有的物流中心进行了扩建。到 2004 年为止该公司已设立了札幌、东京、大宫（埼玉县）、东大阪、冈山 5 处医用药品物流中心。

这 5 处仓储型物流中心各保管有约 20000 个品种的药品，其中包括出货频率非常低的药品。根据物流中心负责的地区不同，具体保管的药品种类也有所不同。这 5 处物流中心的药品都经由各地区的营业所供应给医疗机构和药房。

物流中心接到客户订单以后，会在第二天上午将客户所需药品送到营业所。东京圈等地区一天两次配送，上午接到的订单，可即日配送。此外，该公司从 20000 余种药品中挑选出 2000～3000 种发生急需可能性极高的药品，这类药品除了物流中心以外，营业所也常备一部分库存。对于一部分客户，还提供从物流中心直接配送的服务。

另外，该公司很早就着手基干信息系统的建设工作。1997 年开始利用"ENIF"小型信息终端来支持客户服务。现在利用该终端的客户已有约 20000 家。

客户利用 ENIF 终端可以在任何时间订货。订货信息经该公司的基干信息系统处理后，从各营业所和物流中心中，指定离客户最近的配货地点。同时根据物流中心到营业所的配送时间以及营业所的配送计划等数据自动计算出货到所需时间。因此，客户可以几乎在订货的同时就能确认到货预定日期。

除了订货业务以外，该公司还利用 ENIF 提供各种客户支持。其中一项服务为"分割销售"。批发商和零售商的药品交易通常以盒为单位。例如，片状药品一般几片装成一连，几连装成一盒，一盒为批发商和零售商之间最小的交易单位。而"分割销售"是指拆开包装盒进行零售。片状药品的情况一盒里的一连为最小的交易单位。这项服务的对象仅限于使用该公司 ENIF 的会员药房。

东邦药品开始是为了满足客户的要求提供这项服务的。随着医药分离的进展，"常去的药房"制度开始普及。所谓医药分离，是指患者根据医生开的处方在医院外的处方药房买药的分工形态。患者"常去的药房"可以管理每位来店患者的用药记录，避免患者重复用药和不必要的药物副作用。

通常患者会在自己经常光顾的"常去的药房"购买多家医院开的处方药。因此,"常去的药房"为了对应各家医院的处方,不得不储备多种药品。但是,由于药房的储存空间有限,而且大量储存销售频率低的药品风险很大。

为了减轻这些"常去的药房"的负担,东邦药品1990年代后半期就在行业内率先引进了分割销售的模式。当时根据日本《药事法》的规定,批发商原则上是不可以实行分割销售的,但对于药房之间调拨药品的限制比较宽松,所以东邦药品就通过自营的药房向其他药房提供分割销售服务。

随着分割销售方式的实施,东邦药品设立了进行拆零作业的专用物流设施。在东京、大宫、东大阪、冈山四地设置了这样的专用设施来服务全国客户。东京以外的三处设施都设置在原有的物流中心内,并利用经由营业所的通常的途径来配送,以提高效率。

9.2 集中一贯管理检查用药

2006年秋,东邦药品在东京先后新建了两处物流中心。该年10月,东京的平和岛物流中心启用,向日本全国客户提供检查用药。物流中心内保管约3000个品种的药品,平均每天处理约4000份订单。北海道和九州地区客户的订单第三天送货到营业所。北海道和九州以外的客户的订单则是在第二天就送货到营业所。

检查用药是指用于临床检查的药品。对于批发商来说过去医疗机构是检查用药的主要客户。随着越来越多的医疗机构将临床检查外包给专门的检查中心,这些检查中心便成为批发商的重要客户。

检查用药与一般的医用药品不同,大多是进口药品,因此没有可以识别药品名的日本标准JAN编码(Japanese Article Number Code)。进口的检查用药中有些用的是欧美标准编码EAN(European Article Number),有些是进口国独自的编码,有些干脆没有编码。如果没有相应的专业知识很难管理这些药品。

而且很多检查用药的有效期特别短。医用药品的有效期平均为三年,而有些检查用药的有效期只有两周。除此之外,客户对于检查用药生产批次的要求也比一般的医用药品严格。使用同一种检查用药做同样的检查时，如果用药的生产批次不同，临床检查得出的数值可能会有微妙的差异。为了避免这种情况发生，很多客户在订货时会指定生产批次，因此批发商必须精确地管理药品生产批次。

检查用药的管理非常复杂，所以大部分批发商都会在营业所配一名专门负责检查用药的人员。每位客户的订单都必须在确认药品生产批次和有效期之后才发货。但是由各营业所甚至各具体负责人员来分散管理的方式很容易造成库存滞压。而与一般的医用药品相比，检查用药的有效期很短，对生产批次的要求又十分严格，因此库存的风险更大。

东邦药品早在 1990 年就设立了检查用药的专用物流设施，将检查用药集中在一处统一管理。检查用药入库时将生产批次和有效期登记入册，之后根据客户指定的药品生产批次和有效期拣选出客户要求的药品，经由营业所送往客户指定地点。

新建平和岛物流中心之前，该公司是手工登记检查用药的生产批次和有效期的。新建的物流中心改变了以往的做法。在这里，将生产厂家提前发来的有关药品的相关数据直接导入物流中心的库存管理系统。

该公司董事兼开发部部长 M 先生告诉笔者，通过一个物流中心精确细致地管理生产批次来对应全国的客户并非一件容易的事。公司于 1990 年中期就开始着手这项工作，包括缩短配送时间，为客户提供便利的服务，等等。平和岛的新物流中心就是在这些系统以及长年经验积累的基础上建立起来的。

9.3 采用提前拣货方式

继平和岛物流中心建成之后，2006 年 11 月东邦药品又启动了位于东京都品川区八潮的"TBC 东京"物流中心（见图 9 - 1）。该物流中心用于保管一般的医用药品，主要为东京地区的客户提供服务。"TBC 东京"启动之前，负责东京地区配送的物流中心设在平和岛。2006 年公司将此物流中心的功能转移到了日本铁路货运公司（JR 货物）东京枢纽站内新建的仓库内，成立"TBC 东京"，大大强化了相关的物流功能。

东京TBC，位于东京都品川区八潮。耗资约20亿
日元引进了先进的信息管理系统和作业系统

图9-1 TBC东京的外观

新建的物流中心内保管约 21000 个品种的药品，平均一天处理 27000 票拣选作业。该物流中心为 4 层建筑，总使用面积约 20000 平方米。公司投资 20 亿日元在该中心内引进了最先进的医药品物流管理系统。为了保证作业精度，TBC 东京物流中心全部实行无纸作业，由信息系统控制所有药品（包括极少出货的品种）的出入库和拣货等作业指令。

东邦药品过去由 MS（Marketing Specialist，营销人员）兼做配送工作，但 2000 年后积极推进商物分离，现在许多地区已经有九成以上的业务实行了商物分离。

为此 TBC 东京物流中心更加细分了拣选单位。拣选单位由过去以营业所单位改为以配送人员为单位。同时为了提高拆零拣选的效率和精度，公司与 UBIQUITOUS - NETWORK 研究所合作研发了运用 RFID 标签（Radio Frenquency Identification Devices，RFID）的独特的操作系统。

拣选作业采用了摘果式方式。拣选区根据不同品种分成不同区域，作业人员根据电子数码显示的数量挑出药品，投放到传送带上的折叠式料箱里即可。但是拣选作业并非与料箱到达同时进行，而是会在料箱到达之前就已经完成。这是该拣选系统的一大特点。

如果一个折叠式料箱里需要投入多种药品，该料箱在拣选区内绕药品保管区域所需时间也就比较长。而且如果药品的存放地点离折叠式料箱出发地点远，就会产生拣选工作人员等待料箱的时间。为了减少等待时间，东邦药品采用了"提前拣货方式"。

拣选作业由两人一组进行。折叠式料箱被投放到传送带的同时系统即向拣选区发出作业指令。接到指令后拣选操作组的一名工作人员会从货架上拣选出所需药品放到拣选筐里，再由另一名工作人员验货之后将拣选筐放到传送带旁指定地点。当折叠式料箱通过传送带送到时，将药品从拣选筐移到折叠式料箱里即可（见图9-2）。

折叠式料箱到达之前就完成拣选作业，以减少等待时间

拣选框上装置"闪光RFID"以避免发生操作失误

图9-2 提前拣选方式与"闪光 RFID"装置

为了避免选错拣选筐，该物流中心利用 RFID 来确认拣选筐和折叠式料箱的信息。拣选筐上安装了比烟盒略大的"闪光 RFID"标签，通过该标签与拣选到筐里的药品信息绑定。折叠式料箱到达时，读取器一读取料箱上的条码，拣选筐上的 RFID 标签就会自动闪光。到 2007 年平和岛物流中心内已经投入使用了 800 个闪光 RFID 标签。

9.4 减轻营业所的负担

TBC 东京物流中心另一个重要的功能是对所有药品的生产批次和有效期进行信息化管理。由于客户对一般医用药品的生产批次并没有要求批发商做到类似检查用药那样的严格管理，因此之前的物流中心除了生物药品以外，对一般的医用药品都没有进行生产批次的管理。

2003 年修订的日本《药事法》规定，生产厂家和批发商要确保生物药品的跟踪管理。生物药品是指使用来源于动物的原材料制成的，主要用于人类疾病预防、治疗以及诊断的药品。新药事法规定批发商有责任将出货药品的生产批次等记录提供给生产厂家。

批发商从生产厂家采购的药品只有 JAN 编码。而 JAN 编码只能识别药品名，所以管理生产批次和有效期需要利用其他的管理编码。因此东邦药品在新药事法即将实施之际引进了独自的条码标签来管理药品的生产批次和有效期。

每件药品入库物流中心时都贴上条码标签。当药品从物流中心出库送往各营业所，以及从营业所发货到客户都要扫描条码标签采集数据，并将最终从营业所发货的信息反馈给生产厂家。也就是说，从那时起就对生物药品的生产批次和有效期进行从入库物流中心到营业所发货全流程的集中一贯管理。

TBC 东京物流中心引进了该信息管理系统的升级版本。不再使用条码标签进行管理，而是直接从生产厂家接受有关生产批次和有效期的数据，并将此数据与药品保管区域等信息绑定。这样做的目的就是对所有药品从入库时开始严格管理生产批次和有效期。

东邦药品的 M 董事告诉笔者，目前商品本身没有附上任何可供识别的编码，因此在物流中心必须将药品和相关数据进行对照。从避免发生错误的角度考虑，非常希望生产厂家能够尽早在药品上贴上可以识别的编码。

日本政府的厚生劳动省已经下发通知，要求生产厂家从 2008 年 9 月起在出货的医用药品上贴上国际标准的条码以表示生产批次和有效期。但是对于生物药品以外的药品，厚生劳动省并没有强制性规定。东邦药品密切关注生产厂家今后推行国际标准条码的动向，更进一步地提高 TBC 东京物流中心内管理的药品生产批次信息的水平。

TBC 东京物流中心引进的升级版信息管理系统大幅度减轻了各营业所的负担。之前，营业所根据客户要求对出货药品一一确认生产批次并记录在发票上。这项确认工序会大大拖延配送时间。为了缩短配送时间，很多种药品不得不在营业所常备库存。TBC 东京物流中心的启动，省去了营业所的许多文书类工作，加速了发货时间。

东邦药品的物流本部长 A 先生向笔者谈了他们的想法：今后尽可能地减少库存。在该公司 2009 年度开始的中期经营计划中想法这样的目标：将全公司库存量从目前的 0.7 个月减到 0.5 个月，并通过有效利用 TBC 东京物流中心的功能来扩大面向大客户的直接送货服务。

思考题

1. 对于本案例中的"提前拣货方式"，你认为有没有比这更好的作业方式？说说你的理由。

2. 结合本文的案例，讨论一般医药品与检查用药对于物流中心的功能设计、作业方式以及在库管理、配送管理等物流管理有什么不同的要求。

3. 根据本文中有关记述，并结合其他相关资料，整理并讨论政府管制、行业习惯、国际标准等外部因素对医药物流的制约和影响。

10 UNY 公司的一揽子物流中心[①]

【提 要】 大型连锁零售企业 UNY 公司在 1999 年企业机构重组时曾取消了物流部门。但 2003 年在对物流业务重新评估后再次重视物流。其后一改将物流业务完全依赖供应商的方针，在日用杂货领域把供应商直接交货到门店的做法变革为一揽子物流（blanket physical delivery）方式。为此公司投资 42 亿日元建设了自有的大型物流中心。该企业官网为：http://www.uny.co.jp。

10.1 曾在公司的组织结构中消失了的物流部门

UNY 是一家从日本中部地区发展起来的大型连锁零售商。近年来该企业积极地推动了物流改革。但这在十几年前是无法想象的。2000 年左右 UNY 很轻视物流部门，该企业的高层认为："门店是最重要的。卖东西的本质第一是销售能力，第二是开设更多的门店，就算没有第三和第四，物流恐怕也要排到第十了。"那时公司内部甚至把物流部门干脆取消了。

当时 UNY 采取这样的方针是有原因的。该公司在 1993 年度决算时陷入了自 1976 年公司上市以来的第一次经营赤字，最终亏损额达 95 亿日元。虽然整顿了那些由于泡沫经济影响直接导致赤字产生的不盈利部门，但当时 UNY 的主营业务也是举步维艰。

1993 年度决算显示公司单独销售额为 5770 亿日元，但来自主营业务的营业利润仅 50 亿日元。销售额营业利润率已经低到 0.8% 危险水域。为了摆脱这种危机状况，1993 年上任的 J 社长决定实施大胆的结构调整，将位于名古屋车站附近的公司总部迁移到郊外的物流中心的用地上。这一举措为之后引起日

---

① 原文执笔：冈山宏之，翻译：谢蕊，监译和改编：李瑞雪

本全国瞩目的 UNY 低成本（low cost）经营奠定了基础。

由于实施了"回到零售业原点"式的结构改革，此后 UNY 的业绩得到迅速回升。在同一时期，DAIE 和西友等多家大型零售企业都遇到业绩低迷的困扰，但 UNY 在 1995 年之后经常利润率（单独决算）连续五年都实现了增长。尽管在规模上与伊藤洋华堂和永旺等全国性零售连锁无法相比，但 UNY 显然已经在市场竞争中处在优胜一方了（见图 10 - 1）。

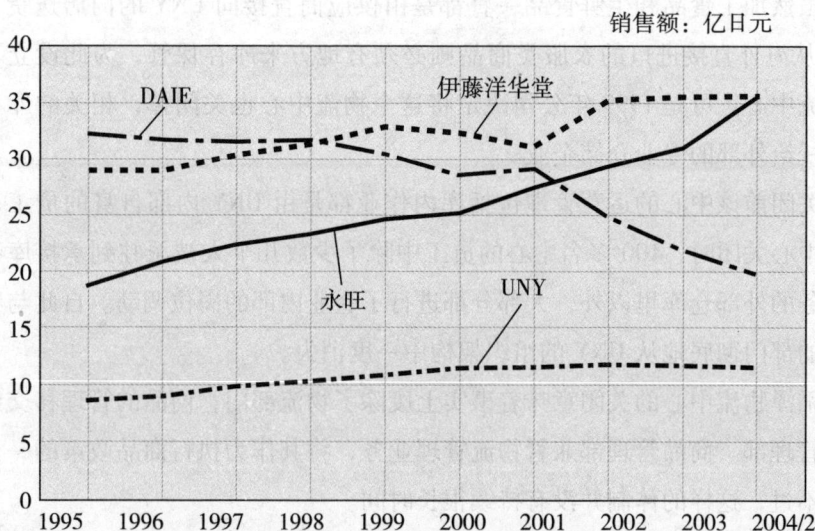

图 10 - 1　日本国内四大零售企业业绩增长情况

本来"回到原点"这样的说法听起来很不错，但 UNY 当时的做法其实更应该说是与现代零售业经营潮流背道而驰，甚至可以称之为是一种"回归原始"的做法。

20 世纪 90 年代，以美国沃尔玛为代表的世界各大型零售企业都向利用物流和信息系统促进效率化的方向迈进。而在日本，或许是受到便利店成功的刺激，连锁专卖店和一些综合超市（GMS）也开始在商品采购与供货的供应链的效率化方面下功夫。

由此可以看出，许多零售企业将从前依托给批发商和制造商的商品采购供货业务转由自己控制，力图提高门店营运效率并降低成本。"零售企业只要注重门店销售就可以了"的"回归原点"式思路显然不合时宜。

但是 UNY 在利用"回归原点"的做法渡过了经营难关之后并没有舍弃暂时的成功经验。20 世纪 90 年代公司一直贯彻着这一路线。所幸的是，UNY 的门店主要集中在中京地区（以名古屋市为中心包括爱知、岐阜、三重三个县），而这一地区当时是全日本特大型零售企业间竞争激烈度相对较轻的间隙地，这使得 UNY 得以暂时按照自己的方式生存发展。

这其中作为象征性的事件就是 UNY 关闭了紧挨着公司总部的稻泽物流中心。虽然加工食品和生鲜食品一直都是由供应商直接向 UNY 的门店送货，但 UNY 从海外直接进口的衣服类商品则必须有地方来库存保管，为此设立了稻泽物流中心。可是 1999 年公司决定将这个物流中心也关闭掉，相关的库存业务委托给外部的专业仓储企业。

关闭前该中心的运营管理包括库内作业都是由 UNY 内部自身的员工承担的。中心关闭时，100 多名中心的员工中除了少数几个人被派驻到承接库存保管业务的外部仓库里以外，大部分都进行了企业内部的岗位调动。自此与物流相关的部门彻底地从 UNY 的组织架构中一度消失。

稻泽物流中心的关闭意味着事实上废除了物流部门，商品的管理移交给了商品管理部。商品管理部兼管物流管理业务，将其作为执行商品政策的一个环节。不过，这样的体制并没有持续很长时间。

10.2　为开展一揽子物流方式再次设立物流部门

UNY 集团是一家涉足 GMS、食品超市、便利店的综合型零售企业。从销售额和经常利润上来看，从 20 世纪 90 年代后半叶开始无论联结决算还是单独决算都呈现增长势态。但如果只看 UNY 的单独决算，并且将着眼点放在能够反映其主营业务的实力和营利水平的指标上来看，就会发现 UNY 从 20 世纪 90 年代末期就已经陷入了相当困难的状况。

1996 会计年度（1996 年 2 月~1997 年 1 月）以后营业利润的增长明显停滞不前。并且从 2000 年开始销售额的增长也陷入僵局，营业利润率急剧下降。2000 年度（1999 年 2 月~2000 年 1 月）决算的营业利润率下降到 0.59%，为历史最低水平（见图 10 - 2）。

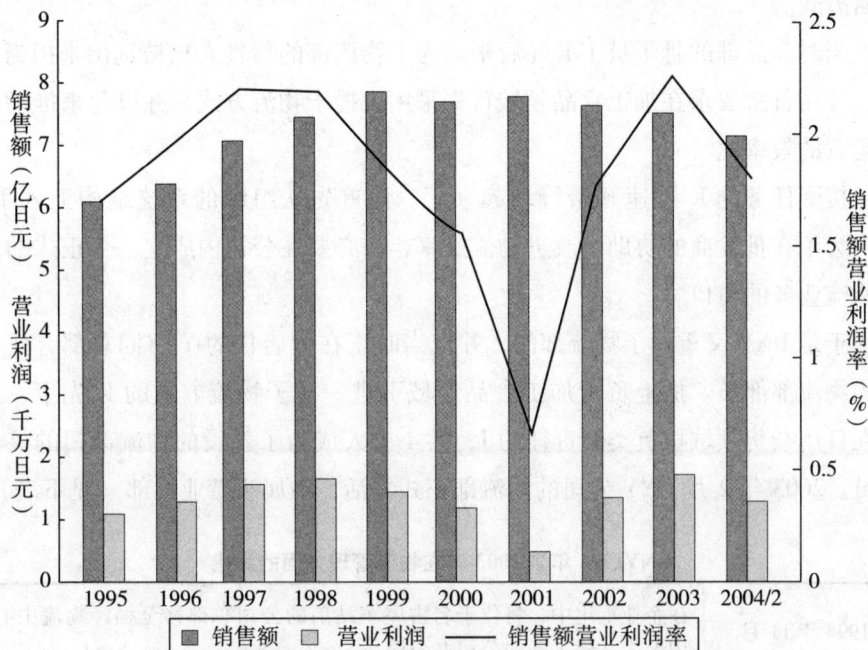

图 10 – 2　1995—2004 年 UNY 公司的经营绩效（单独决算）

对这种状况深感危机的企业首脑们在 2001 年秋天放弃了"零售企业只要做好门店销售就可以"的方针，决心从与以往不同的视角着手改善业务效率，重新探索降低销售管理费的可能性，以提高门店运营效率。为此，公司开始讨论实施"一揽子物流"方式。

当时 UNY 没有正式的物流部门。因此刚开始先由信息系统部门牵头来发现和整理门店运营中的问题。信息系统部门的负责人在门店进行现场调查之后深刻认识到了每天多达上百辆货车向门店送货带来的各种问题。

比如门店的收货人员被庞杂的收货作业压得喘不过气来。而同时商品不断地被堆积在验货间却不能及时摆放到店内的货架上。当时 UNY 只重视如何提高送货卡车的满载率以降低商品供货的物流成本，而并没有严密的物流管理。只是定了大概的到店时间，其他的都任由供货企业判断。

这一时期的运营可以说是完全背离管理的标准化原则。订货作业每个门店各不相同，电话、传真什么方式都有。只有加工食品领域是个例外，较早地采用了在线订货方式。鉴于这种情况，公司高层觉得有必要重新审视企业的物流运营方式。

当时商品部的骨干员工 K（后来成为了物流部的负责人）被选出来担当重任。公司首脑要求在加工食品领域首先采用一揽子物流方式，并以此来推动门店运营的效率化。

接受任务的 K 迅速开始行动起来了。他首先从组织的系统结构上入手，提出了为了在批发商的协助下改进物流效率，有必要在公司内成立一个正式的负责物流业务的窗口。

于是 UNY 又重设了物流部门，并把当时正在做店长的 Y 召回总部，任命他为物流部部长。加上负责加工食品领域引进一揽子物流方式的 K 先生，还有在日用杂货领域担负类似责任的 J，共 4 个人成为了新设的物流部门的核心成员。2003 年 2 月 UNY 公司的物流部正式复活，隶属于营业本部（见下表）。

UNY1994 年到 2003 年在物流管理方面的举措

1994 年 11 月	在企业重组中，将位于名古屋车站前的公司总部移至稻泽物流中心用地内，建了新的公司办公楼
1999 年 3 月	关闭稻泽物流中心，改用外部仓库。此时公司内部的物流部门事实上全部废止了
2003 年 2 月	稻泽物流中心关闭以后，从公司内部消失的物流部门时隔四年被重新设置
2003 年 6 月	加工食品部门在中京地区的物流引进一揽子物流方式，中心业务委托给伊藤忠食品公司和 TOKAN 公司
2003 年 8 月	为了进口服装类商品的管理，投资 42 亿日元建设启动了 UNY 弥富物流中心
2003 年 10 月	日用杂货商品部门也引进了一揽子物流方式，计划将服务范围覆盖至静冈县和北陆地区，业务委托给伊藤伊公司（现 ARATA）

10.3　维持双重 "合账" 关系的同时整合物流

重新设置物流部门的目的当然不仅仅是作为引进一揽子物流方式的对外窗口。更迫切的问题是，UNY 必须在物流方面开始一系列改革，以顺应零售业界的变化。

物流部部长 Y 回忆说："当时的情况是必须与供应商一起来进行改革，追求共荣共存。UNY 原来那套'名古屋门罗主义'式的做法已经行不通了。对于供应商来说，名古屋地区的交易环境和交易习惯都非常特殊和不合理。他们当然很想回避这种局面，因此当时我们已经到了不得不改变做法的时候。"

但是 UNY 重设的物流部门只不过是一个企划部门。从主要的物流部成员的背景就能看出，基本上是白手起家。对于一揽子物流方式，UNY 完全没有这方面的知识和经验。因此 UNY 从一开始就决定与有这方面经验的批发企业，特别是那些为其他连锁零售企业提供过一揽子物流服务的批发企业合作来完成这项改革。

UNY 在商流上一直坚持一套独特的做法：不轻易整合或更换进货关系（"合账关系"）。在日本的商品批发环节，某种商品由某一家特定的批发商供货的长期交易契约关系被称为"合账（chouai）"。这种坚持使得与 UNY 有实际业务关系的批发企业的账户就超过了 2000 个。UNY 公司在中京地区采用一揽子物流方式来运作加工食品（常温带）的物流是在将物流和商流分离而不改变原来的"合账关系"的前提下开始的。

在这一前提下，UNY 从有业务往来的 20 家批发企业中选出销售额排名靠前的几家并向其发出邀请，以邀标的形式选择一揽子物流中心的运营合作伙伴。最后选择了日本最大的加工食品批发企业之一的伊藤忠食品和在中京地区拥有最大业务量的 TOKAN 这两家公司。很明显，UNY 是看中了伊藤忠食品的能力和经验。

之后，UNY 借助伊藤忠食品的力量，于 2003 年 6 月在中京地区启动了两处库存型一揽子物流中心，将门店配送业务集中到该物流中心。向物流中心送货的供应商向 UNY 支付物流中心的使用费，UNY 再向伊藤忠食品和 TOKAN 支付物流中心运营委托费。

因为以不触及商流为前提，有一些商品甚至采用了会带来效率低下的"双重合账"方式。即："同一品名的商品，有的门店的订货归批发企业 A，有的门店的货则归批发企业 B。也就是说同一品名的商品在物流中心内却要按 A 和 B 两家批发企业来分别处理。"（物流部的 K 部长）。

虽然知道这种做法会使管理变得复杂而且作业效率会下降，但还是保留了这种复杂的运作方式。当然 UNY 也考虑在将来逐步消除这种"双重合账"状况，但由于商品部门坚持"要珍惜已有的业务合作关系"，整合或改变"合账"关系不是轻易就能实现的。

看起来这只是个非效率的做法，但在一揽子物流能够顺利推进这一点上却起到了一定的正面作用。UNY 的一揽子物流中心属于库存型（DC 型）中心。在这里商品按大类分拣（category sorting）以支持门店运营的改善，这一点可以说是改革的最主要部分。但是虽说是 UNY 的专用物流中心，但是中心内库存商品的所有权还是属于供应商的。这些商品从物流中心出货时其所有权才开始转归 UNY。

通常情况下，批发企业大多不愿意在零售企业的专用物流中心存放自己的库存。因为这样会使库存变得很分散，业务效率也随之降低。但由于 UNY 是在不触及商流的前提下采用这种方式的，有业务合作的批发企业也因此对于存放库存而商流不变的做法感到放心。K 告诉笔者："迄今为止尚没有出现拒绝这种合作方式的供应商。"

10. 4　日用杂货商品也采用一揽子物流方式

与加工食品推进一揽子物流项目的同时，日用杂货商品也开始准备实施同样的改革。事实上，日用杂货部门的负责人的举动比加工食品部门还要早。早在 2000 年，日用杂货部门就开始与主要供货批发企业伊藤伊公司（现 ARATA 公司）一起组织了研究会。

不过当时仅仅是停留在研究会层面，并没有像加工食品部那样有企业首脑设定了具体的项目期限，只是兼管物流业务的商品部门的一种自主活动。这一活动到了 2001 年秋天以后随着企业经营方针的转变开始有了实际的价值。

在基本思路上，日用杂货部和加工食品部一样，都是想最大限度地利用合作批发企业的能力，在其协助下设立 DC 型物流中心。最终被选定承接日用杂货商品的专用物流中心运营业务的是伊藤伊。伊藤伊虽然并不具备专用物流中心一揽子物流管理方面的经验，但作为 UNY 最大的日用杂货商品的供货批发商，加之两家企业开展的研究会，其被选为物流合作伙伴亦属自然顺当。

与加工食品相比，日用杂货的货物量相对较少。因此日用杂货很难像加工食品那样在中京地区一地就设有两处一揽子物流中心。物流部的 J 经理说："怎样做才能做到跨区域的物流服务，在研究会的阶段我们就对这一问题一直在思考了。"

在设定物流中心使用费标准时，也存在不同与加工食品的难处。在日用杂货产品的供应商里包括有花王这样的大型企业，他们通过企业集团内的销售公司（如花王销售公司）自己完成包括门店配送的所有环节。而且花王销售公司也不是零售企业要求多少中心使用费就支付多少的企业。因此必须做到比加工食品更高的效率化。

实际上，日用杂货的物流改革甚至涉及了"合账"的整合。对此 J 经理认为："将来物流中心覆盖的面积会不断扩大，如果'合账'的体系一直保持不变，恐怕势必会影响物流功能的正常发挥。为了避免这样的事情发生，在考虑原有交易额的基础上对'合账'关系进行一定的整理必不可少。"

在向供货的批发企业收取物流中心使用费时，针对不同的商品群设定不同的费率标准上也需要花一番心思。在订货方法上也进行了大的革新，以前用电话或传真等手段下订单的门店一律统一改为在线预约订货方式。经过这些努力，在加工食品部门启动一揽子专用物流中心的四个月后，日用杂货部门于 2003 年 10 月正式启动了由伊藤伊负责运营的 UNY 专用物流中心。

目前该物流中心年处理商品量包括 DC 型和 TC 型在内达约 180 亿日元。UNY 计划将来通过增建设施，把处理能力提高到 200 亿日元左右，并将服务范围覆盖到北陆地区（包括日本中部地区沿日本海的富山、石川、福井 3 县）。

10.5　投资 42 亿元建设新的物流中心

UNY 在加工食品和日用杂货方面全面采用了一揽子物流方式，在设施上充分灵活地运用了批发企业的资源。在中京地区的两个加工食品物流中心都是使用批发企业已有的设施。日用杂货的专用物流中心虽然是新设立的，但是由伊藤伊公司投资建设的。

不过几乎在日用杂货专用中心启动的同一时期的 2003 年 8 月，UNY 投资 42 亿日元（包括土地、建筑），建立了自有物流中心。该中心用于处理直接进口的服装类商品，是 1999 年稻泽物流中心关闭后时隔近 5 年的自有中心的设立。此举可以说是 UNY 公司近年来在物流战略方针转变上的标志性项目。

1999 年稻泽物流中心关闭以后，UNY 直接进口的服装类商品的物流管理业务相当混乱。与那些可以有供货商直接向门店交货的商品不同，服装类商品从海外进口后 UNY 就必须对其进行库存管理。这些工作当时是交给商品部门负责的，但结果非常糟糕。

没有有效的物流管理，导致了库存不断膨胀，租用的外部仓库增加到了十四处之多。而且在每年 10 月前后货物量高峰期时，为了确保仓储能力，甚至租用了距总公司两小时以上车程远的仓库。有一天，监察部人员去某仓库现场查看时，发现了沾满灰尘的商品，甚至还发现了大量的几年前商品。

在这样的状况下，公司内希望统合物流中心的呼声越来越高。又正好在寻找不动产时遇到了合适的用地，于是 UNY 下决心建设自己的物流设施。由于商品部门的员工完全没有建设物流中心的经验。物流中心项目成立时责成当时参与外部仓库现场的库存管理的 M（现任 UNY 弥富物流中心所长）来负责。

10.6 原物流部门保留人才的作用

M 所长在 UNY 已有近 30 年的工作经历。除了刚进公司后的三年半在门店工作以外，以后的 24 年一直都在做与物流相关的工作。他参与了稻泽物流中心的关闭和拆除，之后作为原物流部门仅存的人员默默地支撑了物流现场的运营。这样的经历使得他在 UNY 决定建立自有中心并将建筑面积达 36000 平方米的图纸交到他手上时，他立即能够着手设施内运营设计。

很快 M 所长与另外几名同样从事了二十几年物流工作的同事一起，一边借助物料搬运设备制造商的力量，一边反复推敲新物流中心的设计构想。首先确定了物流中心内部的平面布局方案，然后在充分考虑作业流程的基础上决定了物流设备的构成。之后，诸如为了提高作业效率调整入库月台（berth）的高度，设定因货物量过多而引起入库作业超负荷时的紧急疏导路线等，都无不体现了经验丰富的物流人细心缜密的考量和用心。

M 所长说："能够在 UNY 的实际业务、建筑公司、物料器械制造商之间进行协调沟通的也只有我们这样的人。直到最近公司才提出为支持门店而提高物流效率，其实我们自从参与物流工作以来一直就是这么想的。门店的人手往往不足，能减轻他们的工作负荷就是物流中心的职责所在。"

2003 年 8 月，UNY 的弥富物流中心正式启动。弥富物流中心是一座使用面积达 5 万平方米的大型物流中心，用地内部不仅设有门店内购物筐的清洗设备，还设置了资源循环再利用的再生设施（见图 10 - 3）。虽然还有很多问题尚在探索研究中，但现在的作业精度和处理能力基本上达到了预期效果。

该设施的投产使得原有的十四处分散的库存点按计划整合为两处。弥富物流中心内部运营委托给三井仓库公司。直接进口商品的国际运输业务也是委托给这家专业物流公司的。而门店配送业务则由佐川急便负责。这两家专业物流公司以前都有业务往来，而他们的外协企业中有不少从前就与 UNY 有业务往来的当地物流企业。这一现象反映出在成本削减上还存在一些需要努力克服的问题，但不管怎样，整合物流中心并向新体制过渡已经顺利展开了。

与能够充分利用批发企业力量的加工食品和日用杂货类商品的物流相比，由 UNY 自身进行管理的弥富物流中心的业务走上轨道有更大的难度。在这样的部门最终强调的还是"现场能力"。这些年 UNY 经过一番曲折的经历再次认识到了物流业务的重要性。物流对于零售企业越来越重要，能否通过物流来实现与竞争对手之间的差异化，关键在于今后能否培养出有能力的物流人才。

暂存、种类分拨机(category sorter)

在中心内库存冬季服装类商品

拆零播种式拣选口

小件商品的传送带式分拨机

入库和出库的月台(berth)的高度上
作了独特的调整

有24个射出口的高速分拨设备

图 10-3 UNY 公司的弥富物流中心

思考题

1. 讨论零售企业实施服务于门店的一揽子物流方式能带来哪些效果。

2. 谈谈你所理解的日本流通企业的"合账"的商业习惯。从供应链管理的角度试分析这种商业习惯的利弊。

3. UNY 在改革物流业务时采取了不变更商流现状的做法。讨论他们这么做的合理性和必要性。

11　YOKU BENIMARU 一揽子物流中心的建设与物流整合[①]

【提　要】YOKU BENIMARU 在 1997 年曾尝试将加工食品和日用品放在同一个一揽子物流中心处理，但没有成功。该公司吸取这次失败的教训，从 2003 年开始着手革新生鲜品物流中心，花了差不多 3 年时间新建了两个骨干基地，并顺利地使基地的运营走上轨道。而更大规模的北关东杂货物流中心按计划于 2010 年 3 月投入运营，以此为平台再次推动加工食品和日用品的物流整合。该企业官方网站为：http：//www. yorkbeni. co. jp/。

11.1　逐步整合物流业务的承包企业

以福岛县为中心拥有 156 个店铺的 SEVEN&I 集团旗下的食品超市——YOKU BENIMARU——的物流基础设施正在升级。这家超市的商品分为生鲜产品、加工食品、家居·日用品三大类。所有商品都经由 11 个一揽子物流中心向各个门店配送。

其中负责生鲜品的物流中心有 5 个（郡山、仙台、栃木、山形、茨城），处理加工食品的杂货物流中心有 3 个（福岛、宫城、茨城），另外还有 3 个家居·日用品物流中心是与伊藤洋华堂共用的。2009 年 11 月新设立的第 6 个生鲜物流中心位于福岛县的磐城。2010 年 3 月还将在栃木的梅德福设置第 4 个杂货物流中心。

中心的运营业务基本上都是外包。8 个生鲜品和加工食品的物流中心当中，有 4 个生鲜品物流中心委托给了日冷物流集团旗下的物流网络公司（以下

---

① 原文执笔：冈山宏之，翻译：黎雪，监译和改编：李瑞雪

简称：日冷物流），剩下的一个委托给了日本 ACCESS 公司。3 个加工食品的物流中心全部交由菱食来承接运营。新设立的两个中心分别委托给日冷物流和菱食（三菱食品的前身）。

生鲜品和杂货的物流业务分别委托给了日冷物流和菱食，这并非是 YOKU BENIMARU 有意集约物流承包商的结果。YOKU BENIMARU 物流总监 H 先生告诉笔者，"每新建一个物流基地，都会实施招标来选择物流承包商，目前的状况只不过是长期以来竞标的结果而已。通过招标来选择承包商的方针今后也不会改变。"

YOKU BENIMARU 的物流深受伊藤洋华堂的影响，两家公司的合作可以追溯到 1973 年。也就是在那时候，公司的名称从红丸商事改为 YOKU BENI-MARU。虽然直到 2006 年 9 月 YOKU BENIMARU 才成为 7&I 集团的全资子公司，但很早以前就与伊藤洋华堂在物流等方面建立了非常紧密的合作关系。

例如：生鲜品的物流中心的信息系统、向门店交货用的带货架的笼车（cart rack）等物料搬运设备几乎都是和伊藤洋华堂使用同样的东西。不过两家公司在业务外包上有着不同的考虑。

伊藤洋华堂为了在承接物流运营的企业之间引进竞争机制，总是倾向于分散承包。但 YOKU BENIMARU 并不拘泥于此。H 先生解释说："承包商的数量不是我们考虑的问题。物流部门的职责在于如何监督和管理好每个物流中心的正常运作，并对其有效考评。"

11.2 汲取失败的教训，推进一揽子物流方式

YOKU BENIMARU 的物流部门有一个难以忘记的痛苦记忆。1997 年公司和菱食合作设立杂货类（grocery）物流中心，尝试把加工食品和日用品放在同一个在库型物流中心（DC）来运营。但实际操作起来，物流现场却陷入了混乱，物流中心无法正常运转。这一次失败当时还被许多媒体大幅报导过。

很多人都认为这次失败是由对物流的轻视招致的。但实际上恰恰正是因为当时参与物流中心设立的有关人员对物流倾注了太多的意愿和期待才导致了失败。

YOKU BENIMARU 采用了区域内占优（strategic dominance）的开店战略，因此对于物流有很强的意识。大约 30 年前就建立了自己的生鲜品加工中心（process center），还曾在同一个设施内处理过加工食品和日用品的物流。后来随着业务规模和物流量的扩大，按不同的温度带和商品大类别（category）分设物流基地的条件逐渐具备，因此 1997 年公司决定新建杂货类（grocery）物流中心。

这个时候 YOKU BENIMARU 的基本想法是：把除了主力商品的生鲜食品以外的所有商品类别尽量都放到一起处理以提高物流效率，作为批发商的菱食也希望扩大经销品种。况且在欧美许多国家都是把加工食品和日用品归在杂货（grocery）类的，所以大家不认为这样组合有什么不合理。而且考虑到供应链整体效率，两家公司也一致认为把日用品也放到库存型中心（DC）一起处理更为有利。

但是实际放到一起处理后发现加工食品的物流和日用品的物流有很多不同特征。由于在库商品的拆零拣选作业跟不上，结果造成了大量的商品断货。后来把日用品改为越库作业（TC）处理，才总算使物流中心能进入正常运营。这件事对于 YOKU BENIMARU 的物流部门来说，是一次痛苦的经历。

正是因为有这样一次挫折，当公司主要物流基地之一的郡山物流中心因设施陈旧狭小而需要重建时，有关人员的心情十分复杂。更何况这次是 YOKU BENIMARU 主力商品生鲜食品的物流中心，事关公司核心业务，只能成功不能失败。就是在这样的情形下，2003 年春启动了以新任物流部部长 O 先生和项目经理 H 先生负责的"物流革新项目"。

11.3　采用伊藤洋华堂的生鲜食品系统

正好这个时候，YOKU BENIMARU 得知"郡山市地方综合批发市场"旁边有块空地。这个市场是郡山市把旧市场整合后于 2002 年 4 月新开设的，在约 20 万平方米的市场里集中了水果蔬菜栋和水产品栋等设施。市场旁边有一块由当地市政府平整开发的用地，市里询问 YOKU BENIMARU 是否感兴趣购买或租用。这么好的条件多么难得！公司迅速决策把新郡山物流中心就设在这里（见图11-1）。

所在地：福岛县郡山市；占地面积：约2万6千平方米；建筑面积：1万5400平方米（1层和2层合计）；处理商品种类：生鲜品、日配品、冷冻食品等；功能：TC和DC（冷冻品）；服务范围：以福岛县为中心的58家门店（2009年5月末）；启用：2005年11月；承接中心运营的物流企业：物流网络公司（日冷物流集团）

图11-1 骨干物流基地"郡山物流中心"的概要

"物流革新项目"除了建设新的郡山物流中心，也讨论了如何解决同样日显狭小的仙台物流中心的问题。有人提出：仙台物流中心的占地面积较大，尚有未利用的空地，可以暂时先扩建原有设施来应付目前面临的困难。但是这样做的话，只不过是将问题拖下去而已。所以最终决定的方针是：把郡山和仙台两个物流中心作为今后的骨干物流中心来建设，做深彻的物流革新。

仓库内的运营方式也决定完全重新设计。原来的郡山物流中心使用了自动分拣设备做门店分拣。但是生鲜品不像加工食品那样规格化，外形和重量差异很大，所以自动化机器很难充分发挥其功能。

参与项目的有关员工参观伊藤洋华堂的生鲜品物流中心时发现，该中心仅仅使用手持终端和笼车（适宜在门店内商品投放用的台车）这样的轻便装备，坚持以人工作业为主的现场运营的同时又实现了较高的生产效率。于是 YOKU BENIMARU 决定在新物流中心采用与伊藤洋华堂同样的方式（见图11-2）。

丰田式的"可视化"　　　　　　　不依赖物料搬运设备（material handing machine）的库内作业

加工熟食的子公司也进驻进来了　　与伊藤洋华堂使用同样的笼车

图 11 - 2　郡山物流中心掠影

订单处理等的信息系统也是引进了伊藤洋华堂和野村综合研究所共同开发的"生鲜品物流中心系统"。在这个系统之下，联结上伊藤洋华堂使用的以手持终端为中心的仓库管理系统。

承担物流中心内部运营的物流承包商选定工作也同时展开。向承担着郡山和仙台两个旧物流中心运营的日本通运和其他基地运营的西野商事（日本 AC-CESS 的前身企业之一）等发出了邀请。作为新面孔，在伊藤洋华堂物流中心的运营中表现良好的日冷公司的低温物流部门（现为日冷物流集团）也被邀请参加竞标。通过竞标，最终日冷物流被选定为郡山、仙台两个新物流中心的运营承包商。郡山物流中心的内部布局如图 11 - 3 所示。

到 2003 年年底，差不多所有的方针都已确定下了，2004 年正准备把项目转入实施阶段时，突然接到了公司上层发出的暂停指令。

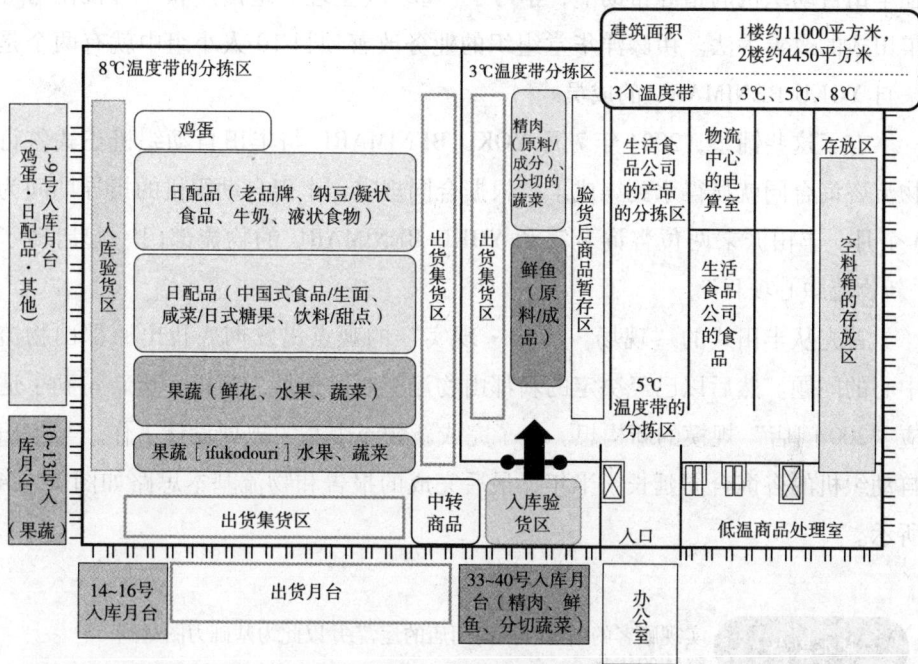

图 11－3 郡山物流中心的内部布局概要（1F）

H 物流总监回忆说："那时候公司有 120 多家门店，中期目标是达到 200 家门店。如何能够做到既满足顾客要求，又能对应 200 家门店的规模？公司上层指示我们从这个角度再慎重研究研究。"

11.4 在物流业务中引进丰田方式（TPS）

由于项目加上了"如何做到满足顾客要求"这个新课题，不得不回到原点重新考量基本构想。为了从成本控制方面来改进项目的规划，YOKU BENI-MARU 找了伊藤洋华堂的物流部门请教和探讨。在反复讨论的过程中，伊藤洋华堂建议邀请丰田公司的有关人员参与，引进新的理念，以重新构建 YOKU BE-NIMARU 的物流规划。

当时伊藤洋华堂在丰田自动织机公司的帮助下，正在实施"门店业务改善项目"。从 2003 年 4 月开始的半年时间里，伊藤洋华堂的大宫店（埼玉县）

在丰田自动织机的指导帮助下，学习了"2S"（整理、整顿）和"可视化"等丰田式的改善手法。伊藤洋华堂组织的业务改善项目 10 人小组中就有两个是来自 YOKU BENIMARU 的成员。

有了这些铺垫，2004 年 7 月 YOKU BENIMARU 与丰田自动织机正式签订物流咨询合同就显得水到渠成了。根据合同规定，丰田自动织机的指导期间为 3 个月。丰田派来两位咨询专家和 YOKU BENIMARU 的物流部门一起启动了"新物流中心项目"。

首先从丰田式的"现场·现物·现实"的观点出发彻底找出原郡山物流中心的问题。然后以已经决定的新郡山物流中心的选址为前提，重新勾勒了适应"200 门店"规模的新构想。为了完成新物流中心的规划设计工作，与丰田自动织机的咨询合同延长了半年，最后完成的报告和物流基本思路如图 11-4 所示。

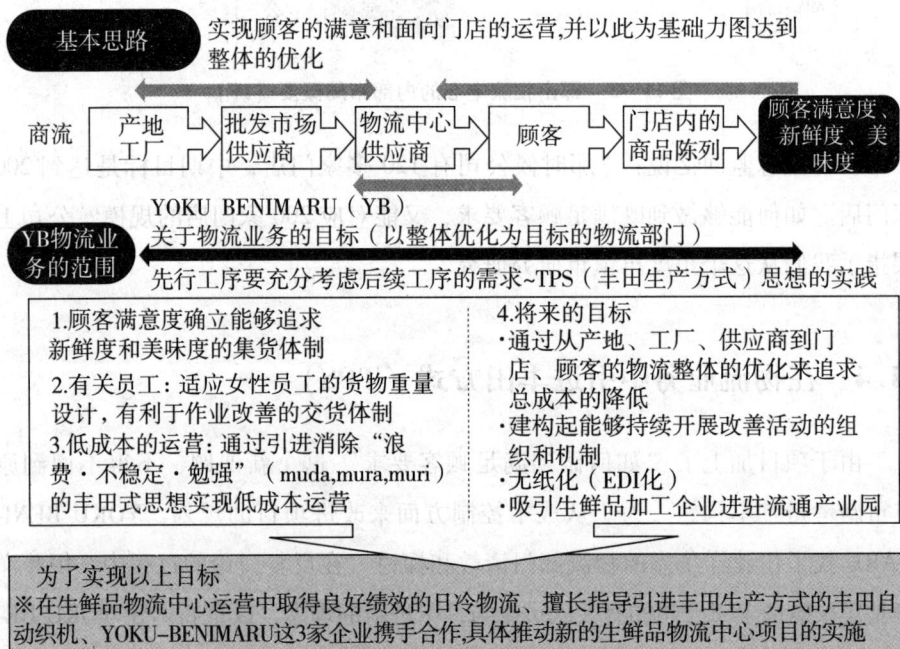

图 11-4 2005 年革新生鲜品物流中心的目的

新物流中心构想的基本框架经过丰田的咨询指导后并没有大的变动，但是

YOKU BENIMARU 的物流部门对于自己的业务范围的认识有了明显的变化。
"以前，物流部门的管理对象只限定在从物流中心到门店的狭窄范围，根本没
有考虑门店内商品陈列等的后续工序。而现在，我们总是将视角放在从上游的
厂家、产地到门店的运营，甚至到最终顾客这样的宽度，考虑如何实现供应链
物流整体的优化。"H 物流总监这么评价物流部门的变化。

公司首脑出席的报告会就召开了两次，最后总算形成了物流业务的基本思
路（concept）。这个过程一直持续到 2004 年年末，所以新物流中心构想的具
体实施比当初的预定晚了将近 1 年时间，但是判断的原则更加明确了。根据这
样的基本思路，YOKU BENIMARU、日冷物流、丰田自动织机 3 家企业紧密合
作，开始将构想付诸实施。

11. 5 再次挑战加工食品和日用品共用的物流基地的建构

2005 年 11 月，YOKU BENIMARU 的生鲜品的骨干物流基地——新郡山
物流中心——正式投入使用。启动后的第 1 年在成本控制上十分困难，但进
入第 2 年后逐渐进入了稳定的运营状态。2006 年 4 月"仙台物流中心"如
期竣工并正式投产。同年 10 月，覆盖以茨城县为中心的商圈的"茨城物流
中心"也开始投入运营。2009 年 3 月覆盖栃木县的"栃木物流中心"落成
投产。

就这样，一系列的生鲜品物流中心的革新与重建顺利展开。但是郡山物流
中心投入运营 4 年后，其物流处理量已接近当初的设计能力的极限。为此，如
本文开头所述，公司于 2009 年 11 月新设立了"磐城物流中心"，并将原来由
郡山物流中心负责的 15 个门店的配送业务移交过去，减轻骨干物流中心的
负担。

磐城物流中心的运营没有通过竞标来选定承包商，而是一开始就指定由日
冷物流来承接。这个中心是借用藤越公司拥有的设施开设的，YOKU BENIMA-
RU 与藤越从 2007 年就开始了业务上及资本关系上的战略合作。通过对原有设
施的改造，可以达到服务 20 个门店的能力。由于在此之前投产的茨城物流中
心已经选定了日冷物流来承接运营业务，把磐城物流中心也交给同一家公司，

有望提高运营效果，降低运营成本。

2010 年 3 月"北关东杂货物流中心"将按计划投入使用。在这里不仅处理加工食品的物流，而且还会处理日用品。对于 YOKU BENIMARU，这是时隔 12 年再次创建综合性的物流中心，而且物流合作伙伴还是菱食。只不过这次是将日用杂货作越库处理（TC 型），而不是在库型（DC 型）处理。这个综合性物流中心运营成功与否受到了业界的广泛关注。

思考题

1. 在 YOKU BENIMARU 新物流中心的筹备和推进经验中对于物流中心规划有哪些可供借鉴之处？

2. 引进丰田方式的"可视化管理""现场·现物·现实""整理·整顿"等理念和方法对于改善物流作业效率能起到什么样的效果？

3. 不同的商品种类（例如：加工食品、日用品、生鲜食品等）是否一定需要不同的物流中心？谈谈你的看法及理由。

4. 以手工作业为主，辅以适当的轻型物流器械和装备的物流中心具备什么样的优势？结合本文中的有关叙述谈谈你的分析。

第二部
物流中心的运营与革新

12 相铁 ROSEN 的综合性一揽子物流中心[①]

【提 要】 相铁 ROSEN 成立于 1962 年，是一家连锁综合型零售商。公司官方网站为：http：//www. sotetsu. rosen. co. jp/。相铁 ROSEN 2002 年 11 月开始运营，可以同时处理加工食品与日用杂货品的一揽子物流中心。该企业灵活运用 3 种仓库，按照门店及店内陈列配置计划的顺序配送商品。通过无检品及陈列简易化等作业方式的改革大幅度减轻了物流负荷，物流中心内复杂的现场管理也步入了正轨。

12.1 菱食运营的相铁 ROSEN 爱川物流中心

离神奈川县厚木市中心 30 分钟车程的相模川河岸边上，有一座大型食品批发企业菱食（三菱食品的前身）投资 48 亿日元建设的物流中心。这是个三层建筑的大规模物流设施，占地面积约 2 万平方米，使用面积约 1.9 万平方米。2002 年 11 月开始营运，负责向中型食品超市相铁 ROSEN 的门店提供一揽子物流配送服务。相铁 ROSEN 共有 61 个门店，主要集中在以神奈川县为中心的地区。

自这座被称之为"相铁 ROSEN 爱川物流中心"（地处神奈川县爱甲郡爱川町）开始营运以来，各地来的参观者络绎不绝（见图 12-1）。对于菱食，爱川物流中心在规模、投资额、设备等各方面都可以称得上是典型的 SDC（Specialized Distribution Center。面向特定零售企业的专用一揽子物流中心）。出于宣传 SDC 的考虑，该物流中心积极地接纳来自各界的参观者。

[①] 原文执笔：刘屋大辅，翻译：李英实，监译和改编：李瑞雪

图 12 - 1　相铁 ROSEN 爱川物流中心

爱川物流中心最大的特点是将加工食品和日用杂货放在同一设施内处理，并采用一揽子配送方式。零售商常常把加工食品、零食点心、酒类等归类为干货（dry food）类，放在同一个物流中心来管理。但是，在这基础上再加上日杂品，以杂货（Grocery）为大的类别进行统一管理的事例则比较罕见。在日本虽然有一些连锁便利店公司采取了一揽子物流方式，但还没有像相铁 ROS-EN 这样的中型超市采取这种方式的先例。

商品进货到出货的流程是按照怎样的顺序进行的？中心内使用什么样的物料搬运设备（Material Handling Machine）？这些设备又是如何被有效地利用的？参观者的目的无非是想亲眼目睹先进的 Grocery 一揽子物流现场是什么样的运营方式。

之所以很少把加工食品与日杂用品放在一个中心内处理，主要是因为商品品目（items）过于庞大会导致现场作业复杂，进而使中心的运作变得十分困难。菱食于 1997 年曾经承接过另一家连锁食品超市 YOKU - BENIMARU 的一揽子物流业务，但这一业务 1999 年宣告失败。然而这次服务于相铁 ROSEN 的物流中心，自开始运营以来未发生特别大的混乱，现场作业也非常顺利。秘诀是什么呢？来该中心参观的人都希望找到其中的答案。来访的物流企业的人士大多对该中心极高的作业完成度感佩不已。不过也有人表示疑惑：面向零售商的一揽子中心是否真的需要如此高端的物料搬运设备，向门店的交货形态是否过于细化?

事实上，中心内最新型的物料搬运设备随处可见。所以不论是负责中心运营的菱食，还是相铁 ROSEN 都认为，不管给同行们多少时间来参观中心，也不必担心会被轻易抄袭模仿。这究竟是什么样的一座设施? 还是先让我们熟悉一下两家企业与一揽子物流有关的历史，并简单说明一下该中心建设的经过吧。

12.2　费劲苦恼导入窗口批发商制度

相铁 ROSEN 初次采用一揽子物流服务是在 1990 年初期。具体做法是: 指定具有物流实力的批发商作为负责向门店配送商品的窗口企业，由这些窗口批发商把同类商品集约到一起后配送到各个门店。作为"窗口批发商制度"的重要一环，相铁 ROSEN 决定设立一揽子物流中心。ROSEN 当时的构想是: 效仿在这一制度的运作上已经卓有成效的伊藤洋华堂公司，按照商品类别和温度带设立数个一揽子物流中心，从这些物流中心向门店供货。从这个时候开始就选择了菱食作为该项目合作企业。

1993 年菱食受 ROSEN 委托，设立了用来处理加工食品的专用物流中心厚木 Grocery 中心。以此为开端，紧接着 1994 年设立了处理冷冻食品专用的立川低温物流中心，1995 年又设立了处理便当盒饭等熟食的座间熟食中心。

就这样，ROSEN 把菱食作为主要的物流业务承接公司，推进了一揽子物流中心的设置。但是窗口批发商制度却以失败而告终（参见本书第 11 篇案例）。原计划只设立 5~6 家一揽子物流中心，可最后包括蔬果类物流中心在内共设立了 14 个。主要原因是遇到了供应商的强烈抵制。很明显，多达 14 个物流中心的设置是非常不合理的。配送卡车的到店时间凌乱，门店需要投入大量的时间与人力去完成收货作业，无法专心从事销售业务。虽然通过引进一揽子物流方式，省略了拣货作业，降低了断货率，但是对于 ROSEN 来说，这一方式的实施并未达到让人满意的效果。

到了 2000 年，ROSEN 决定着手对现有物流体系进行改革。这次的改革计划更进一步触及到了问题的核心。具体措施是: 把所有的物流中心按温度带整合为 3 处。第一步：把 3 处一般食品中心、1 处酒类中心、1 处糖果类中心、2 处日用杂货类中心，共 7 处常温商品的中心都集约到新设立的一揽子物流中心——爱川物流中心。这样做的目的很简单，希望能减轻门店的接货业务。在实现门店接货作业简易化的同时，通过物流中心预先按照门店货架的陈列布局进行分类，使货物到达门店后可以迅速地向货架补货。

基本的方针是：能在物流中心完成的作业，尽量在中心内完成，尽可能把门店的物流负荷减少到零。为了达到前面（门店）轻，后面（物流中心）重的改革目标，采用重装备的物料搬运设备（Material Handling）和复杂的运营机制都是必需的。

爱川物流中心一天的处理量，DC（库存型）商品为 2.2 万箱，TC（通过型）商品为 5000 箱。这样的处理量并不算十分得多。但由于该中心把商品分别按照门店、通道、货架进行分类后发货到门店，比一般面向零售商的一揽子物流中心更加要求非常细致的作业方式，现场的运营十分不易。那么该中心是怎样处理进货到出货的一系列过程的呢？让我们来看一下实际的作业流程（见图 11-2）。

12.3　实现常规商品的当日配送

首先是进货作业。每天上午 6 点到中午进货。先用无线扫描器对各个供应商发过来的货物进行检品。然后，已经预订大量出货的整箱商品，用叉车搬到二连式后推式货架（Push-Back-Rack），或者是三连式后推式货架临时保管。其他的整箱出货商品与拆零出货商品入库到托盘自动仓库。酒类和形状不规则的商品的临时保管采用组合货架（Combination-Rack）。

其次是出货作业。大量出货的整箱商品使用搭载了无线终端的电瓶车。每台电瓶车牵引着两台送货用的笼车（被称为 cart-rack）。拣选作业人员按照无线终端的指示，将拣货到笼车内的商品装车。酒类和形状不规则的商品用一台笼车（cart-rack）与无线手持终端进行处理。

接下来是整箱出货商品。临时保存在托盘自动仓库内的整箱出货商品，最初被送往专用的自动仓库（fine stocker，高速小型立体自动仓库）。通过高速

使用小型高速自动仓库（fine stocker）
按照门店及店内陈列布局进行分拨

用自动堆垛机完成堆垛的笼车（cart-rack）

利用移动式拣货台的数码拣货系统
（digital picking system）

常规品（basic items）都是当天
交货到门店

把按照门店及店内陈列布局进行分拨
的整箱商品堆放到笼车（cart-rack）上

图 12 - 2　爱川物流中心内的作业系统

自动仓库按照门店和店内陈列布局计划的顺序进行分拨。分拨后的商品由自动贴牌机（auto - labeler）贴好相应的标签（seal），再经传送带送到各个待装车区域。作业人员按照从射出口（shooter）流出的顺序将商品装入笼车（cart - rack）内。

糖果等拆零单元出货的商品，灵活运用电子数码拣选（digital picking）系统进行拣货。为了缩短作业人员的动线，力求作业速度的提高，公司引进了独特的移动式检品台。地点无须固定，作业人员可按需要随时随地进行检品。

装进折叠式料箱的拆零商品通过传送带搬送到折叠式料箱自动仓库。在此，与整箱商品一样，按照门店及店内陈列布局计划进行分拣。之后折叠式料箱被移动到折叠式料箱自动堆垛机处陆续装入笼车（cart - rack），装满的笼车分别推到出货区域。

向门店配送一天两次，分常规商品与特卖商品。原先常规商品是接到订单后的翌日配送的。但新的中心启动后，如果门店能在上午 11：45 之前订货的话，可以在当天傍晚五点半之前收到货物。另外特卖品的交货周期也从一周缩短到了四天。

12.4 中心的完善程度还只有70%

尽管这个物流中心的内部运营系统如此复杂，但至今为止没有发生过大的问题。来自门店的投诉也很少，如2003年8月只有两件。

中心投产一年后就收到了削减成本的效果。与爱川物流中心同等规模（年吞吐货物的价值总额约240亿日元）的物流中心所需的运营成本为100的话，现在爱川物流中心的运营成本约为92。并且实现了库存较去年削减3亿日元。

不过仍然有许多问题亟待解决。例如，如何提高特卖品的销售预测精度；如何将每日订货改为隔日订货等。所以公司认为中心的完善程度只能算是70%左右。

爱川物流中心的运营形式与同行其他公司的一揽子物流中心有很大的不同。大多数零售企业都会把物流中心的运营全部委托给批发企业或3PL（Third - Party Logistics）公司。但 ROSEN 从选定中心内使用的物流装备（material handling），到内部作业方式等细微部分都参与其中。

该物流中心的运营母体始终都是 ROSEN。菱食作为承接物流中心运营业务的企业，其定位与其说是批发商不如说是 3PL 公司。ROSEN 从供应商那里收取物流中心使用费用以支付给菱食。

采用这样的运营方式把握主导权，才能够按照自己的想法自由地开展物流活动，并不是为了赚取供应商的物流中心使用费与支付给菱食的委托费中的差额。ROSEN 向供应商、批发商等公开物流中心的运营成本，实现物流中心运营的透明化。

通过这样的物流改革，ROSEN 最终的目标是：门店依靠临时工（非正式员工）就可以运营。为了实现这一目标，ROSEN 需要的不是通用型的一揽子物流中心，而是个性鲜明甚至"我行我素"的物流中心。菱食满足了这个要求。

菱食打算三年后实现爱川物流中心的单年度黑字化，六年内一扫累计赤字。并计划在与 ROSEN 合同期 10 年内收回所有的投资。该中心是作为一个独立核算的单位进行收支管理的。

对于菱食来说通过这个项目最大的收获是加强了与 ROSEN 的信赖关系。接下来 ROSEN 计划开设的低温商品专用的一揽子物流中心也决定委托给菱食来运营管理。

思考题

1. 相铁 ROSEN 爱川物流中心是一座自动化程度很高的重装备物流中心。相铁 ROSEN 作这样的选择的背景和理由是什么？讨论文中提到的各种设备的功能和适用范围。

2. "一揽子物流中心"与"物流中心费"是什么关系？为什么会有征收物流中心费的做法？讨论收取物流中心费的合理性。

3. 结合文中的有关内容，讨论实现一揽子物流中心的作业与门店内作业有效对接的具体措施。

13　日产汽车的售后零部件核心物流基地[①]

【提　要】日产汽车相摸原零部件物流中心是该公司售后零部件的核心物流基地，占地42万平方米，年处理约2400亿日元销售额的零部件。1980年高峰时的库存曾达到约300亿日元，之后因采取了减少品种等措施实现库存减半的效果。近年来日产公司致力于实施包括销售公司（4S店）在内的供应链改革，力图削减库存。日产的官方网站为：www. nissan. co. jp。

13.1　比工厂还要大的物流中心

日产汽车的"相摸原零部件物流中心"大概是日本最大规模的单一企业内物流中心（见图13－1）。坐落在宽阔土地上九座低层巨大建筑物看起来仿佛一个大型工厂，事实上这个占地42万平方米的物流中心比日产公司内生产发动机的磐城工厂还要大。

作为日产公司售后零部件专用物流中心，这里集中管理来自于国内外供应商的售后零部件。经此据点的零部件的年销售额高达4200亿日元，相当于日产公司零部件部门销售总额的80%。

中心内的9座仓库按零部件大小、产品种类、目的地等进行管理。例如，1号馆（约6.5万平方米）主要负责周转较快的雨刷等中小零部件的库存及出货。另外，该馆的一部分用于南关东及静冈县内零部件销售公司的物流中心业务。

2号馆（约6.3万平方米）是板材及玻璃等大型部件的自动仓库兼加工车间。5号馆保管长尺寸部品，6号馆是发动机和变速器等重量级部件的自动仓

[①]　原文执笔：冈山宏之，翻译：王晓华，监译和改编：李瑞雪

所在地 ·················· 神奈川县相摸原市
占地面积 ·················· 425000m²
建筑面积(9座建筑合计)·················· 253100m²
管理品种 ·················· 33万SKU
入库批票数 ·················· 41000票/日
出库批票数 ·················· 106000票/日
SPC销售额·············· 2422亿元（2006年度）

图 13 – 1 相摸原零部件物流中心（SPC）概要

库，7、8 号馆处理周转较慢的零部件。

该中心的物流量非常大，1 天平均 4.1 万票入库，送货卡车达 336 台，出库票数国内外合计 10.6 万。向国内市场的出库量按 10 吨卡车换算可达 140 台，向国外市场的出货量按 40 英尺海上集装箱换算达 50 个之多（2006 年度实际物流量）。

在国内，该物流中心向 31 家零部件销售公司供货，再由零部件销售公司销往销售公司（4S 店）及维修工厂。对国外市场，该中心发挥着国内供应商零部件的出口基地及欧美等地供应商向境外供货的中转基地的功能。

一般来说，维修件及选择配置零部件（optional parts）的售后物流容易忽视成本管理。尽管和完成品相比，维修件市场上竞争原理难以体现，但如果供货周期太长就会影响销售公司及最终用户的满意度，所以一般都倾向于通过增加库存来提高服务水准。日产公司以前也是这么做的。

一种新车型上市后，在很长时间内都必须保证其维修件的供应。增加一个新车型就要增加维修件的品种，库存管理品种也因此不断增加。36 年前相摸原中心刚开张时，库存管理品种只有 26 万 SKU，现在已经激增到了 220 万 SKU。物流中心内的库存只是其中的一部分，如果不加以控制的话，这里的库存会持续不断地增加。

"不从根本改变管理方法，售后零部件的品种就不会减少。"SCM 本部的售后零部件物流部的 N 课长说。如何在满足顾客需求的同时，抑制因品种增加而带来的成本上升是售后零部件物流业务的难题。

13.2　订单的在库满足率达 98.5%

日产公司于 1972 年设立相摸原中心，在日本国内率先构筑起了高度集中型的零部件销售物流网络。之后，一部分面向海外市场的物流业务转到 1999 年建成的横滨本牧出口基地，但是相摸原中心作为全球网络的核心地位至今未变。

这种体制的是非功过一直是公司内讨论的课题之一。以前日产的工厂都集中在关东地区（以东京为中心的日本本州东部一带），1975 年九州工厂建成以后，与九州地区的零部件供应商的交易不断增加，从而出现了维修件从九州运到相摸原，再由相摸原运到西日本的物流路径。

"'从九州工厂直接送货不是更好吗?'公司内持这种观点的人很多。但是维修件的物流要考虑到以库存为前提，订单处理设施、查询应对功能以及相应的信息系统等基础设施不可缺少。分散库存小批量运输的方式与集中库存大批量运输相比，后者更能降低物流总成本。我们最终得出了这样的结论。"N 课长解释说。

对于国内市场，集中的库存管理是切实可行的。为了应对突发性订货，日产的零部件销售网络实行各级设置不同数量库存的方式。作为核心基地的相摸原中心管理 33 万 SKU，全国的零部件销售公司的物流设施有 1.5 万~7 万 SKU（在小规模设施有 0.4 万~1.2 万 SKU），整车销售公司的物流设施有 150~200SKU 的库存。

相摸原中心有两种出货方式：一种是最终用户有实际需求，而零部件销售公司却无库存的"紧急订货零部件"；另一种是为零部件销售公司库存补货的"库存补货零部件"。日产对这些订货设置不同的提前期，在实现顾客满意度的同时，力求达到降低作业负荷的效果。

对于紧急订货，基本上翌日送到。1 个月约 350 万件订货的 98.5%是可从相模原中心或零部件销售网络的物流设施的库存中供应，紧急订货即日或翌日 14 点前送到订货方。具体流程如下，中心 16 点之前接收的订单，将于当日拣选出库，翌日送达零部件销售公司，再由销售公司于同日 14 点之前送到订货的 4S 店。

"库存补货"的提前期设定得比紧急品多 1 日。19 点 30 分之前的订单，将于第 3 天的上午送到零部件销售公司。日产零部件销售网络的库存无法满足的 1.5%的订货将从供应商采购，周期要更长一些。

现状是 98.5%的库存满足率超过了业界的平均水平。若想进一步改善这个数值，必须考虑到因库存品种增加而引起的成本上升。现在的物流服务水平应该可以看作是平衡了收益性等综合因素的结果。

13. 3 从一点集中到世界多方位管理

面向海外市场的流程稍稍复杂一些。近年来随着企业活动的高速全球化进程，相模原中心的集中管理体制呈现出了与实际不相适应的状况。

随着各汽车厂家生产向海外转移，也推进了零部件采购的现地化。对从日本出货要数十天才能抵达的海外市场来说，不能像在日本国内那样容易平衡提前期与成本的矛盾。因此针对现地生产的车型就近设置库存保管型零部件中心成为了必然的选择。

事实上，日产在 20 世纪 80 年代设置了生产基地的美国和欧洲，已经拥有相当规模的零部件中心。在美国，包括士麦那（田纳西州）工厂一角的物流中枢在内共有 9 个物流中心，服务范围覆盖全美。在欧洲，包括阿姆斯特丹的物流中枢在内共设 3 个物流中心，覆盖欧洲全域。

2003 年开始，日产公司加大力度构建售后零部件的全球物流体系。公司将日本以外的全球市场分为 6 个区域，各地设置 1 个中枢基地（美国田纳西州、荷兰、中国、泰国、墨西哥、南非）。从日本进口及现地采购的零部件在这些基地保管，旨在各区域内打造具有竞争力的供应链（见图 13 - 2）。

物流 →

国内最终用户 | 北美最终用户 | 欧洲最终用户

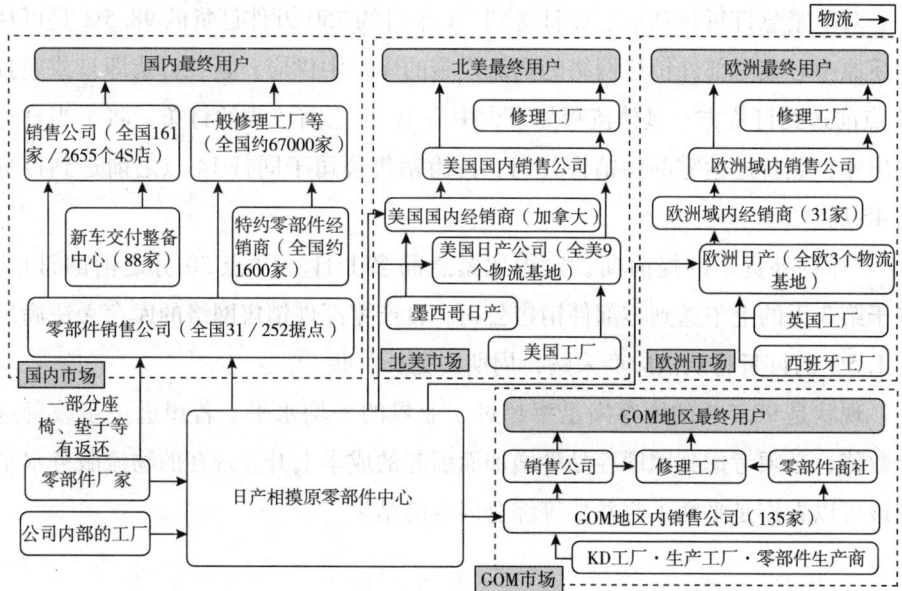

图 13 - 2　日产售后零部件供应链

从各据点的 SKU 数来看，美国的基地约 8 万，欧洲的基地约 14 万，都跟相摸原中心的规模尚不可同日而语。这些基地的规模将随着现地生产和销售车型及销售量以及零部件现地采购比率而发生变化，不过只有小规模基地的市场，有时从日本直接发货更为有利。实际上，物流量还不多的泰国，目前还是采取从日本直接向周围市场发货的方式。

如果这个全球物流网络构想能够实现，基本上可以覆盖全球。现在唯一没有开发的区域是中近东和北非一带。日产曾设想在阿拉伯联合酋长国的迪拜建立物流基地，但至今尚未实现。

13.4　从包括销售公司在内的供应链整体库存管理的改革

应对业务拓展变化的同时，相摸原中心也一直致力于库存削减及作业效率的改善。该中心的平均库存量从 20 世纪 80 年代高峰时的 300 亿日元减少到现在的不足 150 亿日元。一度降到约 100 亿日元，后因直送用品库存的增加而又回升到现在的水平（见图 13 - 3）。

（亿日元）　　　　　　　　　　　　　　　　　　　　　　　　　　　　（个月）

各年度库存金额及在库月数的推移

2.22

2000年SPC开始
保管直送用品的
库存

在库月数

1993年SPC开始保
管直送用品的一部
分库存

库存金额

1.15

1990 1991 1992 1993 1994 1995 1996 1997 1998 1999 2000 2001 2002 2003 2004 2005 2006

※在库月数（售价基准）是指年平均的在库月数

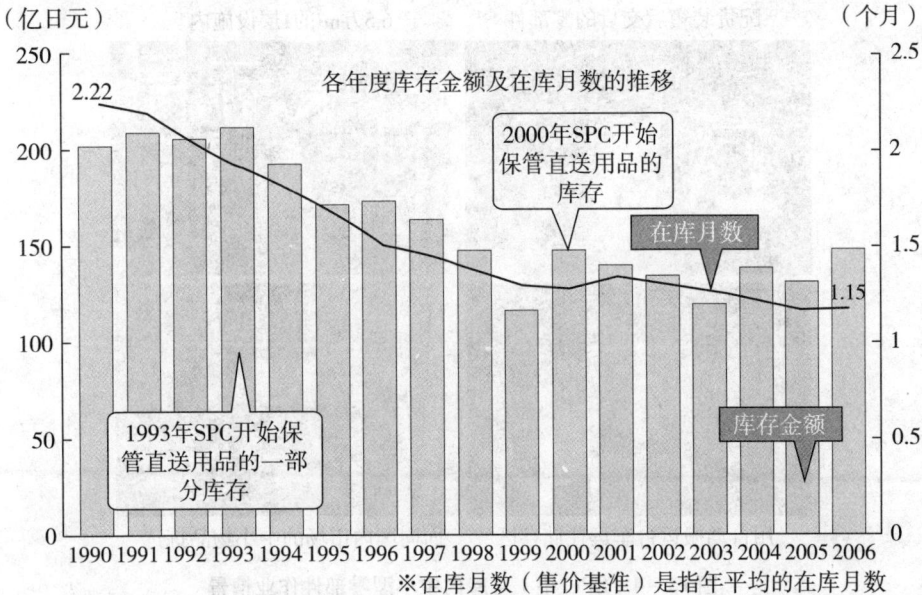

图 13 - 3　相模原零部件中心的库存量的推移

库存减半的效果源于 20 世纪 90 年代初期管理方法的彻底改善。"以前的做法基本上是什么都保管，后来设定了新的基准，对没有必要的品种不库存。"（N 课长）。结果，90 年代高峰时约 46 万库存品种降到了现在的 33 万种。甚至有一段时期不但不必租用周边的外部仓库，还可以租出一部分自有仓库的空间。

与零部件供应商之间的合作也得到了强化。为应对多频次、小批量的物流要求，开展了准时送货方式的引进。在没有降低顾客满意度的前提下，实现了库存削减。20 世纪 90 年代前期彻底强化了如贴条码等事先应由供应商来处理的业务。

2000 年以后进一步强化这样的合作。比如，面向国内市场中小型零部件的 1 号库里，是用自动牵引搬运台车（AGV）将入库货品搬入指定货位上架，拣选时用拣货用台车进行拣选。为了提高库内作业效率，进一步增加了从入库阶段开始就委托给供应商的业务量（见图 13 - 4）。

"将中心内使用的专用台车借给零部件供应商，让他们承担一部分入库品的分拣作业。事先决定好专用台车的哪个格子放什么零部件，然后直接连接上

配货装箱后交货的零部件　　　　6.5万m²的1层设施内

用自动搬运台车运往储存区　　　面向国内市场的中小物品拣选

图 13 –4　SPC 中 1 号库内中小型零部件作业情景

自动牵引搬运车拉到指定货位将货品上架。"售后零部件物流调达管理部的 K 先生介绍说。

　　如何实现从相原摸中心到 4S 店的总体库存的削减，是现在所面对的课题。近年来，日产全公司致力于库存削减活动。作为这一活动的重要一环，零部件事业部曾打算在咨询公司的支援下实施彻底改革。

　　但是之后不久就缩小了改革范围，2006 年以零部件销售公司"订货库存管理"为中心开始了改革措施。以前的做法是各零部件销售公司的两三个业务员负责向相原摸中心订货及库存管理。但是，这种方法容易因判断失误等出现管理偏差，导致不良库存及废弃处理增加等问题。

　　改革后，对于根据以往的实际数据能够预测的零部件，采取了全部由相原摸中心管理库存和补货的新方法。这样就明确了管理责任，实现了零部件销售公司的库存及成本削减的目的。2007 年年初新系统运行开始，实现了相原摸中心集中管理供应链整体库存的新体制。

　　如何将管理的范围涵盖到 4S 店是已经开展的下一步改革措施的主要对象。"这将是一项相当长期的任务。"正像 N 课长说的，不会那么容易就见成效。但是为了有效利用相原摸中心的设施，整个供应链的改革势在必行。

思考题

1. 结合本文的案例，讨论汽车售后零件物流的特征及其重要性和复杂性。

2. 为什么说日产汽车公司建构了高度集中型的零部件销售物流网络？它带来了什么优势？有什么劣势？

3. 日产汽车公司以相模原零部件物流中心为依托改革售后零部件的供应链。如果你是日产汽车的经营者，你将如何构想和实施这项改革？

14 伊藤忠食品的"来店购物，送货上门"服务①

【提　要】伊藤忠食品推出了"来店购物，送货上门"的服务。利用这一服务，消费者在超市购买的商品可在 3 小时内被送到家里。这项服务已经在 8 家零售企业共 160 个门店开展，注册会员达 10 万人。该企业的官方网站为：http：//www.itochu shokuhin.com/。

14.1 "来店购物，送货上门业务"服务范围的扩大

伊藤忠食品是日本大型食品批发企业之一。该企业近年来积极开展一项名为"来店购物，送货上门"的服务。消费者在超市等实体店购买商品后，可利用这项服务 3 小时内送货到家。这是一项与所谓的"网上超市"不同的业务模式。

2013 年 10 月开始，伊藤忠食品把以前只在东京地区开展的这项业务扩大到了日本关西地区（以大阪、京都为中心的日本本州西部地区）。到 2014 年 7 月末，在 8 家零售连锁企业的 160 个门店提供这项服务，注册登记的会员（消费者）数约 10 万人之多。目标是到 2016 年 3 月末会员数达到 30 万人。

这项服务的正式名称是"哈伊！送到府上"（HAI！OTODOKEBIN）。一次送货收费 200 日元（约 10 元人民币），不论送货量和购买额的多少。设定统一固定的收费额也是为了鼓励消费者增加单次购买量。据统计，利用"哈伊！送到府上"的消费者的平均购买单价约为 7000 日元。

---

① 原文执笔：冈山宏之，翻译：黎雪，监译和改编：李瑞雪

送货对象的商品范围没有太多的限定，除了冰激凌、冰、鲜花等少部分商品以外什么都可以替购物者送上门。不过，生鲜三大类的蔬菜、肉、鱼占了所有送货量的一半以上。这些生鲜商品都根据不同的适温带分别装入塑料袋或保冷保鲜盒里，必要时还在包装盒里放入蓄冷剂，然后都放到折叠式料箱里送货。

零售店按配送商品销售额的百分之几的比率（一般为超市的毛利的一半左右）支付给伊藤忠食品作为配送业务委托费，这一支付额与前面说的200日元收费的差额由门店承担。另外，零售门店还要支付管理"哈伊！送到府上"业务的信息系统的使用费，每月定额1万日币，与业务量多寡不挂钩。

服务半径设定为以一家门店为中心大约1千米以内，圈内大约有3万家住户。伊藤忠食品旗下的物流公司管理的轻型送货卡车1天8小时在同一区域内随时待命。在同一区域内有可能为不同的门店提供服务。门店出现送货需求时，通过手机发出送货委托信息，待命的卡车接到通知信息后，迅速前往门店装货上车，完成送货上门的服务（见图14-1）。

◇ 购买商品后在门店受理（从开门时到下午7点），3小时内送到
◇ 分3个温度带管理，每次收费200日元（不含税），一次送货无件数限制
◇ 配送范围为距离门店大约1千米内的3万家住户

服务的流程

① 购物	② 受理	③ 装箱	④ 制单	⑤ 收货·配送
顾客		门店		配送服务
① 顾客来店购物	② 顾客付完钱后将商品按不同适温带装入塑料袋，拿到服务台办理委托	③ 受理委托后，店员将商品装入指定的折叠式料箱	④ 装箱后，将有关数据输入电脑生成单据	⑤ 配送人员从门店收货，完成配送。配送结束后将料箱送回门店

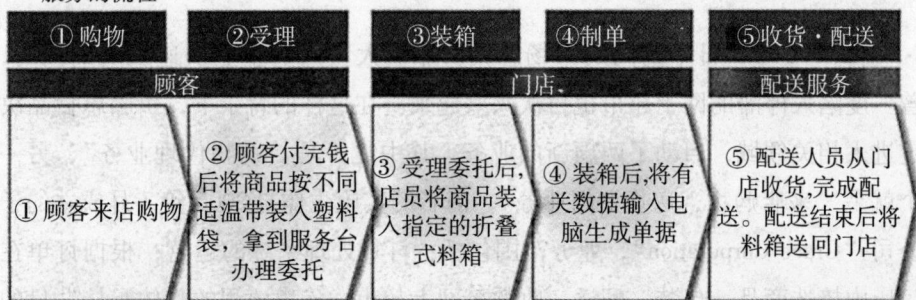

※ 装入塑料袋的作业由谁来做各家门店做法不一

图14-1　"送货上门"服务的基本流程

每天的送货需求并不均衡，送货时间和地点也无法预测，但不管有货无货负责送货的卡车都必须随时待命。根据伊藤忠食品的测算，每台卡车每天必须有 30 票以上的业务才能负担固定成本。在新的商圈要获得能支撑足够业务量的会员数最快也需要半年时间，一般需要 1 年左右。

作为公司的新业务，伊藤忠食品的短期目标是在 2014 年度实现赢利。公司的东日本营业本部负责该业务的经理 O 先生告诉笔者："（这项服务的）潜在需求很大，不过坦率地说只靠送货上门来赢利还是很困难的。所以将来希望还能承接类似替生产企业发放样品，替零售店发放优惠券等业务，开拓送货上门以外服务来增加收益。最好能成为门店和商圈内消费者十分便利的'听使唤的人'（roundsman）"。

伊藤忠食品决定在哪个区域开展这样的业务有自己的判断标准。比如，设在郊外并附设有大型停车场的门店或面向年轻人的门店，不太可能获得足够的会员数。这样的门店即便发出邀请，也不会去那里开展业务。伊藤忠食品根据多年积累的经验判断业务开展的可行性，使服务的地理范围不断得以扩大。

14.2　放弃"购物代理业务"，集中力量发展"来店购物，送货上门业务"

自 2006 年，日本的网购市场急剧膨胀。大型网购企业快速发展的同时，曾一度陷入停滞的网上超市也再次兴盛起来。在这样的背景下，伊藤忠食品决定进入相关领域，启动了两项新的业务。其中之一是"购物代理业务"，另一个就是"来店购物，送货上门业务"。前者的实施主体是 2006 年 7 月成立的子公司"Grace Corporation"，业务范围包括：订货处理系统的运营；根据订单在门店内拣选商品、包装、配送、收款等网上超市一连串流程的整体承接。目的是支援连锁零售企业的网上超市的运营，构建送货上门的物流网络体系。而后者的"来店购物，送货上门业务"最初的实施主体是 2006 年 12 月成立的子公司"Tracer Corporation"，主要着眼于超市购物者的送货需求，实际运营送货上门的物流网络体系。伊藤忠食品没有直接参与包括网上超市的网购业务，是考虑到作为批发企业，不应该与客户企业（即零售企业）发生直接的竞争关系，所以选择了支持零售企业网购业务的发展方向。

但是新业务的起步阶段并不顺利。Grace Corporation 成立后的第一年度完成销售额仅 4800 万日元，远远没有达到预期目标。为了打破困局，伊藤忠食品在 2007 年 12 月将上述两家子公司合并，注销 Grace Corporation，保留 Tracer Corporation 作为构筑并运营送货上门的物流网络体系的实施主体。

合并后的 Tracer Corporation 依然是步履维艰，收益基础薄弱。10 个月后，伊藤忠食品的董事会做出决议：放弃网上超市的购物代理业务，并解散 Tracer Corporation。同时，由伊藤忠食品的物流本部继承 Tracer Corporation 的送货上门业务，力图该业务的延续和发展。

但这一体制几年后被再次调整。2012 年 4 月，送货上门业务由物流本部移交给了东日本营业本部，旨在使该业务能够得到批发部门业务人员密切合作。后来在西日本地区也采用了同样的业务体制。

尽管在业务体制上经历了数次变更，但伊藤忠食品依然认为"来店购物，送货上门"这项业务有很大的发展潜力。前文提到的 O 先生认为："许多老人从家里走到超市都很费力，在店里买完东西无法搬回家。""哈伊！送到府上"的服务解决了他（她）们购物难，所以很受这些老人们的欢迎。O 先生还告诉笔者："有些老人还热情地拿出点心饮料请送货人员吃，甚至还邀请他们一起吃饭呢。"可以想象，随着老龄化人口的增加，对这类的需求会越来越强。

对于零售企业来说，这项服务也会带来很多好处。与在网上超市的网站上一件一件挑选商品的方式不同，消费者在门店内逛的时候常常会意外地碰到中意商品，或者顺便买了正在搞促销的商品等。类似这些情况下，"来店购物，送货上门"的方式显然更加有利。再加上每次送货的量没有限制，这又对单次平均购买量以及平均购买单价的上升都会产生正面影响。

与网上超市不同，消费者亲自在店内挑选商品，所以对商品品质的投诉极少。据调查，有很多消费者正是因为有"哈伊！送到府上"服务可利用才来店的。而在管理上，由于发货人和收货人都是同一个人，配送时顾客不在的情况几乎很少发生。因此，对于门店和配送业务人员来说都是很不错的生意。

14.3　如何应对忙闲不均

尽管能带来很多好处，但要承担相当于一半毛利额的配送成本，对于零售企业绝非轻松的事。原则上门店只能向购物者每次收取 200 日元的费用，差额部分则须门店补足。但如果由零售企业自己来提供这项服务，则需要付出多得多的成本。

曾有一家零售连锁企业用自己的人员和资产来开展类似服务，结果包括人工在内，平均配送成本每次达数千日元。当然随着会员数和配送频度的增加，规模效应会带来平均成本的下降，但如果将业务外包出去则会大大减轻物流管理上的压力。

笔者走访过一家位于东京都北区的超市门店（COMODI – IIDA 滝野川店），这家店的 M 次长介绍说，在这家超市附近住着很多老人，他（她）们中的有些人从家里走到超市都不容易，更不用说要提着很沉的东西回家。有了送货上门的服务，这些老人就能成为超市的固定顾客。所以超市是把这项服务作为成本要素来看待，而不是直接的利润来源（见图 14 - 2）。

不过在业务的运作过程中，还是遇到了各种各样的困难。比如促销活动的所谓"积分日"（Point – Day）和特售日，送货量往往是平日的几倍。因为量太多，常常很难保证"3 小时内送到"的服务承诺。这种时候，许多有经验的顾客就会把回家后马上就要用的东西自己提回去。送货用的车辆都是个体运输户（Owner – Driver）的轻型卡车，由伊藤忠食品旗下的物流公司负责具体管理（见图 14 - 3）。平日一般使用 50 辆左右，并根据需要量的变化而增减。

特售日之类可以预估送货量增大的情况，都会提前准备，特别是在繁忙的时间段增加一些车辆。"不过只在需要的日子和时间段增加 30 辆、40 辆卡车非常不容易"（O 经理）。而且并不是随便找一个驾驶员就可以做的，服务品质的保证也十分重要。"哈伊！送到府上"服务的配送人员虽然是外部的个体运输户，但他们都身着特定的制服，配戴姓名卡。很多顾客都以为他们就是超市的员工，因此必须十分注意保持顾客服务水准。

图 14 – 2 COMODI – IIDA 滝野川店内的"送货上门"服务受理柜台及广告宣传单

司机用智能手机报告业务执行状况　　　　司机在受理柜台收货

原则上商品受理后3小时内送到　　　　司机把商品装入配送用的轻型卡车

图 14 – 3　负责配送的司机

14.4　信息系统的更新升级

希望利用这项服务的消费者要首先做会员登记，免费获取会员卡。每次委托送货时，只需在办理柜台出示会员卡和购物收款条（收银小票），并在委托书上填写卡号、姓名和购物金额。超市的办理人员将会员卡号输入计算机后，系统便自动生成和印刷出货标签并通知送货司机。

信息系统还有一些支持送货人员作业效率化的功能。比如：折叠式料箱装入车内后，用手机拍摄送货单上的二维码并发送到系统后，系统便自动将该票货的作业状态更新为"装车结束"。通过这样的方式，管理部门可以一元化管理作业信息，以提高服务水平。

2014 年，伊藤忠食品对已经使用了 8 年的"来店购物，送货上门业务"的信息系统作了升级换代。升级后的系统简化了电脑输入作业以及出货标签的生成作业，同时扩充了管理功能。以前对"3 小时内送到"的服务质量管理都是人工来完成的，新系统中增加的管理画面上，每票货物在办理两小时后，就会亮起表示"注意"的黄色灯。两个半小时后，就会亮起表示"危险"的红色灯。管理中心的管理画面上可以即时把握送货的延误等状况，及时向顾客通报。

在对系统升级更新的同时，还大大强化了安全性。考虑到今后的业务发展，扩大了服务器的容量，并将服务器安放在有终年全天候监控系统并有备用电源的数据中心（Data Center）内。尽管这样带来了费用增加，但却为将来业务的扩展准备了基础。

近来又出现了一些新的难题。特别是顾客的要求越来越高。比如：有些顾客要求在其指定的时间段送到，还有些顾客要求送到的地点超出了设定的服务范围，对于这些需求必须设计出新的服务模式来对应。

思考题

1. 分析伊藤忠食品的"来店购物，送货上门"业务与网上超市的差异性以及各自要求的核心能力。

2. 假设伊藤忠食品的"来店购物，送货上门"业务能够快速发展，你认为它会对流通行业的物流结构产生什么样的影响，特别是对服务于零售门店的物流中心的功能设计的影响。

3. 从商业模式（business model）创新的角度分析伊藤忠食品该项新业务的潜力和难题。

15 三菱仓库的医药品专用配送中心①

【提　要】三菱仓库株式会社是日本著名的大型仓储和物流企业。该企业在医药品配送中心的运营业务上已经有 20 多年的经验，相关客户企业多达 21 家，营业额也逐年增加。2005 年 4 月日本《药事法》修订后，该公司又取得了"表示等制造业"的营业许可证。该年秋天，三菱仓库开始承接牙科医疗用品制造企业的物流业务，从此进入了这个新的领域。该企业官网为：http://www.mitsubishi-logistics.co.jp/。

15.1　医药品物流占仓储业务的 10％

2005 年 10 月，三菱仓库新建的医药品专用配送中心，即"2 号配送中心北栋"竣工（见图 15-1）。该配送中心位于大阪市此花区的樱岛营业所内，设施为 5 层建筑，使用面积达 14300m²。配送中心内分常温库区和冷藏库区，整个中心地板进行了防尘加工。之前于 2003 年启用的南栋同样也是医药品专用配送中心。该公司预测医药领域的需求将不断增大，因此又新建了北栋。

2005 年 11 月北栋正式启用，笔者在现场采访时，配送中心大约一半的空间是用于海外制造商销往日本市场的医药品的保管和配送相关业务。三菱仓库打算将关西地区其他 3 处物流中心的业务转移到新建的配送中心内，向 3 家货主（包括老客户）提供共同配送服务，目的是提高配送效率和减少 CO_2 的排放量。新配送中心的概要如图 15-2 所示。这项共同配送业务还是 2005 年 10 月 1 日"物流综合效率化法"颁布实施后，日本政府认定的第一个相关项目。

---

① 原文执笔：内田三知代，翻译：金艳华，监译和改编：李瑞雪

图 15 – 1　2 号配送中心北栋（位于大阪市此花区）

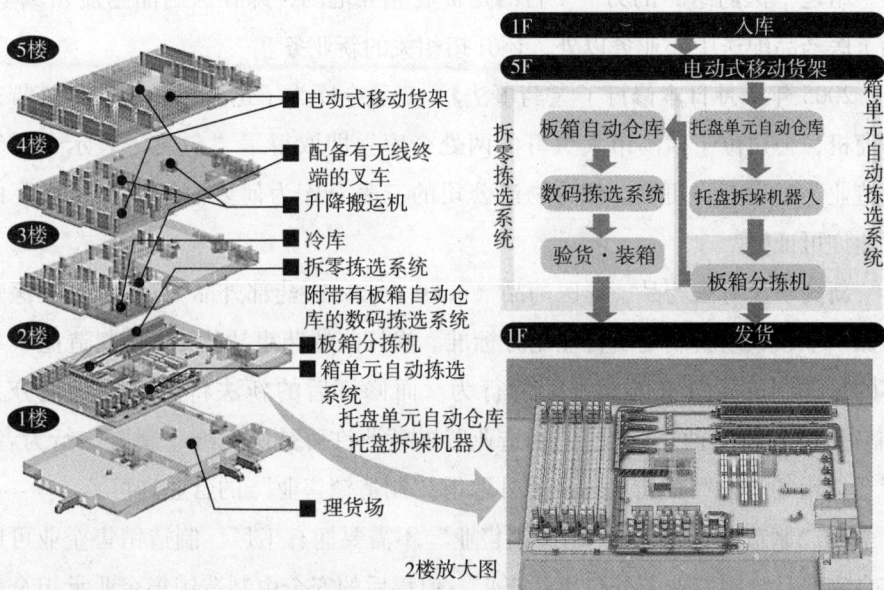

图 15 – 2　新配送中心的概要

三菱仓库运营医药品配送中心已经有 20 多年的经验，目前共有 21 家客户，医药品物流中心包括新建的"樱岛 2 号配送中心北栋"共 29 处。

起初该公司医药品物流业务的客户大多集中在外资企业，但近年来与日本国内企业的交易也有所增多，相关物流业务的营业额也顺利增长。医药品仓储业务 2004 年度的营业额高达 57 亿日元，与 2003 年度的 38 亿日元相比增加了约 50%，医药品物流占仓储业务营业额的比例也由 3% 增至 5%。预计 2005 年度医药品仓储业务的营业额将增至 70 亿日元，占营业额的比例将增至 10%。

随着医药品仓储业务营业额的增长，三菱仓库 2005 年在仓储业务部门新建了专门负责医药品的"医药组"，用来接管第三营销科的医药品仓储业务。专为医药品物流业务新建一个管理组，并在组名里强调"医药"二字，由此可见该公司对医药品物流领域的期待值非常高。

15.2 取得 "制造业" 的营业许可证

组建"医药组"的另一个目的是扩展业务范围，即在医药品物流领域里，除了医药品配送中心业务以外，还开拓相关的新业务。

2005 年 4 月日本修订了《药事法》。三菱仓库为了迅速抓住法律修订带来的商机，公司位于横滨市大黑町的两处仓库立即取得了"包装·表示·保管制造业"的营业许可证。作为物流公司的三菱仓库为何要取得"制造业"的营业许可证呢？

新药事法对医药品、非医药品（quasi drug，医药部外品）、化妆品和医疗器械 4 个领域重新制定了行业划分标准。修订前的药事法规定，"制造业"从事的是"制造并向市场出售"的行为。而修订后的新法将这个过程划分为"制造""销售"两个阶段。"制造业"的营业许可是颁发给"制造"行为者，而"向市场出售"的行为需要另外取得"制造销售业"的营业许可。

与"制造业"不同，"制造销售业"不需要拥有工厂。制造销售企业可以将自家产品的制造业务外包给代工厂，但售后的安全由制造销售企业承担全部责任。新药事法将"制造"和"销售"行为区分开来，正是为了明确在市场上流通的医药品的品质和安全保障的责任范围。

旧法也允许生产商将制造业务外包给代工厂，但是生产商必须拥有最终包装工序所需的设备。而新法规定，制造销售企业可以将包装和保管业务一并委托给代工厂。

此次药事法的修订扩大了生产商通过外包提高制造业务效率的范围。可以预见，越来越多的企业今后会将制造部门剥离出来成立独立的子公司或扩大制造业务外包。同时，那些专门承接制造业务的专业代工厂也会增多，另外还会有其他行业的企业进入到医药品生产代工领域里来。由此可见，新法不仅对医药业界重组带来重大的影响，同时还给物流企业提供了新的商机。

新法将过去的"进口销售业"划分到"制造销售业"里。因此进口销售商需要根据新法规定的"制造销售业"的要求进行药品的管理和销售。新法规定：进口销售商在海外生产的药品必须外包给符合日本药事法规定的工厂（"制造业"）。同时，进口销售商必须对销往市场的药品承担所有责任。所以当药品运到日本以后，进口销售商（根据新法规定，进口销售商属于制造销售企业）必须自己判断是否可以向市场发货。

因此进口药品需要在日本国内的仓库内保管，贴上符合日本国内法律规定的标签和包装。药事法修订之前，进口销售商一般将此项业务外包给仓储企业。但是新法将将这项业务划分到了制造业的范畴里，这就使得开展这项业务的仓库必须取得"表示等制造业"的营业许可证。新法将工厂里的药品充填业务和之后的包装·表示·保管业务区分开来，扩大了制造业的范围。前者为"一般制造业"，后者为"包装·表示·保管制造业"（简称"表示等制造业"）。而进行包装·表示·保管业务的仓库被界定为"表示等制造业"的工厂。

15.3 采用管理药剂师

确立符合"GMP（Good Manufacturing Practice）＝有关医药品的生产和品质管理的标准"的管理体制是取得医药品"表示等制造业"营业许可证的一项重要条件。

通常，在日本工厂生产并通过发货检查判断可以销售的药品，由生产商委托给仓储企业保管时，该仓储企业会根据医药流通行业自主规定的"GSP（Good Supplying Practice）＝有关医药品的供应和品质管理的标准"进行管理。而"表示等制造业"保管的是尚未进行发货检查的药品，因此需要遵守 GMP 管理标准而不是 GSP。GMP 对药品的管理要求要比 GSP 具体得多。

GMP 管理需要拥有符合一定建筑构造条件及设备要求的设施，并配置专业的管理人员。医药品需要配置管理药剂师，医疗器械则需要配置技术负责人。而管理人员必须根据生产和品质管理的说明书进行业务管理。

三菱仓库位于大黑町（横滨市）的仓库在药事法修订之前就承接客户企业的进口药品和医疗器械的仓储业务。日本《药事法》修订之后，三菱仓库原有的客户想要继续在日本销售进口商品，需要自己取得"表示等制造业"的营业许可证，或者将业务委托给持有该许可证的企业。

因此，新法一颁布，三菱仓库在大黑町的两处仓库就立刻代替客户企业取得了的医药品和医疗器械"表示等制造业"的营业许可证，并且录用了管理药剂师和技术负责人。

这两处仓库承接着多家客户的医药品物流业务。由于三菱仓库取得了"表示等制造业"的营业许可证，所以这些客户就省去了申请资质的烦琐手续。并且由于三菱仓库的管理药剂师可以同时管理多家客户的业务，因此能够为客户减少管理成本。这项服务的开展还有益于三菱仓库开发新的客户。

其实在《药事法》修订之前大黑町的这两处仓库就在客户的要求下实施了 GMP 管理。药事法的修订只不过改变了三菱仓库对药品进行 GMP 管理的立场和责任，而仓库内的实际业务并没有变化。由于取得了"表示等制造业"的营业许可证，所以不管客户有无要求，三菱仓库都有责任自主地进行 GMP 管理。

"表示等制造业"毕竟不是"仓储业"，而是"制造业"，而且是位于制造的最后一道工序。生产医疗器械等产品的海外工厂很少能对应日本标准的检查体制，因此大多数进口商品不得不在运到日本以后进行检查。今后很有可能根据客户的要求，由取得"表示等制造业"营业许可证的企业来担任一部分检查业务。这样一来，对"表示等制造业"管理品质的要求会变得更加严格。

三菱仓库打算将医药品配送中心业务和"表示等制造业"定为医药品相关领域的两大核心业务。为了强化这两大核心业务体制，该公司将医疗器械和医药原料以及半成品定为重点开发目标。而"医药组"的任务是开发两大核心业务的新客户。

"医药组"的负责人 N 先生告诉笔者，"表示等制造业"的工作就是进行品质管理。三菱仓库在 20 多年前就已经开展了药品管理业务，那时候信息化管理手段还非常落后。在日本对医药品的管理一直要求都是非常严格的，三菱仓库已经积累了 20 多年的经验，这些经验是今后开拓新市场的重要基础。

继横滨的仓库之后，三菱仓库位于神户的仓库在 2005 年 11 月也取得了医药品的"表示等制造业"营业许可证。这项新业务的客户企业预计 2006 年将扩大到 8 家。

日本《药事法》的修订不仅扩大了进口商品的商机，还增加了相关的物流商机。随着生产商扩大制造业务的外包，与此相关的保管业务也会增多。医药原料和半成品的保管业务也需要"表示等制造业"的营业许可证。因此持有该许可证的三菱仓库期待能够在这个领域里扩展更多的业务。

15.4　牙科诊所的数量多于便利店

2005 年，三菱仓库成功进入了新的医药品相关领域。2005 年 11 月起，位于横滨市大黑町的仓库承接了 DENTSPLY 三金公司所有产品在东日本地区的配送中心业务，并向一些牙科诊所提供了直接配送服务。DENTSPLY 公司是全球牙科用药和医疗器械制造领域里最大企业，DENTSPLY 三金是 DENTSPLY 的日本法人。这项业务对于三菱仓库完全是新的领域。

牙科用药和医疗器械的流通一直以来都是采用商物一体化的体制，其物流环境还很容易阻碍作业效率的改善。据说牙科诊所所需各类用药和器械的品类比一般医院多一个百分点，拣选作业又以拆零拣选为主，而且诊所的数量据说比便利店（CVS）还要多。

这是大型牙科用品生产商首次将所有产品的物流业务进行外包，因此三菱仓库率先进入该领域，战略意义非常重大。

许多人都相信牙科用药和医疗器械的流通今后出现大的变革的可能性极大。原有的流通渠道以外，网购函购等新的销售形式快速发展，而流通形态的变化又带来物流形态的变化。N 先生告诉笔者："三菱仓库将建立一个崭新的物流系统模式，帮助客户企业（生产商）为用户（牙科诊所）提供全线（full－line）产品。"

医药品配送中心业务不断扩大，营业额也在不断增长，所面临的商业环境也在发生变化。大型医药批发企业先后成立了物流子公司，用来承接生产商的物流业务。这样一来，医药品配送中心领域就出现了不同于 3PL 企业的其他行业的竞争对手。而且医疗机构也改变了以往的采购方式。例如，多家医疗机构成立联盟，集体采购，并扩大采购地区的范围。

N 先生告诉笔者："总之，物流将变得更加多样化。本公司将站在客户（生产商）的角度，根据客户的物流方针，提供方便于客户的各种物流服务。"

为了对应客户要求，三菱仓库依托先进的 IT 技术建构了一流的信息管理系统。该公司从 2005 年 4 月开始通过信息网络向有协作关系的 11 家医药品配送企业提供符合物流行业标准的配送委托信息，同时从配送公司收集配送途中发生的故障、事故以及配送完毕等信息。

另外还打算在运输途中使用一些温度传感器来进行温度管理。N 先生解释这一构想："流通渠道的多样化，使产品的追踪管理成为了生产商的重要课题。本公司提供运输途中温度管理服务，是为了帮助生产商解决这个难题。"

医疗制度的改革，势必促使医疗相关领域进行结构改革，其中当然包括医药物流领域。而三菱仓库将在这次结构改革中发挥传统物流企业不曾具备的许多功能。

思考题

1. 根据本案例并结合相关资料，比较中日两国在医药物流的法规及商业习惯上的异同，并讨论医药物流在物流设施和配送服务等方面的基本特性和要求。

2. 援用有关的经营战略理论对三菱仓库在医药物流业务上的战略展开进行分析，并讨论传统仓储企业的业务多元化的方向和条件。

3. 比较医药物流与一般消费品在配送服务上的区别，讨论"商物一体"式的配送与"商物分离"式的配送的优缺点及适用领域。

16　MEGANETOP 的一揽子物流中心运营变革①

【提　要】MEGANETOP 把一揽子物流中心的运营全面委托给 HAMAKY-OREX。但是，因为是根据作业量付费的合同，所以随着业务规模的扩大，既没有充分获得规模效应带来的效率提高，也没有得到期待的改善提案。作为货主 MEGANETOP 决定介入现场运营，重新选择 3PL 企业，改变物流设施的管理方式和付费体系，以削减物流成本。MEGANETOP 公司的官方网站：ht-tp：//www. meganetop. co. jp/。MEGANETOP 公司的主力业态"眼镜市场"的官方网站：http：//www. meganeichiba. jp/。

16.1　因新事业 "眼镜市场" 的成功而飞跃发展

MEGANETOP 是一家在日本全国展开以"眼镜市场"为主力门店的眼镜专卖连锁企业。该公司在 2002 年 11 月导入了一揽子物流外包方式，在总公司所在地的静冈县设置了物流中心。选择一家叫 HAMAKYOREX 的 3PL 企业作为合作伙伴，改变了之前由供货商（vendor）向店铺交货的方式。由此，MEGANETOP 实现了对采购物流的控制。

同一时期，MEGANETOP 还构建了应用 QR 二维码的管理系统，要求供应商配合，在向 MEGANETOP 的一揽子物流中心交货前，就在眼镜片和眼镜架上贴上印有二维码的标签。这个系统不仅应用于物流中心内的管理，还覆盖了从制造阶段到店铺营运的供应链全体。

该企业在很早之前就十分关注垂直统合型的 SPA（制造零售企业）方式。1998 年，MEGANETOP 收购了福井县鲭江市的一家生产商——KING STAR，开

---

① 原文执笔：冈山宏之，翻译：黎雪、卢梅，监译和改编：李瑞雪

始涉入眼镜架的生产领域，而且还在各个店铺里进行眼镜片加工（之前该加工需依赖生产企业），实现了"当天加工，当天交货"。

但仅仅这些是不够的。MEGANETOP 在 2000 年，利润率迅速下滑。当时新兴的眼镜连锁店"Zoff"引发了激烈的价格竞争，价格水平破坏性的下滑使MEGANETOP 的业绩受到了很大的冲击（见图 16 – 1）。其背景是，眼镜片的技术革新和眼镜架在中国生产带来了有悖常识的低成本结构。

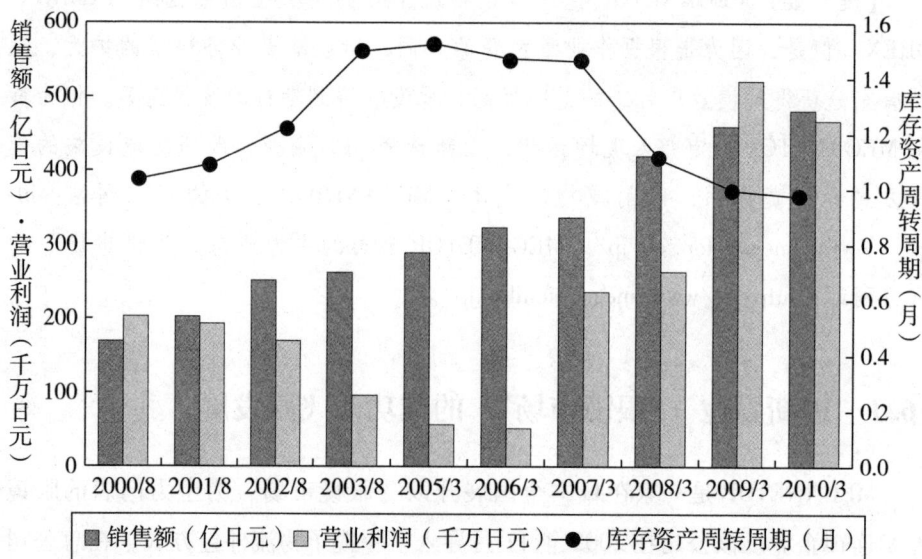

※ MEGANETOP2004年3月决算的数据，因为只有7个月的时间进行了不规则决算所以省略了

图16 – 1　MEGANETOP 的联合决算业绩及库存水准的推移

在那之前，购买一副眼镜的价格在 3 万日元以上是理所当然的。然而"Zoff"推出重视流行性的带镜片的眼镜，并以 5250 日元、7350 日元、9450 日元三个价格销售。在刚开店的 2001 年 2 月就掀起了一阵旋风。

对此，大型眼镜零售连锁店相继出台了对抗措施，MEGANETOP 也于 2001年 6 月开始展开了低廉价格销售的新事业"ALOOK"。这一做法虽然扩大了销售规模，但是利润率却一再走低。

为了走出困境，MEGANETOP 从 2006 年 10 月起，开发了一个以 18900 日元统一价格销售高性能眼镜的新业态："眼镜市场"。这个"一口价（one price）战略"立竿见影获得了消费者的支持，于是公司决定大力推进。以一年新开 100 家店的速度大量增设店铺的同时，在仅仅 1 年半的时间内，将大半的老店铺都改为新业态了。

其他的竞争对手也纷纷效仿了"一口价战略"，但大多以失败告终。这些企业在保持原有业态的状态下，部分采用了这一价格战略。与这些竞争对手相比，MEGANETOP 集中展开"眼镜市场"，业态定位清晰明白，更容易获得消费者的理解和青睐。加之起用了韩流明星出演的电视广告也获得好评，确立了 MEGANETOP 在业界内的成功地位。

MEGANETOP 在眼镜行业界一枝独秀，低迷的利润率迅速地得到了改善，新开店的速度保持了强劲的势头，甚至渐渐靠近了 30 多年来一直雄踞业界之首的三城控股（店名为"PARIS 三城"）的规模（见图 16 - 2）。

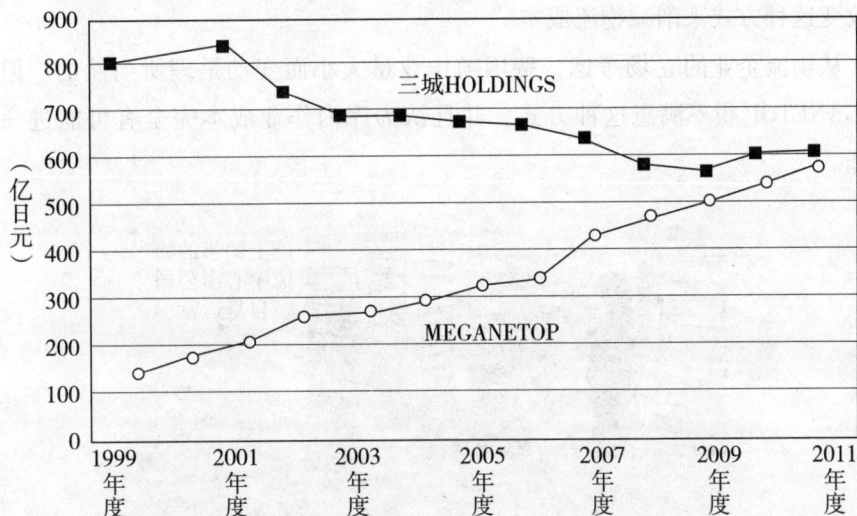

图 16 - 2　两大眼镜零售连锁的联合决算销售额的推移

关于重新获得成功的理由，MEGANETOP 的经营企划部部长 U 先生认为："本公司主力业态'眼镜市场'上 1.8 万日元销售的商品在同行的其他公司要卖三四万日元。而且与之前的'ALOOK'不同，新的业态更接近于专卖店。通过电视广告和遍布全国的门店向消费者大力诉求低价格高性能商品印象的营销手段效果显著。最近又致力于推动自主品牌（Private Brand，PB）商品，自主品牌的商品已经占到七成左右了。"

16.2　业务委托费由原来的根据作业量而变动的方式改为固定方式

在进行集中展开"眼镜市场"门店的同时，MEGANETOP 也改革了物流体制。首先将公司的物流中心从静冈迁到大阪，物流合作伙伴也从以前的 HA-MAKYOREX 换成佐川全球物流。

在 MEGANETOP 同时担任物流部门和网上销售部门负责人的 M 先生（物流事业部部长兼 EC 事业部部长）回忆说："原来与 HAMAKYOREX 的委托合同是根据作业量的大小计算物流费用。按照这个计算方式，以'眼镜市场'业态的发展所带来的量的扩大势必造成物流成本的大幅度增加。因此当时就考虑改变这种方式来削减物流成本。"

从物流企业的立场考虑，费用随作业量大小而变动是理所当然的。但是MEGANETOP 很不满意这种方式，并且认为库内作业成本完全有可能进一步降低。

网上销售的物流中心由公司自身运营

MEGANETOP的员工在现场作业

图 16 - 3　自营的网购专用物流中心

该企业之前就在大阪市内设了一个规模较小的物流中心，专门用于处理网上销售（EC）的物流业务（见图 16 - 3）。在这个物流中心里，MEGANETOP自身管理包括拣选和包装等一系列作业。基于这个经验，M 先生确信只要自己来做就有可能降低成本。

MEGANETOP 的一揽子物流中心所进行的作业非常简单。眼镜片有一些生产商的寄托库存保管在物流中心内。眼镜架全部以越库方式（cross - docking）处理，所以物流中心内没有眼镜架的库存。自家工厂和供应商的交货在每天中午之前送到。之后将商品按门店分拨，在当天用快递向门店出货。

在自家工厂及外协生产商的工厂里，将记录有进货门店等信息的 QR 码标签事先贴在出货的商品上。在物流中心，首先扫描货物上的二维码做入库验货，确认是否与订单相符，然后将货物按门店播种方式分拨，最后做出货检验。

门店配送使用快递服务。每天从全国大约 700 间门店接受订单。除了元旦前后几天之外，几乎是全年无休。因为眼镜片和眼镜架都比较小，所以每天往一间门店配送的货物量不是很多。平常运送的货物中最占空间的是眼镜盒，每卖出一副眼镜都要配一个眼镜盒，眼镜盒的量就够一件货。眼镜架和眼镜片的补货量，每间门店一天只用一个箱子就足够了。

为了提高面向门店的物流服务水平，原则上全国各地的门店都要在物流中心出货后的第二天中午前收到货物。北到北海道的纲走市，南到鹿儿岛的鹿屋市（除了分散在冲绳的几间门店），能满足这个条件的配送服务只有几家大型快递企业能做到。

因此提高物流效率几乎仅限于库内作业，但是 MEGANETOP 对于库内作业的成本水平很不满意。明明是向同一门店配送的商品却分成两箱发送，有时候因为赶不上快递企业的收货时间而分两次发货。类似这样的浪费当时相当常见，但承接业务的 3PL 企业并没有提供改善这种情况的意见或建议。

"当时公司认为自身还没有足够的能力构建物流体系。借助 HAMAKY-OREX 的知识和经验来运营物流中心的过程中，我们注意到了各种浪费的情况。物流业务一直没有得到改进可能与运营全部都委托给别人，物流现场没有一个 MEGANETOP 自己的职员有关。"

两家公司（MEGANETOP 和 HAMAKYOREX）解除合作关系之后出任物流战略事业部的 H 经理坦率地道出了该企业和 HAMAKYOREX 之间发生的分歧。

16.3　将物流业务委托给佐川集团

就在与 HAMAKYOREX 之间发生不和谐的时候，佐川急便的营销人员提议将双方的业务合作范围由之前的网上销售物流扩大到面向门店物流。对此，MEGANETOP 提出了合作的条件：不根据作业量多少来计算费用，而是根据事先预想的货物量安排作业人员，不管实际作业量是多少，只按照作业人数支付相应的费用。佐川集团接受了这个条件，双方签订了物流业务委托合同。

对于配送业务，MEGANETOP 经过比较多家快递企业的报估价后，认为还是佐川急便的提案最能接受。而且利用在大阪市内的佐川集团的卡车枢纽一体型的设施"大阪 SRC"，不仅能保证在第二天中午之前把货物送到全国的门店里，还可以最大限度地推后发货截止时间。MEGANETOP 把物流中心内的业务和配送业务集成外包，是获取有利的合作条件的关键。

MEGANETOP 确信能在不降低服务质量的前提下削减成本，所以并没有实施物流招标便作出了决断。2007 年 5 月该公司把物流中心迁到"大阪 SRC"内，库内作业在 MEGANETOP 的监督下由佐川全球物流承接（见图 16 - 4）。

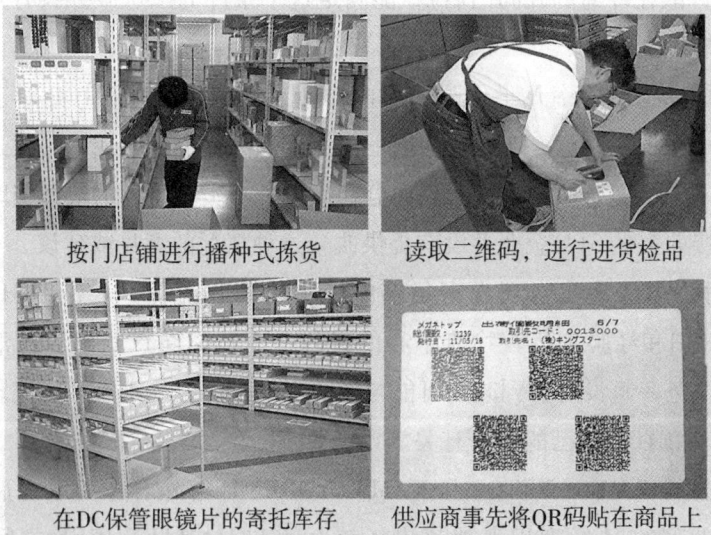

按门店铺进行播种式拣货　　读取二维码，进行进货检品

在DC保管眼镜片的寄托库存　　供应商事先将QR码贴在商品上

图 16 - 4　佐川集团"大阪 SRC"内的 MEGANETOP 的物流中心

物流中心转移到"大阪 SRC"之后，依然使用原有的那套利用二维码的库内管理系统。因为这个系统是 HAMAKYOREX 旗下的公司为 MEGANETOP 专门开发的，HAMAKYOREX 拥有资产所有权。最后以 MEGANETOP 支付剩下的租借费用作为条件，HAMAKYOREX 将该系统的所有权转让给了 MEGANE-TOP。

不过 MEGANETOP 已经定下了开发新系统的方针。通过物流中心的转移削减物流成本，将节约下来的费用用于新系统的开发。尽管公司内部在转移物流中心后大约 1 年多就开始讨论这个问题了，但是到了第二年也迟迟没有得出进一步的结论，所以只好继续沿用原先系统一段时间。

然而考虑到技术不断的更新换代，必须尽早地重新开发新的系统。曾在 IT 部门工作过且参与过对系统的技术改造的 M 部长不无反省地说："当时更应该对程序的构成技术以及数据库进行革新，而不是仅着眼于 WMS（仓库管理系统）等应用系统。"

16.4 继续使用二维码并革新信息系统

MEGANETOP 于是找了多家在物流系统开发上较强的 IT 供应商（IT Vendor）获取他们的提案，最后决定继续使用二维码。主要是考虑到如果将供货商和各门店的 POS 终端上已经安装好的系统全部换掉，投资额会太大。

另外，MEGANETOP 也已经实实在在地感受到了二维码特有的优点。利用二维码，能够一起管理隐形眼镜的批号和商品，而且比一维码尺寸更小，处理的信息量更大，因而能使门店里商品上的标签更小，门店内的展示更美观。

在听取几家公司的提案之后，MEGANETOP 最后选择了物流器械制造企业——村田机械的信息子公司村田系统（MURATA SYSTEM）作为 IT 合作伙伴。对于应用软件，MEGANETOP 认为可以在事后不断改进，所以这次暂不做大幅度更新，而是将重点放在对数据库等进行重新构建。就这样，新的 WMS 于 2011 年 6 月开始投入使用。

在这期间，MEGANETOP 的销售规模不断扩大，在"大阪 SRC"中使用的面积也不断增加（一开始只用了 7 楼约 1200 平方米）。

MEGANETOP 的商品部在物流中心内设置了一个"商品中心"，负责保管一些眼镜架的库存。物流中心所经手的眼镜架以越库方式经由，中心内没有库存。因门店间的商品调货等所产生的库存则由商品部在这里负责管理，物流部门不介入商品中心的运营。

由于商品中心规模也在不断扩大，7 楼的面积越来越不够用了。为此，2009 年秋把物流中心移到了 3 楼。3 楼目前还有扩建的余地，应该可以对应公司提出的"2015 年门店 1000，销售额 1000 亿"的经营目标。

今后依然要追求低成本营运（low cost operation）的战略。物流部的 H 经理说："希望今后与佐川集团的合作能保持适度的紧张感，削减更多的成本。"

值得注意的是，在现有的管理领域内降低物流成本有很大的局限性。在物流中心之外，商品部所管理的商品中心以及工厂等的公司内物流功能非常分散。因此今后的物流管理的基本方针包括：通过对职能分担体制的重组来提高效率。

思考题

1. 结合本文的案例，讨论企业在选定和更换物流中心运营承包商时应该采用什么样的原则，需考虑哪些要素？

2. 物流中心运营的要素技术多种多样。试分析 MEGANETOP 应用 QR 二维码所带来的效果，并讨论要素技术的选择对物流中心的运营以及企业物流业务整体的改善与提高有什么重要性。

3. 根据本文的案例，讨论商流的变革与物流的变革，尤其是物流中心的变革之间的必然联系。

17 PALTAC 的 SCL 业务[①]

【提　要】日本大型日用品批发企业 PALTAC 尝试将其通用物流中心（RDC）用于物流事业，旨在优化以门店为基点的供应链管理。该企业 2011 年基本完成了覆盖日本全国的 RDC 网络，以此作为支持批发业务的物流基础。同时，这家公司还设立了一些专用物流中心，用于 2002 年起步的物流事业（Supply Chain Logistics，SCL 业务）。近年来，该公司开始探索将通用型物流中心同时用于批发业务和物流事业。2013 年投产的北陆 RDC 和宫城 RDC 就是作为两用型中心而设立的。该企业的官方网站：http：//www. PAL-TAC. co. jp／。

17.1　建设两用型物流设施，以节省投资效率

大型日用品批发企业 PALTAC 近年来把从零售企业承接物流业务（物流事业，或称 supply chain logistics，SCL 业务，以下简称 SCL 业务）作为重点发展方向。2003 年其子公司 Watts Japan 在日本中部地区设立了面向中等规模连锁药店企业（drug store chain）的专用物流中心，迈出了这一事业的第一步。两年后另一家子公司 Isas 为一家日本中部地区大型连锁药店设立了专用物流中心。通过这些举措，PALTAC 逐步开展了 SCL 业务。

但在当时，批发企业承接零售连锁企业的物流中心运营业务的商业模式还没有多少先例。PALTAC 为了明确责任和收益核算并在运营上保持足够的柔性，采用了每个项目设立一家独立的子公司作为承接业务的主体的方式。但后来，这种商业模式在行业内逐渐普及，于是 PALTAC 在 2009 年把那些子公司

---

① 原文执笔：冈山宏之，翻译：黎雪，监译和改编：李瑞雪

收编到母公司内了。

近十几年来，PALTAC 在日本全国建了 15 处 RDC（regional distribution center），形成了比较完备的覆盖全国市场的基干物流网络，以此来支撑其批发业务（见表 17－1）。最早的 RDC 是 1999 年设立的"近畿 RDC"，到 2013 年"宫城 RDC"和"北陆 RDC"建成后，原计划的 15 处 RDC 全部落成投入使用（见图 17－1）。另外，"埼玉 RDC"已列入规划，预计在 2015 年建成。

表 17－1　　　　　　　15 处 RDC 的投入运营时间和使用面积

设施名称	投入运营时间（年）	使用面积（平方米）
近畿 RDC	1999	39547
九州 RDC	2001	30925
东京 RDC	2003	28046
群马 RDC	2003	24476
新泻 RDC	2005	13997
四国 RDC	2005	21888
中国 RDC	2006	28947
堺 RDC	2007	37037
东北 RDC	2009	25318
北海道 RDC	2009	32447
横滨 RDC	2011	59966
冲绳 RDC	2011	11962
中部 RDC	2012	37564
宫城 RDC	2013	37589
北陆 RDC	2013	31169
埼玉 RDC	2015（计划）	未定

数据来源：根据 PALTAC 内部资料整理。

PALTAC 建设物流中心时的基本方针是：自有资产化。15 处 RDC 中的 14 处都是购置的土地上自建的设施（只有"堺 RDC"，因为当时没能找到合适的用地只好在租用的土地上建的）。而且每一处 RDC 都留有用于扩建的备用地。RDC 设施的现有能力是依据现有市场规模设计的，当市场状况发生变化时，可适时扩建，以提高 RDC 的应对能力。公司在建设专用物流中心时也贯彻了这一自有资产化的方针。

图 17 –1 PALTAC 的基干物流网络（15 处 RDC 分布）

图片数据来源：**PALTAC** 官方网站。

坚持物流设施自有资产化方针的原因之一是：如果使用租赁的设施，就有可能因资产所有方的情况变化而无法续租，那样势必会给业务的开展带来混乱。另外，PALTAC 还考虑到自有资产化有利于自己设计设施的结构和布局，以便引进具有差异化的物料搬运（Material Handling）技术，最大限度地提高单位面积利用效率。

但这一方针在很大程度上又限制了 SCL 业务的发展。到 2014 年为止，PALTAC 设立的面向零售连锁的专用物流中心，包括 2010 年在大阪新建立的面向一家大型连锁药店的中心在内，也只有 3 处。其实曾有许多家连锁零售企业都曾向 PALTAC 提出过合作意向，但由于这些企业的业务规模无法支撑独立的专用物流中心，PALTAC 只能回绝他们的业务委托。

因此克服这个限制就成了 PALTAC 发展 SCL 业务的关键。到了建设"北海道 RDC"时终于实现了突破。当地的一家重要客户要求能在新设施内为其提供专用中心的功能。经过反复讨论和测算，总算找到了解决的办法。从那以后，"北海道 RDC"的经验应用到了其后建设的 RDC 上，这些 RDC 都是在设计阶段就把 SCL 业务所需的必要功能都融合进去了的。

PALTAC 的执行董事兼物流本部长 K 先生告诉笔者："（利用通用型 RDC 来支撑 SCL 业务关键问题在于）如何发挥通用型中心的特长来低成本地运营专用中心业务，并满足客户的需求。我们经过了反复的研究和探索。北海道 RDC 的尝试只是个开端，其后建设的宫城 RDC 和北陆 RDC 基本上实现了批发业务和 SCL 业务共存的两用型中心（Hybrid Center）。"

17.2　发挥业态型批发企业的优势，追求供应链整体优化

PALTAC 面临的市场环境是促使其重视 SCL 业务的重要原因。据该公司相关人员的推算，日本全国的日用品、化妆品、一般医药品（非处方药）的市场规模在 3.2 万亿日元左右，近年来这个规模一直处于徘徊状态，估计今后也不会有大的增长。而 PALTAC 在这个市场中已经占有 25% 左右的份额（2013 年该公司批发业务销售总额为 8192 亿日元），不难想象，今后该业务发展的空间不大。

与批发业务相比，SCL 业务则具有较大的发展前景。PALTAC 的主要客户是连锁药店企业（drug store chain），近年来他们中的许多企业因为业绩发展太快使物流能力成为瓶颈。PALTAC 认为：解决这些连锁药店企业的物流困境可以成为公司新的收益来源。

两用型物流中心的运营为 PALTAC 带来了诸多好处。首先，建设专用中心所需的初期投资可以大大节约，物料搬运设备和其他器械也可共用，WMS（仓库管理系统）也只需追加一些处理特定客户在库管理业务等新的功能即可。其次，在两用型中心内，系统的运用和商品在库管理可以与批发业务中的

相关环节统合，从而节省了一部分销售管理成本。最后，SCL 业务增加了 RDC 的物流量，使设备的使用率得以提高，中心的投资效率大为改善。最重要的还是对企业经营绩效的贡献。2013 年度 SCL 业务的销售额虽然只有 126 亿日元（比上年增长 7.9%），但营业利润却达到 13 亿日元，营业利润率为 10.3%。而同期的批发业务的营业利润率却只有 1.4%（同期营业利润为 112 亿日元）。与薄利多销的批发业务相比，表面上的业务规模虽然很小，但利润贡献度却十分可观。目前有 4 家连锁药店的 SCL 业务是通过两用型中心来执行的。PALTAC 的 SCL 业务见表 17 – 2。

表 17 – 2   **PALTAC 的 SCL 业务**

SCL 的战略目的	实现零售企业的物流改善和门店作业成本的降低； 提供与 3PL 企业不同的流通价值
SCL 的特征	（1）发挥 PALTAC 长期积累的各种专业知识技能实现差别化优势 ①以门店为基点的物流配送体系的构筑； ②可以带来高效率的 RDC 相关知识的应用； ③对应药事法的各种专业知识的运用。 （2）提供多样化的业务承接方式以适应客户需求
两种主要的业务 承接方式	（1）RDC + SCL 型（在同一用地内设立两个不同的中心分别运营） ①适用于大规模的地区内独占企业（dominant company）的业务承接； ②可以获得高效率人员配置的优势。 （2）两用型（在同一个中心具备 RDC 和 SCL 的两种功能） ①有利于小规模企业的业务承接的扩大； ②有利于物流中心的投资效率和开工率的提高

数据来源：笔者根据 PALTAC 人员的介绍整理而成。

尽管 PALTAC 已经形成了独特的 SCL 业务模式，但在业务扩张上却采取了谨慎的姿态。到 2014 年秋，依托两用型中心承接的 SCL 业务只有 4 家零售企业。K 本部长解释了他们小心谨慎的理由："要想真正建立起一个低成本而且整体优化的供应链物流，只有客户或者我们公司单方面的想法和愿望是远远不够的。首先必须在双方公开信息的基础上，决定订货单位、配送频度、商品构成（assortment）、SKU 数等要件，并依此计算出库存量。然后再参照今后10年左右的门店开设计划，具体讨论库存周转天数与物流中心规模之间的比率关系，最终得出最优的选择。一个项目有时要反复讨论两年左右的时间，所以不可能一口气做大。"

对于连锁零售企业来说，物流可以说是生命线。因此，整体外包物流的运营必须用足够长的时间相互理解建立信任关系，并在此基础上构建最优化的体系。否则不可能实现高效率的物流中心的运营。所以很难短时间内增加 SCL 项目的数量。

作为大规模业态型批发企业，PALTAC 把自身的功能和作用定义为"以门店为基点实现流通体系整体的优化"，在物流中心的形态上坚持运营库存型中心，即把多家客户的商品集约库存，通过这种方式来实现零售门店的物流成本降低和效率提高。这一基本理念在 SCL 业务中也得以体现。PALTAC 运营的 3 处专用物流中心也都是库存型中心。该公司坚持认为：通过型物流中心（transfer center）难免会带来供应链环节的增加，因此很难实现供应链整体的优化。

17.3 日新月异的物流技术

PALTAC 在 2004—2013 年的 10 年间，物流中心和信息系统的投资总额累计超过 1200 亿日元。而同一时期该公司的销售管理成本比率却逐年改善，从 11.27% 下降到 9.6%。"近畿 RDC"投产的 1999 年，该公司的销售规模略高于 2200 亿日元，到了 2013 年增长了将近 4 倍。为了适应业务规模的扩大，各 RDC 的设计出货能力也大幅度提高。

还在规划全国物流网络的时候，PALTAC 曾测算过 RDC 出货能力的最低标准，得出的结论是至少要在 300 亿日元以上，否则很难获得规模效应。"近畿 RDC"启动时的出货能力达到了 400 亿日元，之后的各 RDC 也大多都达到了原设计的能力。只有"冲绳 RDC"因为所在的市场规模有限，其出货能力为 100 亿日元左右。最新建成的"宫城 RDC"和"北陆 RDC"的能力也都确保在 350 亿日元左右。

位于大消费地的"横滨 RDC"和"中部 RDC"的出货能力都在 1000 亿日元以上。计划于 2015 年落成的"埼玉 RDC"第一期的设计出货能力为 800 亿日元，全部完工后将达到 1800 亿日元的规模。

PALTAC 在中心的库内作业方式上所作的诸多革新也有效地促进了物流效率的提高。多年来该公司开发了许多有独创性的物料搬运及其他库内作业设备，其中有些成果还获得了专利。不过刚开始，PALTAC 对于引进物料搬运设备制造商生产的自动仓库并不积极。但从 2004 年以后，物流中心内的仓储区和出货区基本上都使用了自动仓库，而且托盘自动仓库成为了公司所有物流中心的标准配备。

2009 年启用的"北海道 RDC"首次引进了板箱自动仓库，用于向拆零拣选的货架补货作业。与之前使用叉车补货相比，作业时间大大缩短，现场作业人员的负荷也大为减轻。在引进自动补货系统时，PALTAC 与设备厂家密切合作，构建了一套非常高效的自动作业流程。从板箱自动仓库出库的板箱顺畅地流入传送带，然后自动补入拆零拣选货架内。当货架上的商品即将被拣完时，系统立即自动补货。

PALTAC 公司内部研发的拣选台车已数次更新升级。最新的拣选台车装备了称重验货功能。一部台车可以同时搭载 6 只折叠式料箱。折叠式料箱的使用上也作了革新。原来是由作业人员在拣选结束后打印出货标签并贴在料箱上。现在每一个料箱上都装有 RFID 标签，由传送带上的自动贴标签器（auto labeler）来完成打印和粘贴作业（见图 17－2）。

最有独创性的是将两个料箱叠加起来放在传送带上移动。由于拣选台车的不断改良，拣选速度远远超出了传送带的搬送能力，于是 PALTAC 就想出了将两个料箱叠加起来的办法，这样既能最大程度地节省新的设备投资，又能迅速扩能。K 本部长告诉笔者："使用现在的拣选台车，每次拣选的 6 只料箱可以分三次放入传送带。我们把传送带和台车的高度调整到一致，作业人员只需推动叠加的两只料箱使其滑入传送带即可。为了使 2 层料箱能够安然移动，我们还调整了传送带的转角角度以及料箱堆垛机（foldable container stacker）的功能。这些创新是在横滨 RDC 首先实现实用化的。"

按门店拣选后的料箱的集货方式的变革经历了一些曲折。原来的做法是：

装备着称重验货功能的拣选台车　大大提高生产效率的板箱自动仓库　在入库处理时录入消费期限

可堆放5层折叠式料箱的料箱　　　　按门店分拨板箱　　　　近年来托盘自动仓库成为标
堆垛机　　　　　　　　　　　　　　　　　　　　　　　　　　准装备

图 17 - 2　RDC 库内使用着许多独创性很高的物料搬运设备

作业人员将拣选后的料箱随机放入传送带，在集货区域再将发往同一家门店的料箱重新集中到一起。为了提高效率，PALTAC 尝试了诸如设置暂存作业线（storage line），引进料箱堆放机器手以及其他一些设备和技术等手段，但在很长时间里都没能达到满意的效果。

2011 年投产的"横滨 RDC"最终解决了这个问题。办法其实很简单，就是拣选作业人员在向传送带投放料箱时，将传送带暂停 6 秒，暂停的 6 秒钟内，作业人员就可以将台车里的料箱全部投入传送带，这样就可以避免发往同一家门店的料箱被打散。而 6 秒钟程度的暂停，既不会造成传送带上料箱的积压，也不会影响整个传送带的流动。通过这个办法，暂存作业线和堆放机器手都不再需要了，而且库内的作业效率还大大提高。

总之，PALTAC 基于企业中长期的战略目标，一边大力构建 RDC 网络，一边努力推动物流现场的改良改善，并以此为竞争手段积极开展 SCL 业务。而 SCL 业务所要拓展目标市场是界定在那些希望优化以门店为基点的供应链整体的零售企业，因为 PALTAC 相信只有与这样的客户才能真正建立起双赢的关系。

思考题

1. 援用范围经济效益理论（Economy of Scope）和相乘效应理论（Synergy Effect）试分析 PALTAC 开展 SCL 业务的合理性以及困难性。

2. PALTAC 为了开展 SCL 业务，有关物流中心进行了哪些变革？简要地总结其要点，并讨论这些变革的必要性与否以及对今后企业发展的影响。

3. PALTAC 的主业是批发业，但一直非常重视物流技术的开发和积累。依托 RBV 理论和物流战略理论讨论该企业在战略上的特征。

18 东急商店的物流中心改革①

【提 要】2004 年秋，东急商店着手进行物流体制改革，在东扇岛建设了第一个库存型物流中心（DC），与供应商通过 EDI（电子数据交换）共享信息，同时引进便携式终端，从而实现了免验货和商品分大类的门店配送（category delivery），达到既短缩了交货时间，又提高店内陈列作业效率的效果。东扇岛物流中心开始运营后，在短短半年的时间里，就削减了约 10% 的门店库存。该企业的官方网站为：http：//www. tokyu - store. co. jp/。

18.1 通过型中心向库存型中心的转变

东急商店是日本一家综合型连锁零售商，在首都圈（东京都，神奈川县，千叶县，埼玉县，静冈县）内共拥有 96 家门店。由超市（东急商店），大型店铺（TOKYU），高品质食品专门商店（PRECCE）的三种业务形态组成。为了实现集约配送时间的目的，20 年前该公司决定在川崎市东扇岛设立物流中心，用于向东京都与神奈川县内的大部分门店配送商品。1985 年该中心投入使用。该中心的一般货物栋（以下简称"一般 A 栋"）和低温品栋相继在 6 万平方米的用地上建设完工。东急商店经销的 90% 以上的商品，如加工食品、生鲜食品、日用杂货、生活用品、服装等都是从该中心配送到各个门店的。

东扇岛中心属于通过型物流中心（transfer center），给供应商提供物流配送中转的功能。商品在此按照大类别（category）分拣，再配送到各个门店。物流中心的管理与运作由东急商店的物流部门负责，集团公司旗下的东急物流

---

① 原文执笔：内田三知代，翻译：李英实，监译和改编：李瑞雪

公司承接了库内作业及配送业务。

2004 年度（2004 年 3 月—2005 年 2 月），东急为了改善 MD（Merchandising），强化门店支援系统，解决物流环节效率低下的问题，制订了物流改革计划。计划旨在缩短门店交货作业时间，减轻商品陈列作业负担，防止库存增加。计划的实施从这三个方面具体着手，特别是改革接收订单到交货的物流体制，与供应商实现信息共享以达到快速反应（见图 18 – 1）。

基本结构图

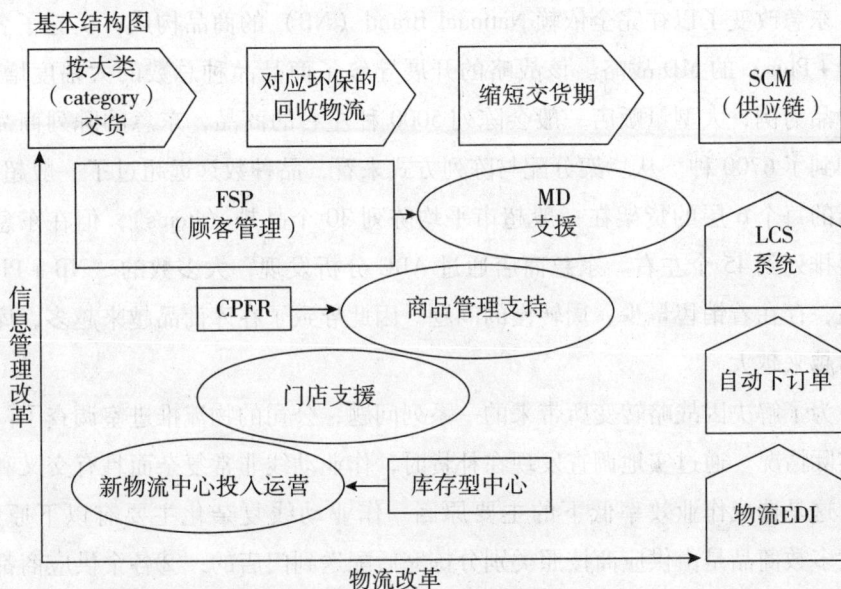

图 18 – 1　物流改革的方向

作为物流改革的关键措施之一，该公司决定实施从通过型物流中心到库存型物流中心的转型。2004 年 9 月公司在东扇岛物流园区内建设了第一座库存型物流中心（Distribution Center）（2 层建筑，楼层总面积为 23700 平方米），命名为"一般 B 栋"。

18.2　食品种类增加到 6700 种

东急商店门店内效率低下的陈列作业一直是该企业运营上的大问题。不过这个状况其实是东急为适应市场环境，选择了与竞争对手不同的差别化市场销售战略所带来的。商品品种数量与竞争对手相比明显繁多一直困扰东急的经营。

东急商店的门店大多集中在东急电铁的铁路沿线。2001 年以前，为了满足这些地区收入水平相对较高的客户群的需求，东急改变了原来的销售战略。以"优质化"为关键词改进 MD，增加了高价格高品质的商品。东急希望以此达到与那些采取低价格销售战略的公司的差异化。

东急改变了以往完全依赖 National Brand（NB）的商品构成，实施了名为（NB＋Plus）的 MD 战略。该战略的开展导致了商品品种总数的大幅度增加。以食品为例，大型量贩店一般会陈列 5000 种左右的商品，东急的陈列商品却增加到了 6700 种。从货架分配与陈列方式来看，品种数远远超过了一般超市。门店的每个 6 层的货架在一般超市平均陈列 30 个品规（items），但在东急商店要排列到 45 个左右。东急商店通过 ABC 分析发现，大多数的"NB＋Plus"商品，存在着销售量少、周转慢的问题。因此导致了在库商品越来越多，库存压力越来越大。

为了解决因战略转变所带来的一系列问题，公司的物流推进室调查了门店的实际情况。通过实地调查发现在补货时，作业动线非常复杂而且有交叉和重复，这是造成作业效率低下的主要原因。作业动线复杂化主要有以下原因：①大多数商品是由供应商按照类别分拣完后配送到门店的；②各个供应商都在各自的物流设施内进行分拣；③而一种商品又由多个供应商供货，从而导致了不同的笼车里装着同类商品。这些都直接阻碍了货架补充的效率性（见图 18－2）。为了更有效地利用库存型物流中心的优势，东急决定把每个批发商按类别分拣的工作集约到一起。为此决定让批发商把库存放在新的物流中心（DC），由东急商店进行在库管理。

18.3　集约分拨作业实现大类别交货（category delivery）

东急把供应商的商品集中到一个地方库存，并与门店货架陈列配置计划同步，进行分拨。分拨完的商品，直接由 DC 发货。这与之前的 TC 型物流中心

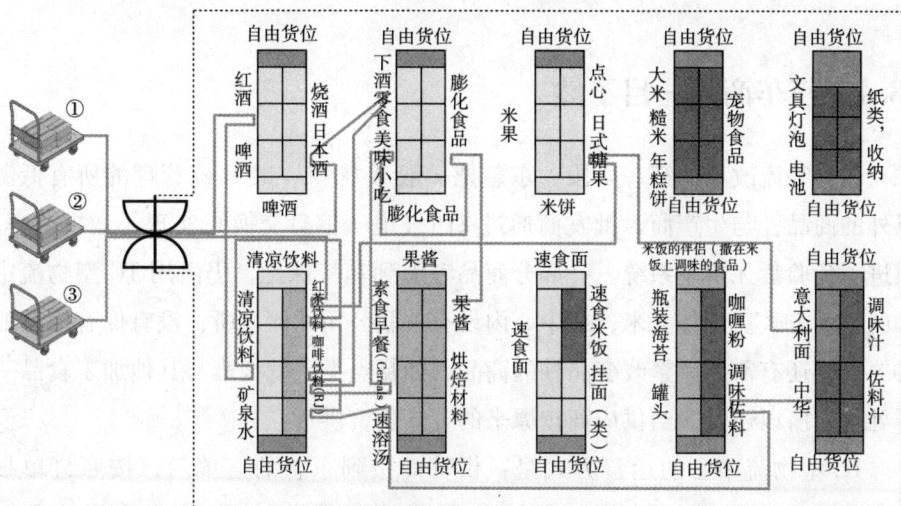

图 18－2 补货作业的问题点（不同台车重复通过同一个通道）

相比，不但简化了补货作业的流程，又大大缩短了交货周期，而且更有效地减少了安全库存的数量。同时，门店运营上发生的问题也得到了相应的改善。接着东急说服了供应商及上游的生产商，实现了生产厂商直接向物流中心发货，并由东急商店的物流中心负责库存管理与货物分拨的方式。在这种方式下，中间环节的批发商不再承担任何物流功能。

东急商店在 TC 型物流中心的运营上有多年的经验，但对于新的 DC 型物流中心，明显地暴露出经验不足的问题。为了弥补自身能力欠缺，有效地进行商品的库存管理，东急把加工食品的 DC 的运营委托给伊藤忠食品，生活用品的 DC 的运营则委托给中央物产。加工食品 DC 与生活用品 DC，分别位于一般 B 栋与 A 栋的 2 楼。

与以往做法不同的是，加工食品 DC（一般 B 栋）是采取共同投资的方式建设的。东急商店投资 15 亿日元建设库房，伊藤忠食品则投资 15 亿日元购置安装库内的物流设备。这样的合作方式对于东急也是全新的尝试。不过物流中心的运营仍由东急主导。东急的物流部门的相关人员常驻在物流中心的办公楼里，负责整体的管理。这样的管理体制，有助于更有效地发挥东扇岛的集约优势。供应商所支付的库存寄托费的一部分被用于支付给伊藤忠食品和中央物产这两家承接具体库内运营业务的企业。

18.4 笼车商品一目了然

作为物流改革的第一阶段,东急把一般 A 栋与一般 B 栋管理的所有低温以外的商品,与生产商、批发商通过 EDI(电子信息交换)实现了数据共享。引进了免验货无货单系统。一部分商品考虑到其特殊性,仍沿用 TC 型物流中心的管理方式。比如大米,在中心内设有关联公司的碾米所,没有保有库存的必要性。还有需要频繁改变品种的商品,如糕点类,就很难与其他加工食品一样处理,所以还是交给供应商按原来的方式负责供货。

TC 型物流中心的运营方式是:供货商接到东急的订单后,按照订单扫描每个商品的条码,制作 ASN(advanced shipping notice,事先出货信息),然后通过 EDI 系统将 ASN 信息事先传送到物流中心。中心根据该信息,进行接货和扫描检品,再把检品数据反映到采购账面上。DC 型物流运营方式是:订货信息同时反映在供应商与物流中心的系统上,中心根据订货信息从物流仓库内拣选相应的商品,再与供货商通过 EDI 系统传送的出货指示进行对照。通过以上的采购步骤,把拣选出来的商品按照类别装入笼车。最后把笼车号码填写进供货商事先提供的出货信息中,再以出货确定信息的方式提前传输到门店。这样门店可以尽早得知什么商品缺货以及什么进货的商品装在哪个笼车上等信息,既可在货到时一目了然,又省略了验货的环节(见图 18-3)。

为了提高店内的补货效率,改变原来使用笼车搬运的方式,而改用方便进入狭窄门店通道的小型手推车,直接向货架补货。东急通过 EDI 与 200 家加工食品的供货商,180 家生活用品供应商中的 120 家,100 家服装类供应商中的 80 家实现了信息共享。经过这一系列的系统改革,下订单到交货的周期由原来的 21 个小时节约到最短 9 个小时,即上午发出的订单可以在当天内交货。向店内货架补货作业的时间也由平均每个商品 15 秒降低到 9.1 秒。门店库存压缩的目标设定为 20%,从 2004 年 10 月开始的半年内,就已经达成了 11.8%。另外,门店作业成本节约了 1.63 亿日元,削减在库金额达 5.61 亿日元。

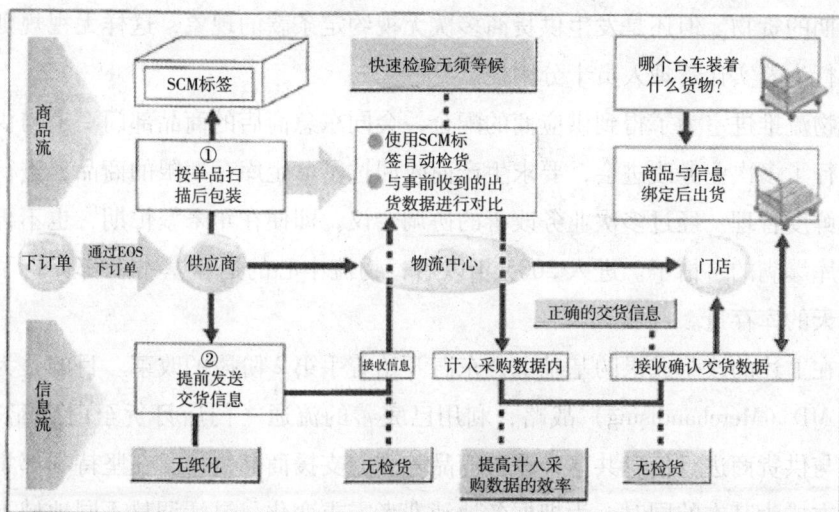

图 18－3　利用物流 EDI 的机制

　　接下来改善物流中心运营的收支状况，提高 6700 种加工食品的库内作业效率成为重要的课题。承接物流中心运营业务的伊藤忠食品虽然有着丰富的经验，但也是第一次接手商品种类如此繁多的项目。

18.5　作业效率的提高

　　东急与伊藤忠食品公司共同开发的 LCS（labor control system）系统引进到现场作业管理中，对作业进度进行实时管理。对于迟滞的作业环节进行人员的重新配置，力图提高整个中心的劳动生产率。伊藤忠食品也是首次尝试 LCS 管理系统，根据以往的经验，设定了拆零拣货每人每小时 80个的目标，实际完成 108.8 个，大大高出了预期的目标。验证了引进 LCS的效果。

　　东急商店成功地改善了整个流通中心的收支状况，增收高达 2.24 亿日元。不过物流中心的运营也并不是一帆风顺的。当初设定了保持 7 天库存的目标。出乎预料的是生产商因担心商品断货自作主张地把订单量从 20 万箱增加到了27 万箱，导致开业当天仓库爆满。节假日前夕甚至发来 14 天的库存量。尽管当初制定了与供货商之间的供货协议，明确规定不接受日期颠倒，超过交货截止日期的货物。但还是发生供货商多次无视约定条款的现象，这样无视规则的交货行为着实让管理人员十分困挠。

物流推进室为了得到供应商的配合，会同东急商店的商品部门一道与供货商举行了多次业务改进会，要求生产商收回过了一定库存期限的商品，进行彻底的鲜度管理。经过多次业务改善的协调会议，即便在年末繁忙期，也不再发生仓库爆满的事情了。进入 2005 年以后，物流中心的运营基本上都保持了平均 5 天的库存量。

在上述的改革成果的基础上，东急开始着手第 2 阶段的改革。目的是为了支援 MD（Merchandising）战略，利用已完善的流通（门店订货至门店配送）模式与供货商进行信息共享，改善商品陈列，支援商品销售。在坚持本部集中采购方式为基本的同时，为把握各地消费者需求变化，灵活调整不同地域不同门店的陈列方式。东急商店相信，只有适应了消费者的需求，加快商品更新速度，再进行相应改善，这样才能在竞争中生存下来。

商品企划与选定，改善货价比例是当前支援 MD 的新课题。2005 年秋季，东急计划与三家生活用品生产商合作，实施改善门店的具体措施与尝试。

思考题

1. 结合本文的案例及相关知识，比较库存型物流中心（DC）与通过型物流中心（TC）在功能、流程、服务对象以及物品种类等方面的区别，讨论选择 DC 或 TC 的基准和要件。

2. 本文中提到了分大类配送（category delivery）的方式。谈谈你对这种方式的理解和适用范围。

3. 整理东急商店为物流中心现场作业的效率提高所采取的具体措施，并分析其有效性的理由。

19　富士可口可乐罐装的物流中心整合[①]

【提　要】随着零售企业纷纷设立了物流中心，门店配送方式逐渐萎缩，采用物流中心配送方式的零售企业逐渐增多，这导致了许多以门店配送为前提的供应商的配送网络难以应对。富士可口可乐罐装公司于是变革了原来的由销售人员直接送货的商物一体化网络，实施商物分离。为此该公司新设立了一座出库功能完善的大规模物流中心，将 30 余个营业所的物流功能整合到一起，集中管理库存。

19.1　可口可乐系统的崩溃

可口可乐的供应链跟一般清凉饮料的不同，不通过批发商来流通。日本可口可乐公司供应可乐等原液，各灌装公司与可口可乐公司签订许可证合同，购买其原液，并装瓶（罐），然后直接供给零售商。

销售和物流由被称为"灌装公司业务员"（bottler man）的销售员兼送货司机承担。他们驾驶红色专用卡车逐户拜访零售店，送货的同时接收新的订单。该公司凭借这样的"可口可乐系统"打造了一个"商物一体"型的供应链，巩固了第二次世界大战后日本清凉饮料市场的强者地位。

在大部分客户还是小规模的夫妻店的时代，可口可乐系统发挥了较强的销售能力和市场掌控能力。但随着 20 世纪 80 年代前半叶量贩店和便利店等连锁零售商的兴起，原来的流通渠道的控制和维护开始变得越来越困难。因为连锁零售商是由总部统一采购商品供应给旗下门店，要求供应商送货到其一揽子物流中心，而不是送货到各门店。

---

① 原文执笔：刘屋大辅，翻译：王晓华，监译和改编：李瑞雪

如果将连锁零售商的物流分出来单独处理，现有的配送网络中的物流量肯定会大大减少，那会导致卡车的装载效率恶化。而且在商物一体的"可口可乐系统"中，可以直接了解末端零售店的销售信息，如果改为送货到零售商的物流中心，则很难得到这样的销售信息。

所以对于灌装公司来说，这是一个很难接受的要求。实际上当初各灌装公司以可口可乐的强大品牌力为后盾，拒绝了商物分离的要求。"对于连锁零售商商物分离的要求，抗拒到最后的是可口可乐集团和花王。这两家公司产品的品牌力当时都很强大。"富士可口可乐灌装公司的物流部部长 O 先生回顾说。

但是即便是可口可乐也没能扛多久。市场和流通环境发生了剧烈变化，生产商和零售商在商品流通中的主导地位发生了交替。拥有强大品牌的可口可乐集团也不得不接受连锁零售商的商物分离的要求。随之而来的便是各地的灌装公司必须面对的网络整合的问题了。

日本可口可乐集团中负责神奈川、静冈、山梨三县业务的富士可口可乐公司也不例外。以前该公司在神奈川县海老名市和静冈县清水市设有两家灌装工厂，在这里灌装的产品供给上述三县内的营业所（兼物流节点）。也就是说，当时采用的是各营业所保有库存，接到订单后从营业所配送给客户的方式。富士可口可乐在这三个县范围内共配置了 30 个营业所。

起初配送到连锁零售商的一揽子物流中心的商品是从现有营业所出货的。但各营业所的物流业务方式是以灌装公司业务员的专线销售为前提设计的，用它来完成面向一揽子物流中心的送货，业务马上就出现了混乱。因为物流现场都是以人工作业为主，很难满足连锁零售商按门店分拣商品以及较短的配送提前期等物流服务上的要求。

O 部长这样分析当时的情形："连锁零售商的销售量越来越多，相反对个别门店配送的必要性逐渐减弱。维持以前的物流体制的状况下，业务效率得不到提高，成本却不断膨胀。"

19.2　三种类型的物流中心

为了解决这些问题，富士可乐于 1996 年启动"物流网络构想"的物流革新项目。首先将物流功能从各营业所分离出来，然后将物流设施按功能分为工厂邻接型 LC（物流中心）、库存型 DC（流通中心）、无库存型 TC（通过型中心＝配送中转站）三种类型（见图 19-1）。

LC 承担生产库存管理、向 DC 大批量产品供给、向连锁零售商一揽子物流中心发货等功能。DC 负责进行分客户、分路线的商品分拨，然后装在混装托盘（堆装按客户分拣的商品）上，将其发往 TC。另外还承担直接向客户配送的任务。

TC 是为零售商及自动售货机供货的物流中心，原则上不持有库存，而是直接将 DC 送来的混装托盘装入卡车，进行门店配送（见图 19-1）。

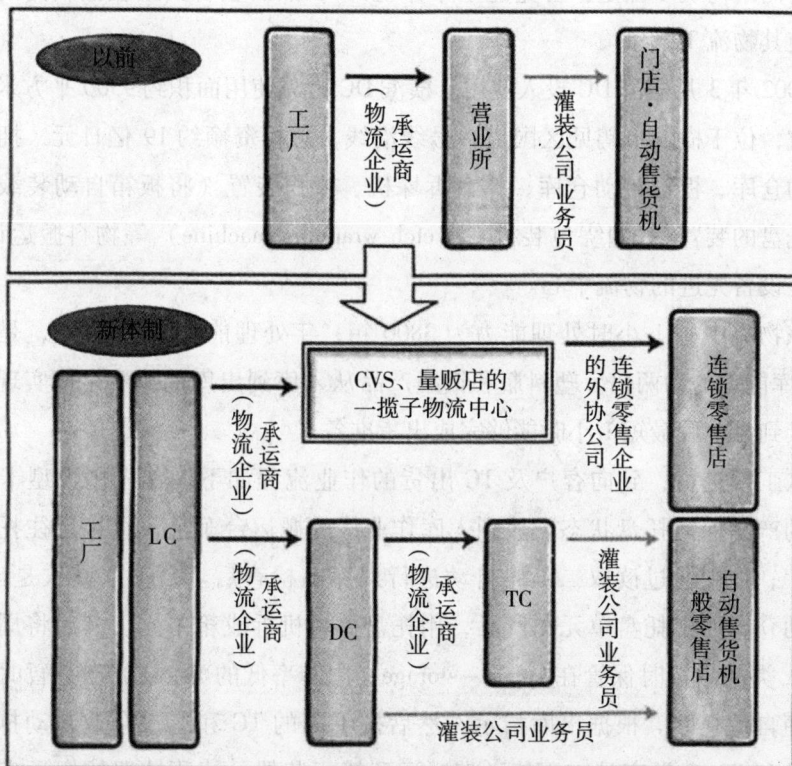

图 19-1 富士可口可乐的供应链

"物流网络构想"就是要将各种物流中心在三县内重新配置。具体来说，配置一所 LC、两所 DC、数十所 TC，旨在新的物流网络形成后，能够应对传统的夫妻店和连锁零售商双方的物流需求。

同时通过库存点的整合，降低全公司的库存水准也是目标之一。如前所述，以前富士可乐的 30 个营业所分别保有库存。加上为了对应消费者嗜好的变化，产品品种逐年增加，其结果是库存能力的持续增加倾向。

在新体制下，"保有库存的只有 LC 和 DC，整合了库存点，理论上产品库存也应该相应减少"（O 部长）。

往新体制的过渡是从设置 LC 和 DC 开始的。首先，1998 年海老名 LC 和秦野 DC 开始投入使用，随后 1999 年山梨县内各营业所的物流设施实施了 TC 化，2000 年实施了横滨·川崎地区自动售货机的营业网点物流设施的 TC 化。具体的网络构筑步骤是：首先建立库存型 DC，然后整合其覆盖范围内的营业所，使其物流 TC 化。

2002 年 3 月横滨 DC 投入使用。横滨 DC 为总使用面积约 9500 平方米的两层建筑，位于横滨市鹤见区国道一号线沿线，总投资额约 19 亿日元，拥有托盘自动仓库、板箱自动仓库、托盘拆垛机、棒积装置（将板箱自动装载入笼车或托盘的装置）、缠绕包装机（stretch wrapping machine）等物料搬运设备，是一座设备先进的物流中心。

该物流中心 1 小时处理能力为 3800 箱，年处理能力 1800 万箱，是秦野 DC 出库能力的约两倍。塑料瓶和铝罐产品从入库到出库的作业全部实现自动化，接到订单后最短 1 小时能够完成出货准备。

从工厂进货，到向客户及 TC 出货的作业流程如下。首先用大型卡车运送来的产品保持托盘状态，放到入库作业线的搬运台车上，直接运往托盘自动仓库，途中通过读取二维码自动进行入库前检查后上货架。其次是出库。从自动仓库取出托盘单元的产品，用托盘拆垛机拆成箱单元。其后将周转率高的 A 类产品暂时保管在 space - storage，周转率低的 B、C 类产品暂时保管在板箱自动仓库。根据出库指示，然后按不同的 TC 和客户企业自动拣选 A 类产品和 B、C 类产品，用传送带搬运到棒积装置。棒积装置按搬运来的顺序，将板箱码到托盘上。这样面向各 TC 及各客户的混装托盘准备完毕。最后，对混装托盘上的板箱用缠绕包装机进行防散乱处理后，搬运到出库区（见图 19 - 2、图 19 - 3）。

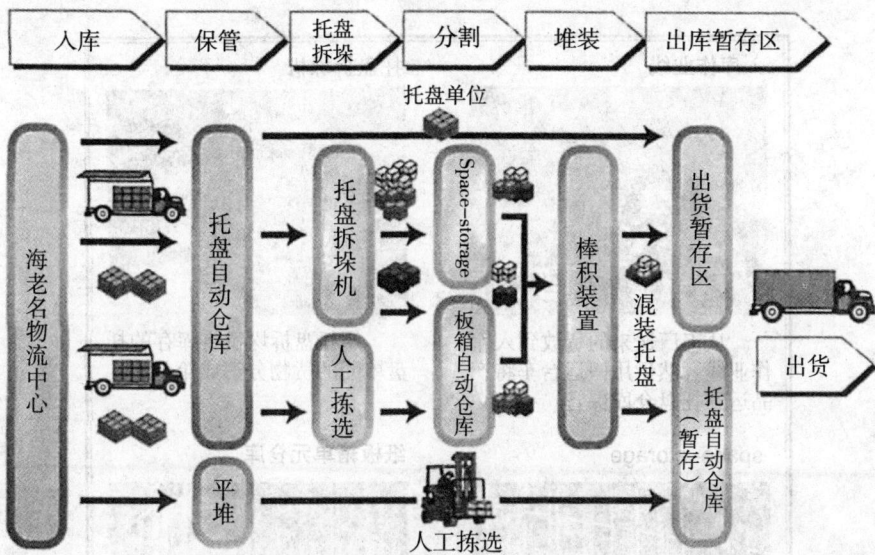

图 19-2 横滨 DC 的作业流程

在该公司的营业区域中，横滨 DC 覆盖的神奈川县东部地域的出库量最多的。该区域的物流按 DC ~ TC 进行整理后，2002 年以后预期可达到每年削减间接人工费等约 1000 亿日元的效果。

"横滨 DC 是'物流网络构想'最后阶段的项目。虽说整合末端物流基地的任务还有一部分没有完成，但可以说设施投入使用和资源再配置等工作在 2002 年就基本告一段落。对于连锁零售商的多频次、少批量的配送要求，已经能够充分应对，体制已趋完善"（O 部长）。

19.3　与中京可乐的企业重组

"物流网络构想"项目虽然基本完成了，但库存削减仍没有达到预期的目标。物流基地整合后，虽然流通库存有减少倾向，但关键的生产库存没有减少。造成大量不良库存的原因是未能提高新产品需求预测的精度。

另外还有一点当初也没有想到。一直到 2000 年年初，可口可乐在日本市场上采取的是一家灌装公司负责 3 ~ 4 个县市场的供应体制。但那些全国规模的大型连锁零售商大多开始实施了总部集中采购的方式，可口可乐原有的流通

入库作业线

从工厂送来的货放到入库作业线。然后用搬运台车将产品运到托盘仓库保管

托盘拆垛机

用托盘拆垛机将库存的托盘单元的货物分解成箱单元

space–storage

A类商品在space–storage暂存后拣选

纸板箱单元仓库

B、C类商品在板箱单元仓库暂存后拣选

缠绕包装机

将商品用棒积装置码堆到托盘上之后，用缠绕包装机固定防止散乱

出货

将按客户分拣的混装托盘装入卡车，运往TC

图 19 – 3　横滨 DC 的主要设备和功能

方式已经不适应大型连锁零售企业的采购方式了。

对此，日本可口可乐公司与各地的灌装公司共同出资设立了 Coca – Cola National Sales co.，Ltd（CCNSC），作为统一销售的窗口，以应对连锁零售商的总部集中采购需求。其结果是商流得以集约，但实际的商品供应仍从各地的灌装公司送货，因此产生了商流与物流的"扭曲现象"。

为了解决这种因区域内供需匹配体制引起的弊端，现在可口可乐集团大力推动灌装公司之间的合并和业务合作等改革。1999 年山阳可口可乐灌装公司和九州可口可乐灌装公司合并，成立了可口可乐西日本公司。还有几家灌装公司虽然没有实现合并，但相邻的灌装公司之间积极地相互利用生产、销售、信息资源，开展各个业务层面的合作。

2001 年 6 月，富士可口可乐与负责爱知、岐阜、三重三县业务的中京可口可乐共同成立了控股公司"可口可乐中部日本"。两家公司作为控股公司旗下的实体公司保留各自的独立性，但在生产、销售、物流等多方面建立起密切的合作关系，力求实现规模效益。

富士可口可乐罐装株式会社于 2005 年与中京可口可乐罐装株式会社最终正式合并，成立了可口可乐中部日本株式会社。2013 年，可口可乐中部日本株式会社再与东京罐装株式会社、三国罐装株式会社、利根罐装株式会社三家罐装公司合并，成立了可口可乐东日本株式会社，营业范围覆盖日本东部 13个都县（神奈川县，山梨县，静冈县，爱知县，岐阜县，三重县，埼玉县，群马县，新泻县，千叶县，茨城县，栃木县，东京都）。可口可乐东日本株式会社的官网为：http：//www.ccej.co.jp/。

思考题

1. 梳理一下富士可乐整合物流设施网络的背景和目的，并结合其他类似案例，讨论影响物流中心网络的规划及重新规划的因素。

2. 本案例中的横滨 DC 的自动化程度很高。思考该物流中心采用自动化程度很高的设备的必要性和合理性，并讨论物流中心的设备的自动化程度与货物种类、商流状况、物流服务要求等因素之间的关系。

3. 日本的可口可乐灌装企业为什么要进行大规模的合并重组？试从商流和物流等各个角度做简要的分析。

20 TAY TWO 的多元化战略与物流中心信息化改造①

【提 要】TAY TWO 在日本全国开设名为"古书市场"的旧书连锁书店。从 2003 年秋天开始，TAY TWO 公司引进单品管理系统来管理旧书库存，大大加强了物流中心的出货功能。物流体系的革新为该公司的多元化发展战略夯实了基础。此后 TAY TWO 销售的商品扩大到了新版游戏软件，还开始涉足网上销售业务。该企业官网为：http：//www.tay2.co.jp。

20.1 Media Complex 战略

从 20 世纪 90 年代开始，在日本涌现了许多新型的旧书连锁书店。在宽敞明亮的门店内，有简单明了的旧书收购系统，店内从畅销书到漫画各类书籍应有尽有，向顾客提供传统旧书书店所没有的各种服务，使其在出版业不景气的背景下依然实现了快速成长。

以连锁店方式销售二手书，TAY TWO 是这一新型商业模式的开拓者。该公司成立于 1990 年，在冈山市内开设了第一家门店，从此正式进入旧书市场。为了减少广告及物流费用，该公司采用了在同一区域内集中开店的"地区占优（area dominant）"方式。在京阪神（京都，大阪，神户），山阳地区（日本中国地区临濑户内海一侧）以及东京圈开设了 70 多家直营店。此外，还拥有一些特许加盟店及新业态门店。截至 2003 年 11 月末集团内店铺数共计 104 家（见图 20 - 1）。

---

① 原文执笔：内田三知代，翻译：谢蕊，监译和改编：李瑞雪

（单位：店）

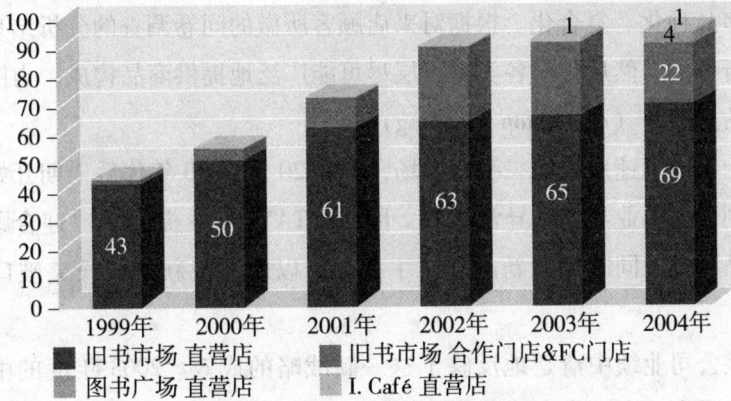

图 20 - 1 门店数的发展

　　TAY TWO 自成立以来业绩稳定增长，保持着每年两位数的涨幅。2003 年度总决算显示年总销售额为 228 亿日元，同比增长 19.3%（见图 20 - 2）。从 1999 年开始短短的四年间销售额翻了三倍多。这样的迅速成长应归功于该公司独特的 Media Complex 经营战略。

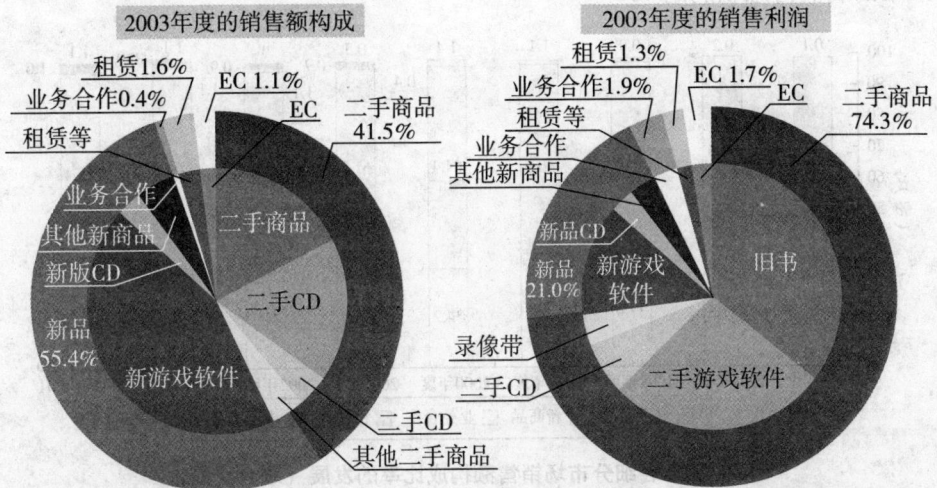

图 20 - 2　2003 年度（2003 年 3 月—2004 年 2 月）销售额构成和
销售利润构成（集团联合决算）

　　所谓的 Media Complex 战略，就是指"旧书市场"销售的商品不仅仅局限于二手书，还涉及新上市的游戏软件、音乐软件、影视软件等音像制品，实现业务的多品种化、复合化。根据对来店顾客所做的问卷调查的分析结果，将顾客层进行分类，然后针对各类顾客层尽可能广泛地提供商品构成，力图为顾客提供一站式服务（one – stop shopping）。

近十年内迅速成长的二手书市场，早在 20 世纪 90 年代后半期开始由于门店数的剧增使得业界竞争异常激烈。因此，TAY TWO 提出了"迎合顾客需求扩充商品种类，同时销售新品和二手商品，以此寻找新的成长突破口"的经营方针。

从该公司业绩中清楚地反映了这一新战略的成效。2003 年度的中期决算显示，二手商品占销售额的 41.5%，新商品占 55%，二手商品与新商品在销售额比率上已发生了逆转。虽然旧书的销售额有所增长，但与从前相比增长势头有所减缓，不足全体销售额的 1/5。新上市的游戏软件取而代之成为新的收益来源，在销售额构成比例上已经接近 50%（见图 20–3）。

但是如果从利润构成比率上看，又出现了与以上数字有所不同的景象。二手商品所产生的利润要占到 74%，远远超过新品利润。并且在二手商品中，旧书的利润占总利润的 40%。

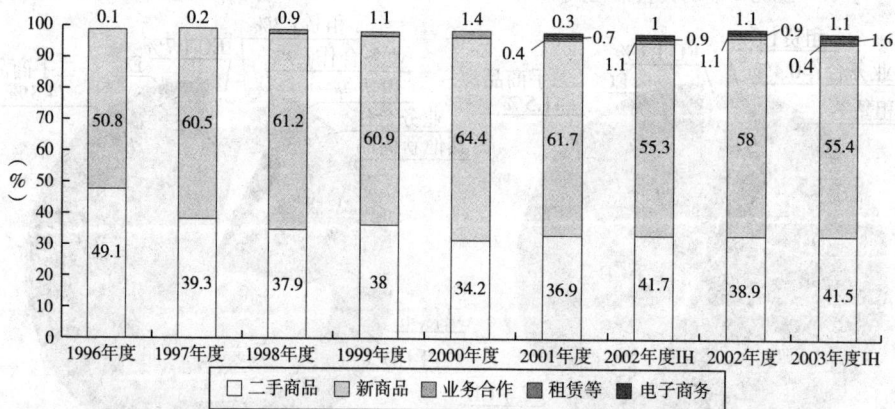

图 20–3　各细分市场销售额构成比率的发展（联合决算）

Media Complex 战略具体表现为：利用类似游戏软件这些可重复使用的商品提高招徕顾客的效果，在此类商品销售过程中尽量提高每位顾客的购买金额，同时通过利润率较高的二手商品来确保收益。从上述的业绩数字可以看出

Media Complex 战略取得了明显的成功。

TAY TWO 今后将继续推进此战略。通过扩大直营店的销售面积、寻找合作伙伴等方式积极发展门店数量。原则上门店的卖场面积要在 660 平方米以上。并且展开向音像制品租赁店及二手音像制品店提供二手书，通过互相提供商品等方式开展业务合作。

该公司 2004 年发表的到 2006 年的中期规划中，提出了"实现总门店数增加三倍，联合销售额达 380 亿日元"的经营目标。

20.2　为支持多元化战略进行物流改革

在这个开店计划中，也包含专门销售新版图书的"图书广场中部"和在网上交易的新型店"I. Café"。

2003 年 6 月，TAY TWO 入股位于三重县销售新版书籍的"图书广场中部"，将其变成自己的子公司，以此进入新书销售市场。同年 9 月又在三重县伊势市市内的永旺 LALAPARK 购物中心内，开设新店"图书广场 LALAPARK 店"，卖场面积达 1320 平方米。该店是一家不仅有十五万册左右新书，同时也销售新发布及二手音像制品的大型门店，成为 TAY TWO 的 Media Complex 战略向前跨越的具体步骤。

另外，2003 年 3 月直营新型店铺"I. Café"也在埼玉县八潮市开业。I. Café 以"第三代漫画吧（店内也提供咖啡和漫画的服务）"为营业理念，是 TAY TWO 开发的新业务领域。在郊外宽敞的 I. Café 店内，陈列了近五万册漫画供顾客阅览。通过"旧书市场"从消费者手中购入的旧书的一部分被用在这里，满足了顾客的新型需求。公司计划今后此类店铺将增开十家左右。

与此同时也积极开展电子商务，开始网上销售。2000 年 8 月设立"U‑book"，开始利用网路销售旧书、新发布及二手音像制品。这项业务 2003 年 10 月实现单月度黑字，营业收入稳定增长。另外在旧书市场积极推进实体店和虚拟店的结合，譬如顾客在 U‑book 网站上预约的商品可在"旧书市场"的门店取货。这类新型店或者网店的开展，是以旧书交易为中心开展多元化业务的

Media Complex 战略的重要环节。2003 年 TAY TWO 为构筑新的物流系统正式开始了全面的物流改革。

20.3　从类别管理到单品管理

在旧书市场上一般情况下，每个店从顾客手中买入的二手书就会在该店销售，这被称为"店内循环型"营业模式。因此除了畅销书和较为稀少的商品之外，经常会出现店内卖不掉的书积压库存的现象。TAY TWO 将这些剩余的书全部回收到物流中心，一边进行在库调整一边向其他门店配送，并且机动灵活地把这些二书手用到新开的 I. Café 店内供顾客阅览，提高营业效率。

以前在 TAY TWO 的物流中心，基本上按照该公司规定的商品种类为基准进行类别管理（category management）。也就是说，对于库存的把握并不能达到单个商品的程度，发货业务主要依赖大量熟练员工。但是这种管理体制遇到了很大困难。为了尽可能地扩大卖场，门店开始将物流中心作为存货场进行利用。结果出现一系列问题：剩余书从门店回收的频率增大，同时物流中心的出入库和库存量也增多。于是物流中心内的作业变得繁杂，拖延了发货时间。

在 2004 年 I. Café 开始运营时，有必要预先在物流中心预存 4 万~5 万本书籍作为各门店用的初期在库。物流中心部部长 I 先生当时就意识到："仅仅把握各类别的数量远远不够，不把握到每个单品图书有多少册的程度，就无法提供恰当的后方支援。"

另外公司还利用系统更新为契机开展了新的电子商务活动。以前子公司 U-book 有单独的库存进行网上销售。但就像前面所说的那样，自"旧书市场"和网上销售统合以来，物流中心内庞大的库存也可以灵活利用网络进行销售。读者通过网站进行商品库存检索以及购买。在检索过程中，如果没有能够即时提供库存信息的系统，交易将无法进行。因此物流中心必须引进以单品管理为基本要件的物流系统。

对于以游戏软件为主的音像制品，于 2002 年 4 月率先在门店导入了单品管理及即时处理的信息系统。通过此系统以及顾客信息管理系统，公司在音像制品销售方面有效防止了销售机会损失和降价损失，为"一对一市场营销（one－to－one marketing）"的展开奠定了基础。

这也是为什么在 2002 年日本全国游戏软件市场销售额比前年度下降了 8.6% 这种不景气的情况下，TAY TWO 的游戏软件销售无论新品或是二手商品都保持着 7%～10% 的良好增长势头的原因之一。

但与音像制品相比，二手书的种类要多得多。日本每年有 7 万多种新书出版，平时流通的出版物也有近五十万种，这些出版物随时都会流入二手书市场。进行单品管理的话就必须有一个庞大的数据库，初期投资相当大。由于此前 TAY TWO 考虑到书的单价太低，难以收回投资，所以在系统构筑方面一直很犹豫。

随着竞争日渐激烈，二手书市场已成熟化。TAY TWO 深刻地认识到，如果还是像以前那样从顾客手中买入商品后再在店中出售的话，公司业务将会停滞不前，因此必须寻找新的出路。把"旧书市场"的门店与 EC、漫画吧等新业务融合起来，开展相互密切关联的多元化经营，这将是一个颇有前景的发展方向。实施这样的战略就必须在供应链上做到单品管理，因此构筑新的物流系统事不宜迟。

20.4　将 ISBN 码运用到单品管理中

在新的物流系统中，单品管理的对象只是从门店回收到物流中心的商品。物流中心日平均进货达到 3 万册左右。入库时，扫描书上 ISBN 码来进行库存登记。

中心内的运营，根据拣选方法的不同运营方式分为两类。首先，面向 I. CAFE 的初期库存，按照每一品类（items）一册的基准进行。因此物流中心的发货指示达到单个商品的程度。读者在网站进行检索后订货的 U－book 的库存也需要同样的拣选方式。

在这种方式下，二手书被放置在书架上库存保管后进行拣选。二手书在入库时连同 ISBN 码和货位号一起绑定后采用非固定货位方式放置在书架上。然后物流中心通过无线区域网向手持终端发出指示，作业人员扫描 ISBN 码、核对货位号。

　　另一种方式是，对于新开张的旧书实体店的发货并不会精确到每一本，而是按照书籍种类进行发货。因此，存货时必须按照文艺、商业读物、系列丛书等分类后放置在不同的周转箱内。在数据信息方面，需要清楚显示各周转箱内有哪些类别书籍。运营管理方面，每一个周转箱都有固定的位置。发货时只需按照指示在各类周转箱内分拣出必要的册数即可（见图20－4）。

图20－4　物流中心的工作场景

　　在新的物流体系中，发往门店的货也通过周转箱进行，再将门店的剩余书放入空的周转箱内回收到物流中心。这样的方式使作业量大幅减少，提高了作业效率。I部长告诉笔者："以前对于库存的把握是最费力的一块。自从导入单品管理以后，便能够准确地把握入库到物流中心的库存，发货和拣选作业也能迅速完成，效果确实明显。"把剩余书回收到物流中心，再将其发出。这一系列的作业都能够顺利进行，门店之间的调货消除了库存偏在的现象。物流活动为防止销售机会的损失提供了有力支持。紧接着通过门店销售系统的终端查看库存的系统也即将整备并投入使用。另外为加快 I. Café 的开店速度并促进 U–book 销售额增加的支援体制也在积极筹备当中。

从 2003 年 9 月开始了新的物流系统，与此同时，物流中心内的业务整体委托给了冈山土地仓库公司。物流成本由固定费用变成了可变费用，目的是实现根据货物量的起伏波动能够灵活调整的成本结构。

消费品的二手货业务是不间断地从顾客手中收购商品后，设定合适的价格再卖出去的一种特殊流程。TAY TWO 根据这一独特的业务形态开发出的物流体系很有可能成为该领域的新的商业模式，因而受到了广泛的关注。

思考题

1. 整理一下 TAY TWO 公司的多元化经营战略的特征，分析其多元化战略的实施对物流体系和物流能力的新要求。

2. 结合全渠道战略（omni channel strategy）的有关最新研究成果，讨论 TAY TWO 公司的物流改革实践对于推动实体店与 EC（B2C）的融合战略有什么启示。

3. 根据你的实际工作经验或其他企业的实际案例，思考在图书影像类的物流中心里引进单品管理方式来处理在库会给具体的现场运营带来哪些变化？

21　RIGHT – ON 的一揽子物流方式①

【提　要】因为用来对抗优衣库流行热潮的 SPA（制造零售企业模式）化失败，RIGHT – ON 的业绩急速下滑。于是 RIGHT – ON 迅速放弃 SPA，回归到了原来的进货销售模式，同时重新规划了物流体系，向门店的补货改为以单品为单位每天补货一次的一揽子物流方式。此方法使库存周转时间缩短了 0.6 个月，毛利率上升了 7%，经常利润率超过了 10%。该企业官网为：http：//RIGHT – ON. co. jp／。

21.1　从 SPA 化的失败中吸取教训

RIGHT – ON 是以牛仔装为核心的大型休闲服装公司。该公司在 2005—2006 会计年度（2005 年 9 月—2006 年 8 月）的销售额为 953 亿日元。但其中自主开发商品的比例较低，从成衣商直接采购的商品占整体的 8 成。RIGHT – ON 以进驻大型购物中心内的门店为主，北海道至冲绳的全国范围在大城市和中小城市设有 400 家门店，其中关东地区最为集中。

近年 RIGHT – ON 取得了良好的业绩。2002—2003 年度（2002 年 9 月—2003 年 8 月）以来，销售额以每年 15% 左右的速度增长。同时门店数量也高速增多，在 2003 年为 229 家，2004 年为 261 家，2005 年为 315 家，2006 年为 373 家。今后计划每年新增 70 家店。RIGHT – ON 的经常利润率自 2003—2004 年度以来，也一直保持在 10% 以上（见图 21 – 1）。

RIGHT – ON 能取得良好业绩要归功于从 2002 年开始的企业改革，改革的契机正是优衣库流行热潮。优衣库在 1999—2001 年的销售额分别是 1110 亿日

---

① 原文执笔：森泉友惠，翻译：王亦菲，监译和改编：李瑞雪

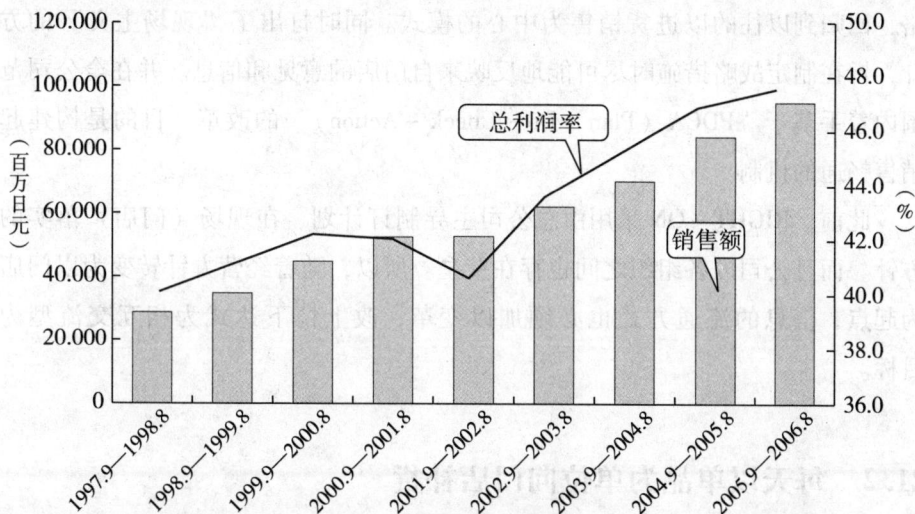

图 21-1　销售额和总利润率的变化

元、2289 亿日元和 4185 亿日元，销售额年年成倍增长。以摇粒绒为代表的优衣库自主开发的低价商品吸引了大量消费者。

由于优衣库的客户群以及产品线很大程度上都与 RIGHT-ON 的相重叠，RIGHT-ON 的业绩受到了很大影响。RIGHT-ON 此前每年以 20% 速度增长的销售额，在 2001—2002 年度降至 1.58%。6%~8% 的经常利润率也减半到 2%~4%。

想要扭转局面，RIGHT-ON 必须强化价格竞争力。但是与优衣库在直营店销售自主开发商品的 SPA 方式（Specialty store retailer of Private label Apparel，制造零售业）不同，RIGHT-ON 销售的商品有九成是从全国品牌（NP）的制衣商采购来的，因此成本的削减空间有限。

因此 RIGHT-ON 于 2001 年 8 月也开始实施 SPA 化战略。公司将此前以多个品牌名推出的自主开发商品（PB）统合为 RIGHT-ON 品牌，并将 PB 商品的比例提高到约 5 成。当时 RIGHT-ON 计划最终将 PB 商品的比例提高到 8 成。

然而，SPA 化的实际效果却事与愿违。由于 RIGHT-ON 公司内没有设计师和制版师，所以自主品牌商品的设计开发业务只能全部外包，而且要委托多家公司。其结果是：虽然同为 RIGHT-ON 品牌，但是由于承接设计开发的各公司在尺寸、颜色、素材规格上十分杂乱，造成了颜色风格没有统一感。

在 SPA 化开始半年以后的 2002 年 2 月，RIGHT-ON 决定终止 SPA 化战略，回归到以往的以进货销售为中心的模式。同时打出了"现场主义"的方针，旨在制定战略措施时尽可能地反映来自门店的意见和信息。并在全公司范围内着手基于"PDCA（Plan – Do – Check – Action）"的改革，目的是构建起销售畅通的机制。

此前，RIGHT – ON 采用由总公司主导制订计划、在现场（门店）落实的方针。而且公司内各组织之间也存在壁垒。所以，随着经营方针转变为以门店为起点，信息的流通方式也必须加以变革，改上情下达式为相互交流型为目标。

21.2　每天以单品为单位向门店补货

企业改革的核心人物是 2001 年 9 月作为 SPA 要员加盟公司的 U 部长。他回顾道："从当时已经开始的 SPA 化进程来看，那种方法是不可行的。如果 SPA 化想成功，必须从头开始培养人才。这最少要花费 2 ~ 3 年的时间。考虑到现实情况，终止 SPA 化是正确的决择。"

在 RIGHT – ON 的改革过程中，物流方面的目标是：构建"daily – follow"的商品补货体系，实现每天向门店以单品为单位的补货。以往都是由供应商直送到各个门店的。供应商数量有 200 家之多，配送和门店接货作业非常繁杂。

而且只有单个门店订货量累计到一定数量后，供应商才会送货。因而补货周期需要 1 ~ 2 周，有的甚至长达 1 个月。有急需补货的商品时，门店只好同时订购一些当前并不需要的其他商品来达到一定的订货量。

另外，店员也被繁杂的收货和核对作业所累。由于供货方利用不同的货运公司配送，所以许多时候门店一天要接货 3 ~ 4 次。收货工作一般都安排在接待顾客的间隙进行，对销售状况良好的门店来说是很大的负担。

"商品接连被送进来，如果不及时整理上架就会越堆越多。必须边接待顾客边收货，所以要绞尽脑汁安排时间和分派工作。"做过店长的 W 先生这样描述当时的辛苦。

在各个门店的后场，堆满了来不及验收的商品。因为想着等到每年两次的库存盘点时再来确认货物也不会出现大问题，所以许多工作经常被推后。

店员知道在后场有需要的商品，却不知道在堆积成山的货物里的确切位置。先进先出的原则更是无法贯彻，同样的商品店员们不愿意到货物堆里找进货日期早的，而是把眼前能看到的首先上架销售。

一方面，门店必需的商品没有在店面摆放，损失了销售机会；另一方面，又增加了不必要的库存，业务陷入恶性循环。

为了解决这个问题，RIGHT‐ON 建立起为门店适时提供必需商品的物流体系，而且必须尽量减轻门店收货工作的负担。为此决定引进一揽子物流方式，把各种商品集中送至门店。

最初经营管理层对是否导入这个物流方式很犹豫，因为他们怀疑设置一揽子物流中心会产生新的成本。针对这个疑惑，U 董事解释说可以采用向供货商收取物流中心使用费的方式。他还进一步分析指出，这一构想具有增加销售机会、提高库存周转效率、减轻门店负担使其集中精力进行销售工作等优点。最后这个构想取得了管理层的认可。

不过一揽子物流方式给供货商增加了新的负担，所以让供货商接受并配合并不容易。不少供货商断言，和 RIGHT‐ON 给出的物流中心使用费相比，采用直接配送到门店的方式成本更低。然而经过详细测算后发现，这些供货商并没有考虑包含劳务费在内的广义上的物流总费用。所以 RIGHT‐ON 给出的中心使用费并不高，况且一揽子物流还可以帮助双方扩大销售，增加利润。

21.3　九成的商品采用一揽子物流方式

2003 年 1 月一揽子物流方式正式开始实施。利用仓储企业伊泽公司运营的埼玉县川口市的 TC（通过型中心）作为第一个一揽子物流中心。同年 8 月，RIGHT‐ON 在大阪租借丸二仓库公司的设施设立了 DC 型（库存型中心）一揽子物流中心。进而在 2004 年 2 月、进驻位于千叶县市川市的丸二仓库公司 iBL 广场，设立了 DC 型中心（见图 21‐2）。

依托这些物流中心，一揽子物流体系开始运行。随着一揽子物流对应的供货商逐渐增加，从正式运行开始，到半年后的 2004 年 8 月为止，所有采购商品中的 40% 变为通过物流中心交货。

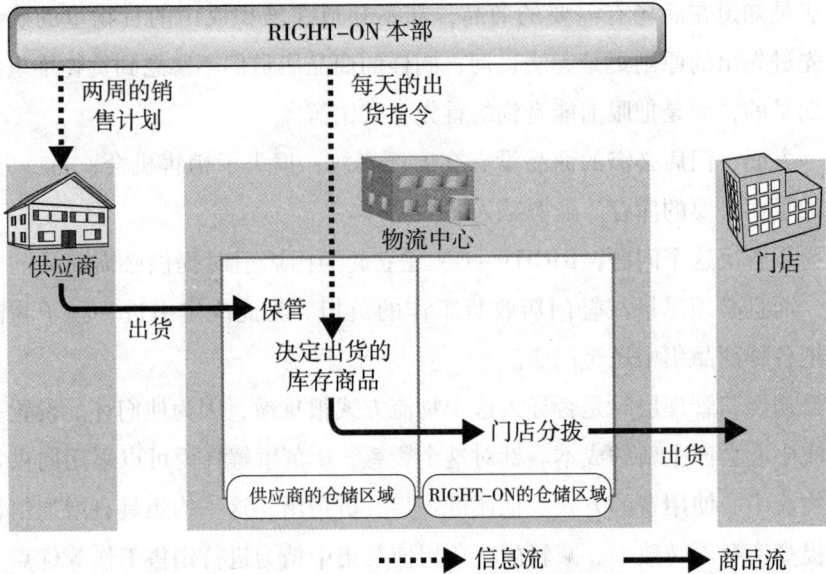

图 21 - 2 一揽子物流运营的示意

改革成果十分显著。物流团队的 W 先生告诉笔者："以往，年末年初和黄金周期间，由于供货商放假停止送货，门店没有办法补货。如今，无论供货商是否放假，门店都可以补货，所以能感觉到改为一揽子物流方式好处多多。"

此后在 2005 年，川口市的 TC 的功能移至伊泽公司在千叶县柏市的仓库，并把保管部分进口商品的自有仓库（位于茨城县）的功能也整合到了这里。目前 RIGHT - ON 已构成了以柏市、市川、大阪三处为物流基地的体系。三处基地分担不同商品种类，柏市承担上衣类、市川承担袜类和内衣类等小件、大阪承担下装。

至 2006 年 8 月，除了拥有自有物流网络的 Levi's 和 EDWIN，基本上所有供货商都改为通过一揽子物流中心送货，约占所有采购商品的 90%。

与构建一揽子物流体系同步的是，将以前由物流部门管理的自有仓库的运营全部外包。从一开始，RIGHT - ON 就决定不选择日通、SENKO、佐川等大型物流公司，而选择中等规模的伊泽和丸二仓库作为一揽子物流的承包方商，其理由是：两家公司在服装业的优势及他们与 RIGHT - ON 共同进行改革的决心。

U 董事告诉笔者："对于那些大公司来说，RIGHT – ON 只是众多用户中的一家。如果更换了业务负责人，之前建立的东西都有可能半途而废。本公司当时缺乏物流方面的技术和知识，所以我们认为必须选择那些有诚意将双方命运连接在一起的觉悟的合作伙伴。"

21.4　灵活运用 IT 技术优化库存管理

RIGHT – ON 同时也努力更新信息系统。以建立符合"畅销体系"的构成要素，即"五适"要求的信息系统为主要理念。"五适"是指"适时"（在需要时商品能短时间内进店）、"适品"（顾客希望购买的商品能进店）、"适量"（没有过剩库存，也不损失销售机会）、"适所"（方便选购的门店）、"适价"（合适的价格）。

以往的系统不仅各种模块之间无法联动，而且使用也不方便。于是，RIGHT – ON 导入了 SAP 的 R3 系统。并且，引入与 R3 相连接，用来处理"PDCA（Plan – Do – Check – Action）"各种模块的应用程序。

对应"P" plan 的计划系统采用了 JDA 软件公司的"Arthur"和日本综合系统公司的"Visual Merchandiser"。这个计划系统不仅能制订商品销售计划，而且可以让计划可视化，使全公司能共享管理层的想法及计划的相关信息。将经营计划、门店计划、商品计划、柜台计划等各种计划相互连接，形成了全公司能共享全局计划和门店层面计划的体系。

代表"D（do）"这部分的业务执行系统是用 JDA 的"PPM"。PPM 系统针对计划系统制订的销售计划，按实际销售情况，自动计算出处理方法和推荐值。并且具备根据这些数据，防止畅销商品缺货和滞销商品过剩，优化库存的功能。PPM 也减轻了处理商品订货、门店间商品分配、补货、门店间调货等业务的负担。

对应"C（check）"的部分，导入了 Business Objects 公司的 Business Objects XI 系统。此系统与其他系统配合，监控各类 KPI（Key Performance Indicator，主要业绩评价指标）和销售动态，并进行可视化处理，在发生异常时发出警告。

日本 Business Objects 公司的市场部经理 A 先生表示："以往，客户常抱怨分析数字数据需要花费大量时间。如果客户使用 XI，就能在需要时调出必要数据，并且非常易懂。所以用户对使用体验评价良好。"

整个新系统灵活应用在连锁经营活动中。在销售季之前用计划系统建立采购计划，决定各门店、各 SKU 的初次投入量。进入销售季并开始销售以后，"PPM" 系统对照原计划和实际业绩，根据销售情况采取对策。如果畅销，就大量订购商品及推迟预定的降价时间，并避免缺货。

相反地，如果出现滞销，就取消订货，提前降价清仓。例如：去年年末将库存的羽绒服从一揽子物流中心大量出货，一次性清仓。在物流中心任职的丸二公司的 R 先生说："因为今年是罕见的暖冬，二月初已经感觉进入春季，所以真是佩服 RIGHT – ON 的判断。"

一揽子物流的运营体系还有以下变化。首先，RIGHT – ON 公司总部通过专用网页，向约 200 家供货商提供两周内的销售预测数据。两周中按一周时间间隔，每周滚动更新销售预测信息。供货商接到这个信息后，按每周一次的频率，向物流中心交货。物流中心将货物作为库存储备以后，等待 RIGHT – ON 的指示发货。

出货的单位量是按照 SKU（最小库存管理单位）的水平。能对应一双袜子、一副太阳镜的需求。每天深夜，各家门店的出货需求数据通过 RIGHT – ON 总部发送到物流中心。次日清晨，物流中心按照这些数据拣选货物，并移动到同一设施内属于 RIGHT – ON 的区域。此时，货物所有权移交给了 RIGHT – ON。原则上，属于 RIGHT – ON 的区域不保管货物，立刻按不同门店分拨送货。

从按不同商品划分的三处物流中心发货，到向门店交货的业务，全部外包给佐川物流公司。虽然是由不同的物流中心发货，但是由于佐川物流集中上门送货，所以门店方面每天只需收货一次即可。以往门店收货时所做的验货工作，现在都改为在物流中心出货时完成，因此大大减轻了门店收货工作的负担。货物一送到门店就可以直接开箱上架。

RIGHT – ON 的努力呈现出很好的效果。门店的补货周期缩短了 1 ~ 2 周，交货周期长的商品的交货周期甚至缩短了 1 个月以上。库存周转周期从 1.77 个月降至 1.17 个月，缩短了 0.6 个月。门店陈列了应有的商品，各个门店内积压的存货没有了，店员也能集中精力全力以赴接待顾客销售商品。

虽然没有测算出销售机会损失的减少所带来的具体效果，但是销售额是明显增加了，并且利润率也大大改善。毛利率从 2002 年 8 月决算期的 40.5%，上升到了 2006 年 8 月决算期的 46.7%，增加了 7.1%。一度低迷至 2.39% 的经常利润率，连续三个年度都上涨了 10% 以上。

21.5　强化与供应商的信息共享

U 董事自豪地告诉笔者："成功的主要原因是，现场工作人员能很好地完成本职工作。并且，RIGHT－ON 不是漫无目标地前进，而是最初就提出了明确的战略。有了明确的战略，接下来只需要奋勇前进。从绘制蓝图开始，合作的仓储公司就经常给予建议，公司内部也都向同一个方向努力。虽有自吹自擂之嫌，我们还是为付出的努力感到骄傲。"

为了进一步推进与供应商的信息共享，使供应链整体更加高效，RIGHT－ON 又开始了新的尝试。RIGHT－ON 开始向约 200 家供应商即时提供销售计划和实际业绩信息的分析结果。

以往，销售额实际情况等信息都由相关负责人发电子邮件给供应商的对口负责人，但是发送的原始数据是没有分析结果的，供应商必须自行分析各种数据。因为信息分析基础的升级，以及考虑到信息安全，RIGHT－ON 建立了供应商能通过网络直接得到分析结果的系统。

今后，RIGHT－ON 还希望通过这个系统，掌握供应商的生产情况等信息，进一步加强与供应商信息共享。

思考题

1. 结合本书中其他关于一揽子物流方式的案例，比较不同业态和商品在应用该方式上的异同。

2. 梳理一下 RIGHT – ON 在引进一揽子物流方式时，还强化了哪些互补性经营资源和经营活动？从经营战略理论以及物流管理的角度分析其合理性和必要性。

3. RIGHT – ON 与优衣库在商业模式上的本质区别和共通之处在哪里？

第三部
物流中心的现场改善

22 ASKUL 的物流中心改革①

【提　要】一度被搁置的名古屋物流中心的建设计划最终得以实施，于 2004 年 9 月作为 ASKUL 的第 6 所物流中心正式投入运营。这里采用了不同于该公司前几所物流中心的管理方式。中心内的几乎所有业务，包括作业人员的劳务管理都由 ASKUL 自己来管理，并实现了基于各作业人员劳动生产率水平的报酬体系。公司官方网站为：http：//www. askul. co. jp/。

22.1　重新启动的名古屋物流中心的建设

　　ASKUL 是一家成立于 1993 年的网购邮购企业，从专门销售文具起家，发展迅速。到 2005 年最新目录上已经登载了约 17600 种商品，其中文具类占 25%。公司的业务范围已从文具扩大到了各种办公用品。公司名称"ASKUL"的日语意思是"明天到"，表示该公司把"翌日送达"的服务标准作为对客户的承诺，由此就不难看出其对于物流的重视。

　　该公司的销售对象以小规模企业（Small Office Home Office，SOHO）为主，遍布日本全国。登记的客户数大约有 200 万家。创业以来，公司把如何降低小批量高频度商品的配送成本作为物流能力的重要要素之一。在"翌日配送"的服务水平的基础上，目前 ASKUL 希望通过扩大"当天配送"的范围，更好地为客户提供便利。为了实现这一目标，公司计划设立名古屋物流中心。但在做了慎重周密的模拟测算后发现：物流中心的土地租金等成本要远远超出因降低运送成本和缩短配送距离所获得的利润。

　　ASKUL 2000 会计年度（2000 年 6 月—2001 年 5 月）的决算前，公司大幅下调

---

① 原文执笔：冈山宏之，翻译：李英实，监译和改编：李瑞雪

了对业绩的预估。2001 年 1 月日本文具行业最大企业国誉株式会社（KOKUYO）也成立了 B2C 网站 KAUNET，与 ASKUL 开始了正面竞争。创业以来快速持续发展的 ASKUL 面临了停滞的压力。这些因素导致 ASKUL 不得不慎重考虑是否应该投资建设中京地区（以名古屋为中心的日本本州中部地区）的物流中心。虽然公司的业绩很快又回到了持续增长的轨道，在名古屋建设新的物流设施的计划被搁置了。

之后的很长一段时间，该公司把主要精力都投入到了东京 DCM（Demand Chain Management）中心的筹备上。不过考虑到中京地区庞大的市场规模，寻找合适地产的工作并未中断。对于 ASKUL 来说，在名古屋设置物流中心只不过是时间上的问题。2003 年 4 月 ASKUL 与大型物流地产商安博公司（PROLOGIS）开始正式接触探讨合作方式。在此之前 ASKUL 也向很多家地产商和仓储企业发出合作邀请，但得到的却大多数都是缺乏可行性的提案，无法满足 ASKUL 的实际要求。相比之下 PROLOGIS 公司提出的方案比较合理，满足 ASKUL 提出的要求，不仅可供选择的设施数很多，而且租金也十分接近 ASKUL 设定的范围。

2003 年 11 月，ASKUL 与地产商 PROLOGIS 签约，在 PROLOGIS 持有的用地上新建 ASKUL 专用的物流中心，租期 10 年（见图 22 - 1）。这种合作方式符合 ASKUL 公司对于成本等各项要求，双方一拍即合（见下表）。

所在地：日本爱知县东海市　占地：18991m²
仓库面积：31.100m²　卡车月台：42个
总投资额：13亿日元（包含租赁金额※仅ASKUL的部分。PROLOGIS的土地、建筑物的投资额未公开）　出租方：PROLOGIS PARK名古屋
开始出货日：2004年9月　员工人数：约150人　年吞吐商品的销售额：最高200亿日元　供货商：约400家

图 22 - 1　ASKUL 名古屋物流中心的设施概要

ASKUL 物流设施的设立状况

时　期	内　容
1995 年 5 月	在埼玉县入间郡设立了"所泽物流中心"（1997 年 7 月迁至东京中心）
1996 年 8 月	在大阪市住之江区设立了"大阪中心"
1999 年 7 月	"东京中心"迁移到东京都江东区辰已
1999 年 9 月	为了扩大规模"大阪中心"动迁
2000 年 7 月	在宫城县仙台市设立了"仙台中心"
2000 年 9 月	在福冈县糟屋郡设立了"福冈中心"
2001 年 4 月	在神奈川县横滨市设立了"横滨中心"
2002 年 4 月	在东京都江东区青海设立了"DCM 中心"
2002 年 6 月	按计划关闭了辰已的"东京中心"，与青海"DCM 中心"合并
2004 年 9 月	在爱知县东海市正式运营"名古屋中心"，由 ASKUL 自己管理物流业务

22.2　物流外包的局限

在以 SOHO 为目标市场的 ASKUL 的商业模式中，实现极小批量高频度货物的低成本移动，是其物流战略的重要要素之一。原有的几个物流中心都是与高水平的专业物流企业合作，将中心的运营管理大部分委托给这些专业物流公司。在此期间，ASKUL 也用心积累了大量物流经验，并与高端物流企业联手，不断改进仓库管理系统（Warehouse Management System，WMS）的功能，提高物流装备（Material Handling）的效率。2002 年建设东京 DCM 中心时，把现场的管理委托给物流公司的同时，派遣了公司内部的管理人员常驻在物流中心与现场工作人员一起进行 QC（Quality Control）活动。但当时的认知还停留在建筑物等硬件设备为物流系统之关键，物流活动重点都放在了货物的移动上。WMS 系统也是以物品的移动技术为中心，为更好地控制货物移动而开发的。

公司的董事 S 先生等高层渐渐认识到这样的物流方式的局限性。"在物流过程中能带来差异化竞争优势的是物流中心的现场能力。必须提高每一个作业人员的技能，实现奖勤罚懒，否则就无法提高物流的整体效率。但是原有的物流中心的现场运营管理大多委托给外部的物流公司，ASKUL 难以介入对作业人员的考评和他们的报酬体系。"

带着解决这样的问题的意识，在物流外包盛行的今天，ASKUL 开始了与其完全相反的实践，即新的物流中心由 ASKUL 自己负责管理。ASKUL 独自管理名古屋中心内 150 名员工。原承接物流中心内部业务的物流企业变成为负责派遣员工的外协公司。ASKUL 希望通过在名古屋物流中心的尝试，获取和积累提高物流现场能力的知识。如果能设计和使用包含有劳务管理功能的一整套物流现场作业管理系统，就可以提高作业人员的劳动积极性，使全体的生产效率得到根本提升。对于经营网购邮购事业的 ASKUL 来讲，这样的改革才能真正与竞争对手形成差别化，成为公司竞争力的源泉。

22.3　对应生产效率的报酬体系

想要达到 ASKUL 的改革目标，前提是正确地把握每一个作业人员的生产效率。但是在依赖物流装备（Material Handling Machine）的现有作业流程下，很难准确地掌握每个人的生产效率。正因为如此，名古屋中心由原来的数码拣选（Digital Picking，DP）和小件分拣等方式，全部改为使用无线区域网（Local Area Network，LAN）的手推车拣选方式（Cart Picking）。采用 Cart Picking 方式，可以随着货物量的波动灵活地增减作业人员，而且每个作业人员都可以独立完成拣选过程。这样的作业形式可以准确地把握每一个作业人员的生产效率，而且在发生错误时更容易找到原因。与重视物流设备的作业过程相比，更容易使作业人员的问题可视化（见图 22 - 2）。

ASKUL 在名古屋中心导入了被称为 PMS（Productivity Management System）的管理系统，与 WMS 一样都是 ASKUL 自己开发的管理系统。通过该系统可以自动获取每个人的作业内容、作业成果以及劳动效率等相关信息。在系统内事先设定好每小时应该完成的作业目标数值，然后对照实际完成的结果来管理作业人员。这样的做法容易让人误以为 ASKUL 是想采用冷酷无情的成果主义手法机械地管理员工行动，以此来扩大收益降低成本。但事实上该公司追求的并

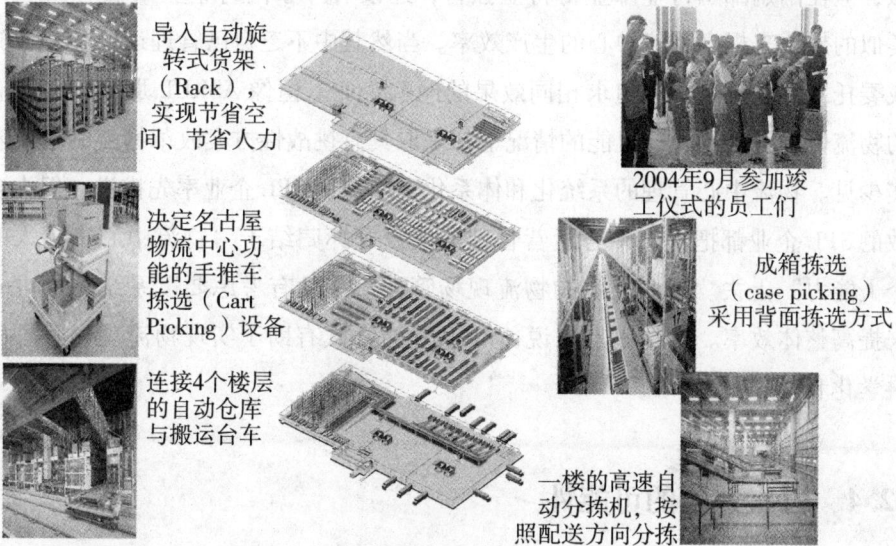

导入自动旋转式货架（Rack），实现节省空间、节省人力

决定名古屋物流中心功能的手推车拣选（Cart Picking）设备

连接4个楼层的自动仓库与搬运台车

2004年9月参加竣工仪式的员工们

成箱拣选（case picking）采用背面拣选方式

一楼的高速自动分拣机，按照配送方向分拣

图 22 – 2 ASKUL 名古屋物流中心的内部

不是成果主义。恰恰相反，ASKUL 是希望通过这样的管理，给员工提供一个可以按照自己的节奏工作的职场环境。

S 董事解释说："按照已经被固定化的计时工资的标准来看，想要提高作业效率只能把效率低的人赶走。但如果可以根据每个人的劳动生产率灵活地调整计时工资标准，就能实现不管是生产效率高的人，还是低的人都可以在同一个生产现场工作。如今日本已进入老龄化社会，工作的老人会越来越多，如果能创造出让老人可以安心工作的环境，有利于本公司竞争力的增强。"

ASKUL 实际调查了使用 Cart Picking 方式的业务处理速度，惊人地发现速度慢的人与快的人，一小时内的处理量相差近 3 倍。存在如此大的效率差距，如果继续沿用原有的劳务管理方式，很难给每一个作业人员公平的待遇。导致效率高的人越来越怠慢工作，无法提高效率的人只能被辞掉的恶性循环。名古屋物流中心希望通过最新的 IT（Information Technology）技术，变革原来的劳务管理框架。

ASKUL 这些举措与制造企业的生产革新以及零售商的门店营运革新很相

似，但在网购邮购行业却显得特立独行，还没有一家同行企业采取与 ASKUL 类似的想法来提高物流中心的生产效率。当然其中不乏自己管理运营物流设施或委托专业物流公司以追求相同效果的网购企业。但像 ASKUL 那样，在既有的物流体制有效地发挥机能的情况下却采取具有挑战性方案改革物流的事例着实少见。物流中心管理的系统化和体系化本应该由 3PL 企业率先推进，但大多数的 3PL 企业都把物流中心运营管理的成败好坏归结于"物流中心负责人的个人能力"上去。这些企业的物流现场管理，并没有考虑要以系统化的方式来提高整体效率。从这一点来说，ASKUL 的尝试有助于实现物流现场管理的科学化和合理化。

22.4　再次外包的可能性

名古屋中心使用的 PMS 系统不仅进行数据的收集分析，与出勤管理系统也是相互连接的。PMS 系统是该公司社员参与 DCM 中心的运营时开发的系统，可以根据作业员持有的 IC 卡，自动地把握每一个作业人员的行动履历。同时与限制个人出入区域的保安系统也联在一起。

现在名古屋中心面临的课题是：怎样利用这些收集起来的数据，构筑起可以提高作业人员的生产能力与生产积极性的管理模式。

如何解决这项课题，要求的不仅是 IT 软件的开发，更重要的是怎样构建业务改善的 QC 活动框架，构建对应作业人员多样性的考评报酬体系。这是一个没有先例的尝试，成效大约需要一年的时间来观察确认。

即便能建构一个有效的管理模式，收回业已外包的物流中心由自己管理的可能性也很低。S 董事谈道："当然对于今后建设的物流中心，会考虑自己运营还是外包。但是已在运营中的物流中心不考虑更改为内部管理化，因为如果改变管理方式就等于要把现场的作业人员也换掉，换掉那些熟练工，显然不是一个明智的决定。"

ASKUL 的物流管理正处于过渡期。将来也许物流中心的一些区域还会委托给外部企业来管理，但通过这次的改革得到的经验和知识，必将会成为该公司重要的经营资源之一。现在公司需要看清改革是否真正能提高生产效率。

22.5　把物流管理磨炼成为企业核心能力

ASKUL 的发展速度是惊人的。2004 会计年度（2004 年 6 月—2005 年 5 月）的集团联合决算下的营业额预计达到 1420 亿日元（比前期增长 11.1%），企业扩张势头丝毫没有衰退的迹象。虽然已经成为日本网购邮购业界的龙头企业之一，仍然还保持每年两位数的增长速度。

本案例所描述的多为名古屋物流中心的劳务管理改革，但这些都是在已有的丰富的经验和资源积累下才得以实现的。例如，提供向顾客当天或隔天配送服务的运输网，与生产商合作进行供需调整等等。创业以来，ASKUL 做了大量与物流相关的创新和积累。

特别是在防止断货的前提下抑制库存方面，供需调节的方法显示了强大的竞争优势。这样的管理方式得益于 ASKUL 是与最终顾客直接交易才能顺利实施。比如在名古屋中心，把负责配送的地方分成 6 个区域来管理。从过去的实际销售额来预测 17600 种商品在接下来的 6 个月的销售量。而且每周都要按各个区域、各个单品（SKU）的销售数量进行销售量的预测。正是因为积累了庞大的实际销售数据，预测工作可以达到很高的精度。

ASKUL 向 400 多家供应商公开销售数据，通过与供应商的信息共享，有效地压缩了库存并降低了断货率。ASKUL 把上述工作用 IT 进行了标准化，这样一来，尽管每次更新目录都会更换数千种类的商品，但都能做到顺畅自如。事业起步以来磨炼了十年的供应链管理能力在日本全国已达顶尖水平。

ASKUL 一方面追求商业模式与高端 IT 技术，另一方面又坚持"最重要的是在现场和现场的员工"。这才是该公司强大的真正源泉。从 ASKUL 的本社设在物流中心内就如实地反映了这句话并不是口号式空话。2001 年 ASKUL 本部从东京的文京区搬到了江东区的东京物流中心的五楼（见图 22 - 3）。足见物流对于该公司来说是何等核心的业务。

ASKUL总部在东京物流中心的5楼

从外观很难想象的漂亮的内部

图 22 - 3　位于东京都江东区的 ASKUL 总部

名古屋物流中心在本文截稿时尚未显现出具体的成效。但是即使退回到外包模式，通过这次改革所得到的经验也将对 ASKUL 将来的物流中心运营管理发挥重要的作用。

思考题

1. 网购企业与实体零售企业在物流中心的功能设计、物流基地布局等方面有哪些异同？从企业经营战略、物流服务、物流作业效率等角度去思考和讨论。

2. 结合本文的案例和企业经营战略理论（如 RBV 理论），讨论物流能力与企业竞争优势形成之间的关系。

3. 思考物流现场能力的意义，并讨论企业如何才能提高物流现场能力。

23　康奈可的运营改善活动[①]

【提　要】康奈可（Calsonic Kansei Corporation，CK）是日本著名的大型汽车零部件生产企业。该企业在雷曼危机的影响下曾一度业绩大幅滑落。为了迅速扭转困境，强化企业竞争力，康奈可从 2009 年大力开展运营改善活动。以研发部门为中心组建了专门负责推进改善活动的团队，通过削减产品品种数、重新规划物流网络、削减工厂人工成本等措施，着力消除与生产直接相关的各种变动成本中的浪费，达到了平均每年节约一百多亿日元成本的效果。该企业官方网站为：http：//www. calsonickansei. co. jp/english/index. html。

23.1　研发人员常驻工厂

日本大型零部件公司康奈可受 2008 年秋雷曼危机影响，2008 年度决算业绩大幅滑落。集团销售额比上年减少约两成，营业赤字达 167 亿元。这是该公司 40 年以来首次陷入赤字。但康奈可的业绩很快就实现了 V 字好转，恢复了元气。

2010 年度该公司的业绩大幅回升，实现 195 亿日元的营业利润（见图 23 - 1）。主要原因是最大的客户企业（也是其母公司）日产汽车公司的生产量大幅增加，带动了 CK 的销售额增加。除此之外，CK 于 2009 年 4 月开始在全公司范围内开展的改善活动 "MTCR"（Monotsukuri Total Cost Reduction）对于企业绩效好转也是贡献甚巨。

[①]　原文执笔：冈山宏之，翻译：王晓华，监译和改编：李瑞雪

从2009年4月正式起步的MTCR活动的经过

| 2008 | 2009 | 2010 | 2011 | 2012 |

雷曼危机

MTCR活动
对雷曼危机之后V字业绩恢复的贡献
对于在那之前的财务体制强化的贡献

2009年4月—
作为临时性组织设立

MTCR特别推进本部

MTCR=Monotsukuri Total Cost Reduction

2011年4月—
常设性组织

全球MTCR
推进本部

MTCR=Mono Tsukuri
Challenge Runner

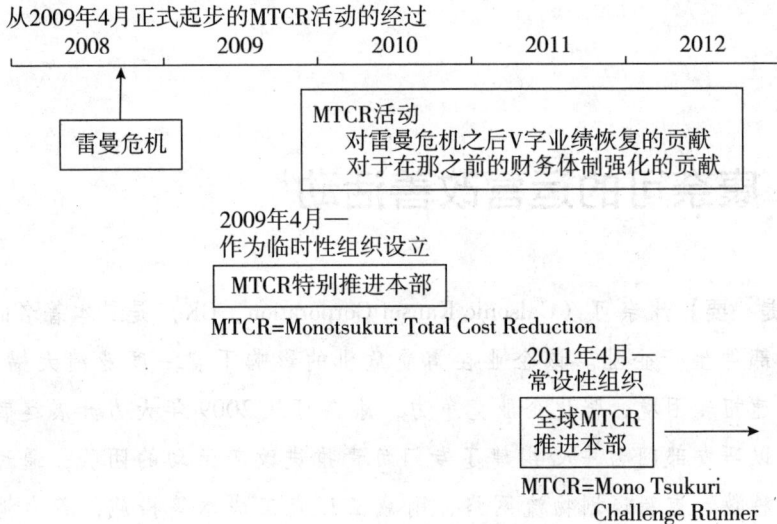

图 23 - 1　康奈可的业绩及库存的推移（联合决算）

其实在落入营业赤字的第二年度（2009 年度），尽管销售额继续下滑，但营业损失已经压缩到了 57 亿日元。这主要是开展为降低成本的各项改善活动的成果。公司成立了"全球 MTCR 推进本部"，作为负责改善活动的团队，由一名常务执行董事任本部长（F 先生）。这位常务执行董事在接受笔者采访时十分感慨道："改善活动不设禁区。每年可削减一百多亿日元的成本，效果十分明显。"

康奈可的 MTCR 具有与其他企业改善活动不同的几个特征。最令人感兴趣的是研发部门扮演活动的中心角色。2009 年 4 月"MTCR 特别推进本部"成立时，专职人员大约有 100 人，其中大部分来自于研发设计部门。

F 常务董事介绍说："人员组成的 3/4 来自研发部门、1/4 来自生产技术部门。这样的人员构成之后一直没有太大的变化。这些人深入现场督促推动各项改善活动。现在日本国内有 31 名 MTCR 特别推进本部的人员常驻在各工厂。在制造企业，类似我们这样的做法是很少见的，这可以说是 MTCR 活动最关键之处。"

MTCR 活动的对象领域非常广。从整个供应链物流的优化到采购业务，可以说与康奈可的生产活动相关的所有变动成本都在需要改善的视野之内。并且无论是什么方面的改善，其活动能带来多大效果，都要用财务目标值来衡量，这是一条根本原则。在这一原则下，财务部门每月都要评价改善活动的效果，各部门共享改善活动的各种数据。量化评价、数据共享是康奈可的 MTCR 的特征之一。

在解决问题的方法上，CK 特别强调以下三点。①基于"三现主义"的彻底的现场主义；②打破部门间壁垒的跨职能化；③公司首脑参与的领导委员会（steering committee）。

"三现主义"指的是：不停留在本本上的空论，而是实际到"现场"观察"现物"，解决"现实"中的问题。许多日本制造企业信奉并贯彻"三现主义"，给企业带来了强大的竞争力。这一点广为人知。但是能把"三现主义"落实到研发部门，通过把该部门的很多成员派到工厂常驻的方式来彻底改善现场，这样的事例在日本也并不多见（见图 23-2）。

康奈可的业绩及库存推移（联合决算）

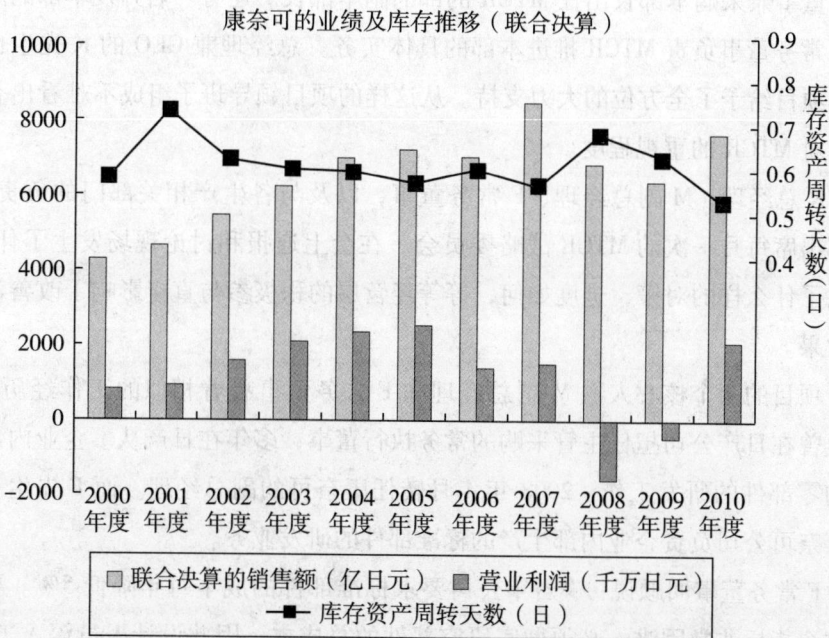

图 23-2　基于"三现主义"减少浪费的 MTCR 活动

关于跨职能化，其实是借鉴了母公司日产汽车公司 1999 年开始"日产复兴计划"时采用的"CFT（跨职能团队）"的做法。日产的 CFT 多以 40 多岁的中坚员工为核心成员，找出了一条摆脱各部门局部优化，实现企业全体优化的有效途径。CK 在开展 MTCR 活动时，也同样不拘泥于现有的组织框架。在现场发生的产品质量问题，原因大多来自于其前后的工序中。因此为了找到原因，解决问题，跨职能化起到了非常重要的作用。

23.2　经营层大力支持活动

MTCR 活动之所以成果显著，还得益于有企业高层参与的领导委员会做后盾。经营层不认真对待的改善活动往往都会半途而废，因为一旦分管的董事、部长发生人事变动，相关项目马上就会陷入停顿。但是在康奈可，改善活动从 2009 年 4 月一开始就一直由执行董事、副总经理兼开发本部长的 M 先生亲自主管，担纲 MTCR 特别推进本部长。而且另一名副公司总经理兼生产本部长和专务董事兼采购本部长出任 MTCR 的部的副本部长。还有一名开发本部的副部长 F 常务董事负责 MTCR 推进本部的具体实务。总经理兼 CEO 的 K 先生也对这个项目给予了全方位的大力支持。从这样的项目领导班子组成不难看出企业高层对 MTCR 的重视程度。

K 总经理、M 副总经理、F 常务董事，以及与各生产相关部门的负责人，全部出席每月一次的 MTCR 战略委员会。在会上通报和讨论现场发生了什么，采取了什么样的对策，进度如何，等等经营层的积极参与直接影响了改善活动的效果。

项目的两个核心人物 M 副总经理和 F 常务董事有着相似的工作经历。M 先生曾在日产公司担任主管采购的常务执行董事，多年在日产从事企业内部生产的零部件的研发工作，2008 年 4 月转任康奈可的副总经理。而 F 先生一直在康奈可公司负责企业内部生产的标准部件的研发业务。

F 常务董事回顾说："当年公司要求标准部件的成本每年降低 5%。要实现这个指标非常困难，必须彻底研究部件的总成本。因此设计人员深入工厂，必要时还要与供应商交涉。我和 M 都亲身经历了这段降低成本的历史，深知其中的方法手段。正因为如此，我们后来可以以同样的方法快速推进 MTCR 活动。"

本来 MTCR 特别推进本部并不是改善活动的实际执行部门，而是推进改善活动的角色。日常实务由现有的职能部门担当。无论高层如何挥动旗帜，实务部门不实行的话，也就没有结果可期待。并且，跨职能部分的活动有时可能超越实务部门的权限，极易与现场之间发生冲突。

康奈可的工厂以及其他现场最初也对改善活动有抵触情绪。在 MTCR 特别推进本部里辅助 F 先生的 T 主管没有像 M 副总经理和 F 常务董事那样的职务经验，最初对他们指出的现场浪费很难从心里真正认同。离开现场的配合想推进改善活动根本不可能，但在这种情况下，要得到现场的合作真的是非常困难。

T 主管这样回忆当时的处境："因为上面让我们有问题就去问现场，所以频繁地前往工厂。可是工厂又误会我们总是用上级的身份命令他们干这干那。这种僵局持续了有 3 个多月。但是有一次我们为了现场作业效率的改善更改了图纸，情况一下子发生了转机。之后，他们主动来跟我们提出各种要求和希望。"

以前在公司的生产现场，大家都认为向上流工序要求什么没有意义。但随着开发人员深入工厂，听取他们的各种要求之后，逐渐发生了变化。MTCR 的人员在其中起到了润滑油的作用，部门间的壁垒被一点点打破了。

23.3 尽可能地减少运输，不断提高物流业务的合理化水平

使企业摆脱赤字状态是 MTCR 的重要目标，因此物流费用的削减十分关键。而物流成本的降低离不开与负责物流实际业务的 SCM 部门的配合。实际上 MTCR 一直是与 SCM 部门通力合作，共同开展这项活动的。

在推进物流合理化中，公司提出了"减少运输""集约运输""减少仓库""改良过度包装"等一系列简明的口号。这些目标仅仅靠 SCM 部门很难实现，而 MTCR 的积极参与，使物流效率得以大大提高。

例如，在短短两年时间里，日本国内的仓库就由 27 处压缩到 14 处。另外还会同采购部门一起先详细排列出从供应商采购货物的运输路线，然后本着"地产地消"的原则尽可能地提高在同一地区的采购比例，从而大大缩短了运输距离，有效地推动了采购物流的效率化进展。

在 MTCR 特别推进本部负责物流效率化工作的 S 主管告诉笔者，当初为了

打消现场的戒备心理也是伤透了脑筋。后来通过对某个产品的生产工厂进行调整，大幅度地缩短了运输距离，使工厂认识到改善的实际效果，与SCM部门才逐步建立了互相协作的良好关系。

"其实在现场有很多关于调整生产场所、减少过度包装等物流合理化的各种想法。但是要把目前某个工厂正在生产的产品改到另外一个工厂去，这样的变更实施起来非常困难。不过通过我们的协调，各部门之间逐步建立起了相互信赖的关系。"

在销售物流方面，与主要客户合作开展了各种改善活动。比如，向日产建议重新设定送货次数，使物流中转基地大大减少。这一举措直接带来了前面提到的仓库数减半的效果。

CK还通过改善包装努力提高物流合理化程度。在海外工厂生产的压缩机运往客户企业时，卡车车厢的上半部分会残留有难以被利用的空间。为了解决这个问题，利用逆向工程手法，追溯到上流工序，重新设计产品包装，将托盘上的堆垛由的5层改为了6层。卡车装载率得以大幅提高。

还有一个改善包装的例子。CK对一些不必要的过度包装进行重新设计，使1箱的产品装填数由原来的18个增加到30个。以前总是担心产品损伤而导致过度包装，这方面还有极大的改善空间。

效果最为明显的改善是售后零部件的品种的削减。如果不采取有效措施的话，零部件生产商负责供应的售后零部件的品种数，随着整车厂新车型的增加，就会不断膨胀，库存和运营的成本也会随之增加。对物流部门来说，成本压力只会越来越大。

为了削减售后零部件物流的成本，CK从2009年开始就致力于品种的压缩。通过与日产协议，从设计阶段推动零部件的共通化以削减品种数目。MT-CR在其中发挥了核心作用。

23.4　从削减成本到强化生产

MTCR的活动领域逐步扩大。第一年主要集中在消除日本国内工厂的浪费上，从第二年开始扩展到了海外，通过提高现地采购率等根本性措施，降低了物流成本。由于逐步地扩大改善活动对象的范围，MTCR 从未出现无事可做的状况，持续不断地扩大成果。

2011 年 4 月改善活动迎来了第三年，进入了第二阶段。康奈可决定将组织常设化，同时将至此使用的活动名称 MTCR（Monotsukuri Total Cost Reduction）改为 MTCR（Mono Tsukuri Challenge Runner）（见图 23 - 3）。

基于三现主义，消除浪费的MTCR活动
■ Cross function的改善活动（根本对策）
以三现主义为原则，将信息反馈到从客户到生产现场的所有与生产相关的流程中，从现场消除浪费

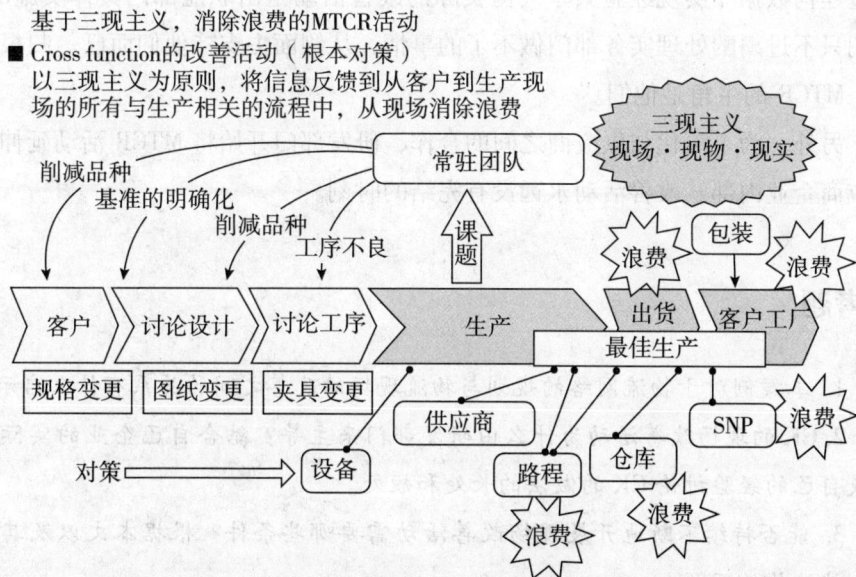

图 23 - 3　开展 MTCR 活动的经过

名称更改了，但 MTCR 这个已经在业务中用习惯了的简称保留不变。活动的目标由最初的扭转业绩削减成本转变为面向未来强化企业体质。F 常务董事非常豪迈地告诉笔者："当初在我们的活动中，没有强化生产提高企业竞争力的指向。而现在我们要让 MTCR 有助于使本公司成为顶级的优良企业。"

随着活动的不断深入，MTCR 特别推进本部也调整了自己的角色。活动的核心依然由研发部门的人员承担，但规定原则上专职从事 MTCR 的人员两年后要回到原来部门。目的是将现场的经验反馈到研发业务中。通过这样的部门之间的人员交流，不仅仅消除已有的浪费现象，更期望能在上游工序就消除浪费的源头。

康奈可也强烈意识到人才教育的重要性。F 常务董事说："我们在考虑能

否制定一种像'黑带'那样评价活动推进人员的方法。"黑带是指质量管理手法六西格玛中一种资格的名称。在欧美许多国家的企业，普遍认为完备的人事评价体系能够提高活动水平。

不过 F 常务董事同时强调，活动的成果并不能归属于推进 MTCR 的人，"我们只是起到了使活动开展起来的触媒性作用，当然也负责执行和督导，并通过建构数据库实现经验共享。但实际的改善活动是由职能部门具体实施的。我们只不过斟酌处理实务部门做不了的事情，从侧面去支持他们而已。归根结底，MTCR 的主角是他们。"

另外，为了深化与供应商之间的合作，研发部门开始将 MTCR 活动延伸到供应商企业内部。改善活动永远没有完结的时刻。

思考题

1. 本案例对于物流网络的规划与物流现场的改善之间的关系有什么启示？

2. CK 的现场改善活动为什么由研发部门来主导？结合自己企业的实际状况或自己的经验讨论 CK 的做法的长处和短处。

3. 能否持续不断地开展现场改善活动需要哪些条件？根据本文以及其他案例谈谈你的理解。

24　COOP 神户的物流外包[①]

【提　要】多年来一直坚持物流自营化的 COOP 神户 2000 年开始转变了方针，陆续将物流业务外包了出去。2004 年和 2005 年新设立的 3 所大型物流中心都委托给了大型食品批发企业运营。在"个配"业务（送货上门业务）方面，食品批发商两巨头的国分和菱食（三菱食品的前身）在同一地点分别承接运营温度带不同的物流中心，各显其能，激烈竞争。COOP 神户的官方网站为：http：//www. coop - kobe. net/index. html。

24.1　用四年时间全面革新物流基地

日本最大的生活协同组合（即消费者供销合作社，简称生协或 COOP（译者注））COOP 神户的物流在 2000 年以后发生了巨大变化。以前他们都是自建物流中心自己运营，包括用地都是自己所有。现在这种自营化方式被彻底改变，转向了全面外包。同时又把分散在各地设立的物流设施集中到了两个地点的 4 所设施内（见下表）。设施的集约为门店业务和送货上门业务打造了必要的物流基地。

COOP 神户在 4 年时间设立的 4 个大型物流中心

	设施名称	运营	功能及其他
1	鸣尾浜配送中心（2001 年 11 月正式运营）	COOP 神户的物流部负责管理，库内作业委托给一家关系企业	"支持门店事业的常温物流基地"。处理大约 5.5 万 SKU 的商品。按门店/大类分拣出货。物料搬运系统引进 TKSL 的设备

---

① 原文执笔：冈山宏之，翻译：黎雪，监译和改编：李瑞雪

续 表

	设施名称	运营	功能及其他
2	鱼崎浜冷冻冷藏集配中心 （2004 年 6 月正式运营）	菱食（一部分委托给全国农业协同组合联合会（JA 全农））	"支持非门店事业的恒温物流基地"。将原来分散在 3 处（深江，玉津，稻美）的设施集约到一起。对包括生鲜 3 品、日配品、面包、熟食等约 550SKU 的商品，根据会员的要求进行分拣
3	鸣尾浜低温物流中心 （2005 年 4 月正式运营）	日本 ACCESS	"支持门店事业的恒温物流基地"。对包括生鲜 3 品、熟食、日配品、冰激凌、冷冻食品等约 3000SKU 的商品进行按门店分拣。年通过商品额约 300 亿日元。全部采用笼车配送
4	鱼崎浜干货集配中心 （2005 年 10 月正式运营）	国分	"支持非门店事业的常温物流基地"。将原来分散在 4 处（深江，玉津，稻美，新港）的设施集约到一起。除干货食品（加工食品，米，酒，点心糖果）以外，还处理生活用品、住居用品、服装等商品

COOP 神户 2004 年度的供应额（相当于一般企业的销售额）是 2806 亿日元。其中门店业务 1901 亿日元，其他非门店业务（团购和送货上门）792 亿日元。仅商品销售业务就有 2700 亿日元，如果与经销的商品构成相似的食品超市比较，这样的业务规模是可以与 Yoku Benimaru 或者 Maruetsu 等大型食品超市相匹敌了。如果再把承接物流业务的大阪北生活协同组合（COOP 北大阪）也包括进来，销售规模就更大了。

COOP 神户仅在兵库县境内就运营着大大小小超过 150 家的门店。为了支撑这些门店的业务，必须拥有与大型连锁零售企业同等水平的先进的物流功能。同时，COOP 的非门店业务又要求具备有别于门店业务的物流功能。如何提高采购物流的效率？如何使近年来增长迅速的送货上门业务的物流得以提升？为了应对这些问题，COOP 神户决定转变物流业务的基本方针，实施物流业务全面外包。

放弃物流自营主要有 3 个原因。一是为了把自身的经营资源集中到门店业务及非门店业务等主业上；二是为了尽量把固定成本变成可变成本以改善资金流动性；三是外部的 3PL 企业迅速发展，服务水平不断提高，物流环境发生了很大变化。COOP 神户的物流部长 O 先生认为，近年来出现的一些优秀的 3PL 企业，他们拥有的物流技术是 COOP 神户自己无法企及的，物流外包已经是一条必行之路。

把物流全部外包这个想法可以追溯到许多年前。COOP 神户于 2001 年 11 月大幅度革新了支撑门店业务的常温物流基地，即鸣尾浜配送中心的功能。在那时候就有了将物流业务外包出去的构想，但当时那个项目是在自己拥有的用地和建筑的内部重新装修，所以就把库内作业业务委托给了一家关系企业（近似子公司的企业，译者注）。

而最近两年来相继建成的三个物流中心，从设施的建设到现场管理都外包给了大型食品批发企业。通过物流招标，各物流中心的运营分别委托给了日本最优秀的几家中间流通企业：菱食、国分和日本 ACCESS。本案例主要考察这三个基地中的支撑非门店业务的两个物流中心。

24.2 "御用闻"（上门推销）→团购→"个配"

生协的非门店业务包括团购（即协同采购）和送货上门（即"个配"）两种。协同采购指 5 户左右的会员小组统一采购，商品一起送到小组代表那里，然后会员自己分商品。"个配"则指商品分别送到下订单的会员家里。近年来随着消费者意识的变化，日本全国范围内"个配"业务不断增长，从团购转向"个配"的趋势越来越明显。

生协的门店业务由于陷入了与连锁经营的零售企业的激烈竞争之中，在日本全国各地大多低迷不振，而"个配"业务的拓展却令人注目。生协的招牌对于获得消费者的信赖和支持发挥了极大的作用。门店业务萎缩和非门店业务增长的趋势在日本的关东地区表现得更加明显，许多关闭了门店业务的中小规模生协，在"个配"业务上表现不俗。

在这一点上，COOP 神户的战略转换则略显迟缓。作为日本最大规模的生协组织，诞生以来已有80多年历史，其规模和传统阻碍了迅速跟上时代潮流的步伐。

COOP神户所在的县叫兵库县。生协在该县发挥了远远超出在日本其他都道府县的作用。COOP神户的会员数达到123万人，相当于兵库县总人口的22%，跟日本全国平均的15%相比，入会率相当高。每个会员平均购买额也高出全国平均值5成左右，可见生协在该县扎根之深，影响之广。但也正因为如此，使得COOP神户在经营上缺乏了足够的灵活性。

其实COOP神户从80年前的1921年开始就开展了一种叫"御用闻"业务。这一业务形态可以称得上是"个配"业务的原型。"御用闻"的业务人员定期挨家挨户地访问各会员家，听取订货要求，并送货上门。这一业务形态支撑了初期COOP神户的发展。但是当时的"御用闻"业务并没有得到任何系统化的支持，业务成本占销售额的比例极高。所以1970年年末，为了使业务效率化，COOP神户开始有意识地推动"御用闻"形态向团购形态的转换。到了20世纪90年代末，团购业务占非门店业务的9成左右。

但是具有讽刺意味的是，就在这期间消费者反而又变得偏好单独送货上门，即"个配"服务。因此COOP神户尽管与其他地区的生协相比晚了一步，1998年以后也开始大力开展"个配"业务，只是长时间来形成的商业习惯很不容易一下子改变，"个配"业务虽然发展很快，但到2006年，约7成的配送和约6成的供应额（销售额）仍然来自团购业务。

"个配"和团购的物流运营在原理上是可以在同一个设施和系统上完成的，只要建构能高效处理"个配"的物流设施，也就能对应团购的物流。不过当时既有的物流设施早已经年久陈旧，处理能力业已饱和，所以COOP神户决定建构专门针对非门店业务的物流设施体系。

那时候非门店业务的物流基地分散在4处，常温商品从这4个基地出货，冷冻冷藏商品从其中的3个基地出货。COOP神户决定按不同温度带把物流业务集约起来，并分别外包给外部的物流企业，以提高物流作业水平。在选择物流企业时采用了招标方式。竞标的结果是，冷冻冷藏品的基地委托给了菱食株式会社（三菱食品的前身）运营，干货品的基地委托给了国分株式会社运营。

24.3   菱食承接了冷冻冷藏品以及农产品的物流业务

COOP 神户在 2002 年 10 月为选定非门店业务的恒温物流基地"鱼崎浜冷藏冷冻中心"的运营承接企业，举行了物流招标。COOP 神户的管理层考虑到，"会员们对于食品安全要求越来越高，因此品质管理最为重要。所以就决定先建设冷藏冷冻中心"（O 部长）。另外还考虑到将来把商流和物流一揽子外包的可能性，所以特意重点邀请了食品批发企业前来参加竞标。最终选定了在物流中心的开发和运营方面都很优秀的菱食作为合作伙伴。

对于菱食来说，这是第一次和 COOP 神户合作。菱食在面向门店的一揽子物流中心的运营方面有着丰富的实践经验，但对于生协的非门店业务的物流却非常陌生。实际上在此之前，菱食没有运营过按人分拣货物的宅配型物流中心，处理农产品、日用品、冷冻食品物流的经验也并不丰富。所以，菱食把"全农"（全国农业协同组合联合会）请到基地里，让全农参与该项目的蔬菜加工业务。

基地建设花了差不多两年时间。在此期间的技术开发对于菱食自身也具有很大意义。当时菱食正在制定一项将物流网络实现全线（full－line）化的战略（起初只限于食品领域）。首先是在公司自己的横须贺全线物流中心（2004 年 5 月投入运营）内掌握了处理以板箱为单元的全线商品的技术。这次又通过 COOP 神户的项目开发了处理拆零拣选全线商品的技术。此后不久，菱食就把这些技术应用到菱食自己的九州全线物流中心里了（2005 年 4 月投入运营）。

菱食在设计开发鱼崎浜冷藏冷冻中心的作业系统时，选择了与自己多年合作的物料搬运设备制造商 DAIFUKU（大福）来一起开发，而并没有与在提供生协"个配"业务的物流设备上有骄人成绩的 Toyo－Kanetsu Solutions（TK-SL）合作。尽管一切都几乎从零开始，但所有的开发成果都可以不断地反馈到企业自身的技术革新中（见图 24－1）。

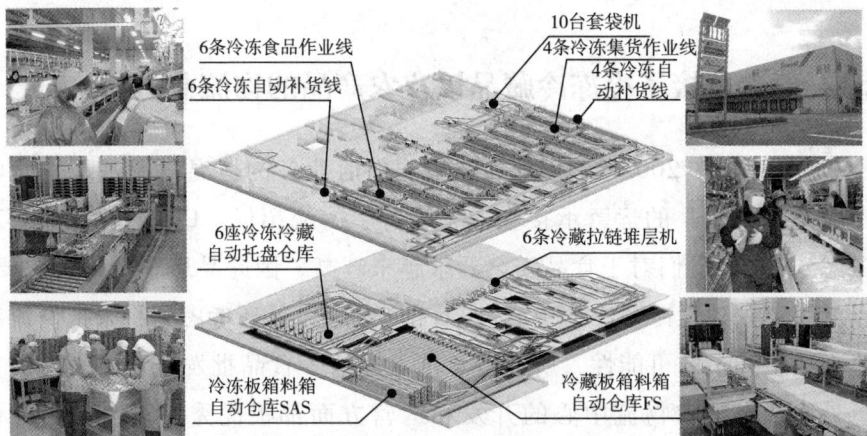

图 24 – 1   COOP 神户的鱼崎浜冷冻冷藏集配中心（菱食株式会社运营）

　　COOP 神户的"个配"业务的流程是这样的。在两星期前把标准格式的空白订单送到各会员家里，然后在一星期前回收填好后的订单。订单信息在总部汇总后向供应商订货。物流中心在每个作业日的上午接收供应商按订货总量送来的货物后，当天就按订单拣选并发往配送点（Delivery Depot）。平均每天的出货量达 13.7 万只配送用料箱（平均重量 4.3kg）。

　　菱食必须在严格的温度管理的条件下迅速处理如此庞大的物流量。而且冷冻食品、冷藏食品、日配品、农产品的适温带都不相同。在确保商品的温度不会下降的同时，又必须尽可能地减轻作业人员的身体负荷。为了达到这些要求，菱食开发了许多有效的方法。

　　例如，冷冻品要在拣选作业开始数小时前由供货商送到，并立即投放到冷冻自动仓库中，在这里冷却到 –25℃。根据拣选作业的进展状况，以箱为单位向分拣线上补货。补货货架内的温度是 –11℃，与相邻的分拣线之间用充气门帘隔开，这样就保证了作业人员可以在 –5℃ 的环境下作业。

　　"冷冻食品在补货货架内放置的时间最长不超过 45 分钟，在这个时间内完成分拣作业的话，冷冻食品的温度就不会高于 –21℃。我们在物流中心内采取了许许多多既改善作业环境又保证作业品质的措施"，菱食公司的物流本部鱼崎浜专用物流事业所所长 H 先生非常自豪地告诉笔者。

　　在很多企业的一揽子物流中心里，板箱自动仓库常常用于按大类交货

（category delivery）作业。但是在这里，板箱自动仓库的用途完全不同，主要是起到从自动托盘仓库向分拣线上自动补货的时间调整功能。由于菱食大量地应用了自动化技术，送往每个会员的商品的作业履历都能一一把握。菱食在这个中心内开发并确立了货真价实的恒温物流运营系统。

24.4 国分承接干货物流中心的运营

于 2005 年 10 月开始正式运营的鱼崎浜干货集配中心是又一个支撑 CO-OP 神户非门店业务的物流基地。这个中心和菱食负责运营的物流中心建在同一个地点，除了常温食品以外，还处理住居用品、服装等多类商品。该中心是委托给当时日本最大的食品批发企业国分株式会社。在选定运营商的招标过程中，COOP 神户积极地邀请菱食以外的食品批发商也参与物流竞标，所以才会导致这样的共处局面。批发企业能与具有代表性的 COOP 神户开展合作，对于其将来的发展无疑会起到良好的直接或间接影响。COOP 神户也正是利用了这一点，在不同的业务领域与多家批发企业合作，其手法堪称巧妙。

承接这个项目使国分向自己未知的领域跨出了一步。国分对于"个配"业务完全没有经验，甚至与生协之间，之前除了曾做过一些和门店有关的业务以外，几乎很少有交往。但是考虑到今后业务扩大的可能性，还有为了赶上竞争对手菱食，国分当时就决心拿到这个项目。

2004 年 2 月以来，国分和 COOP 神户每周定期开会讨论中心内的作业体系的详细设计。COOP 神户为了支持设计的顺利进行，把过去的实绩和不足等数据毫无保留地提供给了国分。

国分选择了在生协的"个配"业务上经验丰富的 TKSL 作为物料搬运设备的供应商。另外又引进了其他地区生协已经采用并行之有效的数码拣选系统。这些设备在很多物流中心都用于高频度商品，因此国分将其改造，使之能够适用于低频度商品。与国分以前的物流中心相比，在这个设施内，明显地引进了大量的物料搬运设备，属于重装备的物流基地（见图 24 - 2）。

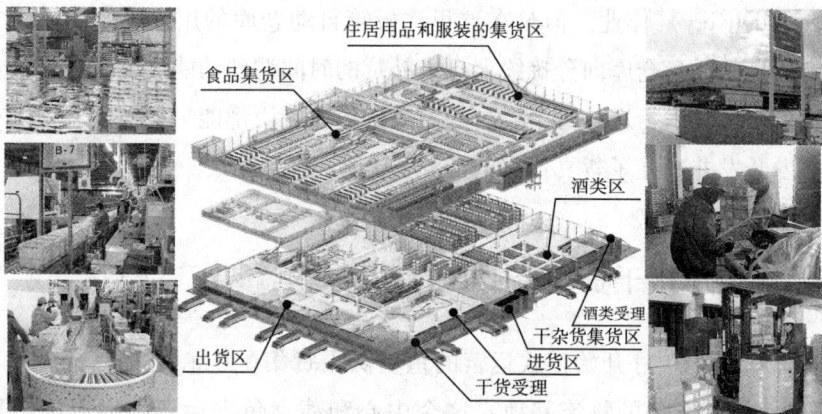

图 24 – 2　COOP 神户的鱼崎浜干货集配中心（国分株式会社运营）

"这个中心平均一天要拣选 3 万票商品，所以每天都要争分夺秒，不敢有丝毫懈怠。Order – Pitch（处理一只配送用周转料箱的速度）要是慢了零点零几秒就有可能会导致整个中心加班一个小时。考虑到正式开始运营以来尚无时日，所以作业人员配备得比较多。今后如何逐渐优化人员配置是目前面临的主要问题之一。"负责 COOP 神户的鱼崎浜干货集配中心的日常运营的国分的 D 所长在 2006 年 1 月曾这样告诉笔者。

正式投入运营后不久的 2005 年年末，因大雪造成了些许影响，但除此之外没有出现大的混乱局面，基本上日常运营都很顺利，住居用品和服装的处理也逐渐熟练起来。国分非常希望能够凭借在这个中心的成功经验，今后不断获取承接各地生协的物流业务。

虽然这个中心只处理常温品，但在品质管理上的要求与冷藏冷冻品处于同等水平。现在对于加工食品的消费期限也需要进行非常严格的管理。COOP 神户规定：进货的商品如果其保质期已经低于出厂时的 30%，则禁止入库，一律退货。所有的商品在入库时都要严格检查并登记保质期。

思考题

1. 结合 COOP 神户的经验以及交易成本理论，讨论企业在选择物流业务自营还是物流业务外包时应考虑哪些要素。

2. 从 COOP 神户的鱼崎浜冷冻冷藏中心和干货集配中心的经验中，我们可以得到哪些关于物流中心运营设计（operation design）上的启示？

3. 根据本文的案例以及其他类似案例，试分析商品特性、顾客需求特性、供应商特性等因素对物流中心设计的影响。

4. 在冷冻冷藏物流中心的运营中，有哪些关键要素技术？根据本文的案例，试做一下梳理和分析。

25 KASUMI 的现场改善活动①

【提 要】 KASUMI 是日本的一家食品超市。总部设于茨城县筑波市。其店铺以茨城县为中心，分布在千叶县（23 家）、埼玉县（25 家）、栃木县（8 家）、群马县（5 家）以及其他关东地区，总计 147 家店铺（2013 年 7 月 17 日）。2004 年该公司引进了丰田式现场改善活动，获得了显著成效。参与这项活动的各物流协作公司相继在"全日本物流改善案例大会"中获奖。KASUMI 的物流部门在这项活动中发挥了核心作用，有效地促成了公司首脑以及物流协作企业的积极参与。彻底贯彻"全员参加"的方针使这个困难重重的活动得以坚持下来。企业官网为：https：//www.kasumi.co.jp/。

25.1 连续两年获得 "物流合理化奖"

KASUMI 作为日本的食品超市，到 2013 年 7 月为止已在以茨城县为中心的地区拥有 147 家门店，其物流现场改善活动尤其著名。JILS（日本物流系统协会）举办的"全日本物流改善案事大会"中，KASUMI 于 2010 年和 2011 年连续获奖（见图 25 - 1）。2010 年获奖的 TL - Logicom 公司土浦分公司是承接 KASUMI 的"中央流通中心"库内业务的单位。2011 年获奖的三公货物卡车公司则是承接 KASUMI 第二大物流中心"岩濑流通中心"运营的单位。

KASUMI 的物流部门从 2004 年起开始实施丰田流的现场改善活动。当初由 KASUMI 的物流部门主导的这项活动，近年来已经逐渐转移到各物流协作公司中。承接 KASUMI 物流业务的 4 家物流公司在 KASUMI 的物流部门的指导督促下开展了持续不断的改善活动（见下表）。

---

① 原文执笔：冈山宏之，翻译：张延航，监译和改编：李瑞雪

	物流合理化奖	物流合理化鼓励奖
2010年	"KASUMI中贯DC 通过出货物流量的JIT化实现库存总量的控制"（SBS集团TL Logi-Com公司的北关东营业部土浦支店主任）	"减少分拣失误及组织结构改革(冷库库内篇)"(三共货物汽车KASUMI岩濑流通中心中心长)
2011年	"与相关部门的3个协作～3PL的作用～"(三共货物汽车KASUMI岩濑流通中心中心长)	"通过交货台车管理系统的构建削减事务处理时间"(SBS集团TL Logi-Com公司的北关东营业部土浦支店主任)

图25－1　全日本物流改善案例大会（JILS 主办）的常年获奖企业

KASUMI 公司改善活动大事记

1980 年 8 月	"KASUMI 中央流通中心"（CDC）投入使用。一开始只有干货的通过型中心（TC）功能
1984 年 7 月	CDC 内设置了冷链食品通过型中心的功能
1988 年 3 月	在 CDC 内开设的"KASUMI 干货中心"（由国分公司承接运营的在库型基地）正式开业
2003 年 8 月	KASUMI 公司在接受丰田自动织机的技术指导下，开展了门店改善活动
2004 年 6 月	鉴于 CDC 日显狭小，起用了第二基地"KASUMI 岩濑流通中心"
2004 年 8 月	在门店开展改善活动之后，物流部门也在丰田自动织机的指导下开始引进改善活动。经过半年的指导后，开始独立开展该活动
2009 年 4 月	2003 年起步的门店改善项目接近尾声。以中层管理人员为对象以改善企业体质为目的的新项目"蜕变项目"正式启动
2010 年 6 月	物流部门"现场报告会"上发表的案例中，有 2 家物流协作企业的案例在 JILS 的"全日本物流改善案例大会"上获奖
2011 年 6 月	继上一年获奖后，在 JILS 的"全日本物流改善案例大会"上又有 2 家物流协作企业的 2 个团队获奖

丰田式的现场改善活动被许多企业引进，但大多流于形式，不能收到实际成效。KASUMI 的物流部门却将其落地生根，连丰田公司的有关人士都对此感到惊叹，称之为将丰田式改善活动持续下来的为数不多的案例之一。KASUMI 的执行董事兼物流部部长 M 先生在分析成功的原因时认为："丰田公司如何如何做的并不重要，关键是我们自身要身体力行，彻底贯彻。否则如果仅依靠物流合作企业的努力，改善活动是无法进行下去的。所以我们从一开始就提出了'全员参加'的方针，现在也是这么做的。正是依靠这样的一个体制下的通力合作，才使我们能够克服东日本大地震时的混乱。"

只要了解了这一项目的具体内容就会明白"全员参加"并不只是一句口号。KASUMI 的物流部门每周一都会召开各物流协作企业改善活动负责人参加的"改善委员会"。另外，每年召开三次"现场报告会"，各种改善案例在会上向相关人员汇报。从 2004 年 9 月举行的第一次算起到 2011 年 7 月，"现场报告会"已经举办了 22 场。

以 KASUMI 的社长（总经理）为首的全体取缔役（董事）都必须出席现场报告会。公司的商品部和负责门店的高层管理人员，以及物流合作公司的首脑也要参加。每次与会人数大约五六十人。物流合作公司的改善活动负责人在会上汇报其具体案例，其中一些案例在 JILS 大会上也获得了高度评价。

M 部长并不是所谓的"丰田流改善活动的传道士"。一开始，丰田自动织机公司提供了大约半年时间的技术指导。但这只是 KASUMI 改善活动的一个入口和开端。在这期间，M 认识到了这一方法的有效性，于是他在改善活动开始后一年左右自发报名参加了由丰田 L&F 主办的 TPS（丰田生产方式）学习班。

也正是在这个时候，M 还旁听了 JILS 主办的全日本物流改善案例大会。在会上如果听到可供借鉴的案例，就会同案例报告人联系，甚至还会带着物流合作企业的业务人员到案例现场参观。他的所有这些努力都是为了实现 KASU-MI 物流的优化。

25.2　学到了不妥协不放弃的精神

当初 KASUMI 开始实施丰田流改善活动最直接的原因是物流中心太过狭

小。在当时的 O 社长（后任会长）主导下，公司决定引进丰田流的做法。

2003 年 8 月丰田自动织机公司的顾问们（consults）第一次访问 KASUMI。他们参观了物流中心后，建议先从门店的改善着手，理由是如果不从处于供应链下游的门店入手，即使改善了物流中心，也不会从根本上改变现状。

决定先做门店的改善其实还有另外一方面的原因。KASUMI 的物流部门当时正在为公司的第二大物流中心"岩濑中心"的启动做紧张的筹备工作，忙得不可开交。而且之前他们也听说过丰田流的改善活动很不轻松，所以希望对公司自身物流部门的物流改善活动等到"岩濑中心"正式运营之后再开始，其实就是希望尽量往后拖。

一年以后的 2004 年 8 月，对物流部门的指导终于开始了。可是第一天就遇到了麻烦。那天丰田自动织机的 3 位顾问到物流中心时，碰巧 M 部长因出席公司的店长会议不在现场。于是 3 位顾问当即质问物流部门在场人员："我们为 KASUMI 而来，为什么负责人却不在场？"

可能是因为有了这样一个不愉快的开端，双方在起初的那段时间几乎每天都在争吵。M 部长后来回忆说："当初并不理解对方所说的东西，总觉得我们在规定时间内完成了工作，商品也正常地流进流出，为什么非要否定原来的做法不可？"

尽管很不情愿，但这是公司上层定下来的项目，物流部门只能带着几分勉强动了起来。先是对物流部门的员工进行了严格的培训。顾问们每两周来一次，每次逗留三天。他们会指出在现场中发现的浪费和低效，作为"课后作业"要求员工去解决。

那些日子 M 部长根本没有时间待在办公室里，从早到晚都守在现场。因为顾问们几乎每天都会来电子邮件追问，作业完成得怎么样了？"就当是公司下达的学习任务吧"，M 回忆当时的心态。

就这样半信半疑之间，物流中心一步一步地改善了作业工序，削减了作业人员，引进了为平衡物流量波动的多次配送方式等。2004 年 9 月举行了第一次"现场报告会"，M 部长在会上向相关人员介绍了今后推动业务改善的执行体制以及将要实施的具体改善项目。

虽然当初是一个半强行实施的行动，但其效果却非常明显。由于一系列的改善活动的开展，当初深感狭小的物流中心却空出了 800 平方米的空间。物流部门的员工们逐渐认同并热衷于丰田流的改善活动了。"我们从丰田那里学到了决不妥协、不轻言放弃的精神，改变了我们身上原有的'差不多就行了'的思想"（M 部长）。

25.3 在物流协作企业之间引进竞争机制

丰田自动织机对 KASUMI 物流部门的指导半年左右就结束了。之后需要 KASUMI 的物流部门自主地继续实施改善活动。这项工作中，部门内的中坚职员发挥了核心作用。

该公司的物流部（Logistics Department）是由物流小组（PD Team）和信息系统小组（IT Team）构成的。M 部长的下面，有 IT 经理和物流经理分别掌管各自的团队，共同支撑 KASUMI 的运营。

与丰田自动织机的顾问合同结束后，过了一个月，大约在 2005 年 3 月，物流小组分来了 3 名新成员，都是从信息系统小组或门店调过来的。

W 就是在这个时期从信息系统小组调过来任物流经理的，他回忆说："一开始的半年左右，我们一直被要求到现场去，每人要找出 100 个需要改善的地方。这段时间我参加了从库内作业到添乘门店配送卡车，几乎走遍了所有的作业工序，拼命地发现需要改善之处。"在现场度过了 5 个月后，到了第 6 个月，3 人分头列出发现的改善项目。

起初 M 觉得每个人要找出 100 个改善项目无法实现，可是做下来一看，每个人竟然都找出了 100 个以上的改善项目。"现在回想起来，可能正因为我们当时都是局外人，所以才能看到局内人注意不到的问题"（M 部长）。

三个人发现的改善项目被命名为"挑战 100"（Challenge the 100），于 2005 年 9 月在公司内部会议上发表。之后，针对这些项目一个一个地去突破就成为了物流部门改善活动的中心工作。

就这样，KASUMI 的改善行动，从一开始的由丰田自动织机的顾问们指出问题再由物流部门改善的方式，变为由 KASUMI 的中坚员工发现问题，并带领大家解决问题的方式。接下来又发展为如今的由物流协作企业自主发现问题并寻求改善途径的体制。

曾有一段时期，KASUMI 物流部门的人员常驻在物流中心，如今现场的所有工作都交给了物流协作企业来完成。13 名 KASUMI 的物流主管人员在管理各个现场的同时，还要负责门店与商品部等部门之间的协调工作。

KASUMI 与各物流协作企业都已合作很长时间，建立了比较稳定的协作关系。包括承接"中央流通中心"的库内作业及一半左右的配送业务的 TL Logi – Com公司、承接冷库的库内作业和配送业务的饭塚运输公司、承接"岩濑流通中心"业务的三共货物汽车公司等（见图25 – 2）。

根据指示使用笼车进行门店分拣　　　　　在冷链区配备DPS

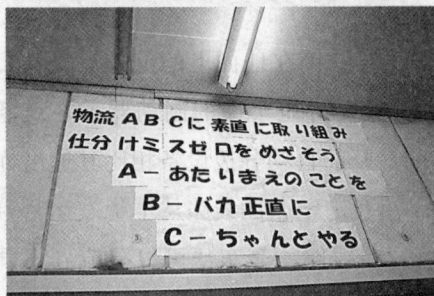

类似丰田流的标语　　　　　通过头顶上亮灯的方式发出指示

图25 – 2　岩濑流通中心改善现场

在协作企业之间引进了竞争机制。用于 KASUMI 的配送业务的卡车共有230 辆。2006 年公司开始推动所有这些卡车的节能行驶（Eco – Drive），在物流协作企业之间开展名为"节能竞技"（Eco – Race）的节能减排竞赛。每年统计竞赛结果表彰优胜。

生熊运送公司是物流协作企业之一。该公司对这个竞赛非常重视，社长本人也投入极大热情，甚至在发表会上亲自做汇报。该运输公司的彻底实施电子行驶记录器（Digital Tachograph）管理的举措成效显著，2008 年获得了 KASU-MI 授予的"年度节能奖"（Eco – Company of the Year）。当年生熊运送公司的卡车油耗水平一年平均下来，4 吨车约为每公升 6.5 千米，6 吨车每公升 6.01 千米。获得那一年"年度节能司机奖"的饭塚运输公司的驾驶员，其驾驶的 10 吨卡车年平均油耗水平为每公升 4.47 千米。

旨在减少废弃物的"零垃圾"活动也实施了三年之久。这是一项需要长期不懈努力的活动，不断提高员工的环境意识，彻底实施垃圾分类，探索资源回收再利用的途径。这项活动已经取得了显著成果，比如：青果部门每月产生的垃圾量由原来的 91.5 千克缩减到了 15.1 千克。

如上所述，KASUMI 的改善活动的对象已经不局限于物流业务了，其范围不断扩大。但是当年丰田自动织机的顾问们所指出的问题中，至今尚有未解决的项目。

在 KASUMI 的中央流通中心有一套被称为"ROAT"的物料搬运设备，已经使用了 30 多年。这种搬运设备可以说是如今的无人搬运车（AGV）的雏形。

ROAT 的工作原理就是使用一种特制的笼车在铺在地面上的链条上自动行驶。链条是嵌在物流中心的地面上的槽里。只要将笼车上的制动器卡在链条上，笼车就可以自动行走搬运货物。与当前最新的自动分拨设备相比其速度简直就是田园牧歌般的悠闲，但在功能上并不逊色。链条的线路从干货发运月台开始绕场内一周，并连接 10 条支线，沿着这些线路，笼车便可以分流到不同方向（见图 25 – 3）。

当年丰田自动织机的顾问们建议更换 ROAT，以实现更高效的分拨作业。只要在硬件设施上投资，就很容易提高出货能力，改善空间利用率。实际上物流部门过去也上交过类似的提案但都没有实现。因为公司认为：改善不应该用钱买来。用钱去买的话，产生不了智慧。

当时也考虑过撤除 ROAT 而改为用人工手推笼车的方式来分拣。但是承接该中心运营业务的国分反对这个想法。尽管 KASUMI 在内部模拟试验中发现，ROAT 运作所消耗的电费和保养费等成本与使用人工的成本基本持平，但国分

装入笼车，使用ROAT搬运　　　　仓库内的一部分用作仓储场所

ROAT按不同方向自动分拣　　　　在DC拣选后搬运至出货区

图 25 – 3　3ROAT 搬运系统

不愿意采用人工作业方式。在物流协作企业不赞同的情况下，KASUMI 不会强行推动变革。这样的姿态可能也是现场的改善活动可以持续下来的重要原因之一吧。

思考题

1. 本案例对于将物流业务外包给物流专业公司的货主企业有什么启示？

2. 物流现场的改善活动为什么常常坚持不下去？谈谈你认为可能存在哪些障碍，应该如何克服？

3. 结合本案例中的某些事实，试讨论如何平衡现场改善活动与设备改造之间的关系。

26 加藤产业的供应链管理和物流中心运营①

【提　要】日本大型食品批发企业加藤产业通过独自开发的 WMS（仓库管理系统）实现了物流中心业务标准化。WMS 系统与灵活方便的手持终端相结合，促进了管理上的 PDCA 循环。另外由于充分贯彻了在库鲜度管理，有效地防止了库存的陈腐化，减少了商品废弃带来的损失。该企业官网为：ht-tp：//www.katosangyo.co.jp。

26.1　坚持独立型食品批发企业的立场

当日本食品批发业界第一位的三菱食品、第二位的日本 ACCESS 这类综合商社旗下的食品批发企业纷纷推动企业的合并扩张的时候，处在日本综合食品批发商第四位的加藤产业与另一家独立型的批发企业国分一样属于坚持走独立自主路线的大型批发商。

其实加藤产业接受了综合商社的出资。最大股东的住友商事占 8.57%，三井物产占 8.26%，三菱商事占 4.68%，各综合商社的出资比例都不大。全方位外交式的资本结构避免了因染上综合商社的色彩而制约其与零售连锁企业的合作。

该公司业绩走势良好。2012—2013 年度（2012 年 10 月—2013 年 9 月）的销售额（联合决算）与上年度相比增加了 1.8%，达 7331 亿日元。营业利润率为 1.41%，居业界最高水平（见图 26 - 1）。

大约从二十年前开始，公司就积极引进先进的物流和信息系统。1996 年开发了独自的 WMS："KALS" 系统（Kato Advanced Logistics System），力争在公司所有的物流中心实现业务的标准化以及管理经验的积累与共享（见图 26 - 2）。

---

①　原文执笔：冈山宏之，翻译：谢蕊，监译和改编：李瑞雪

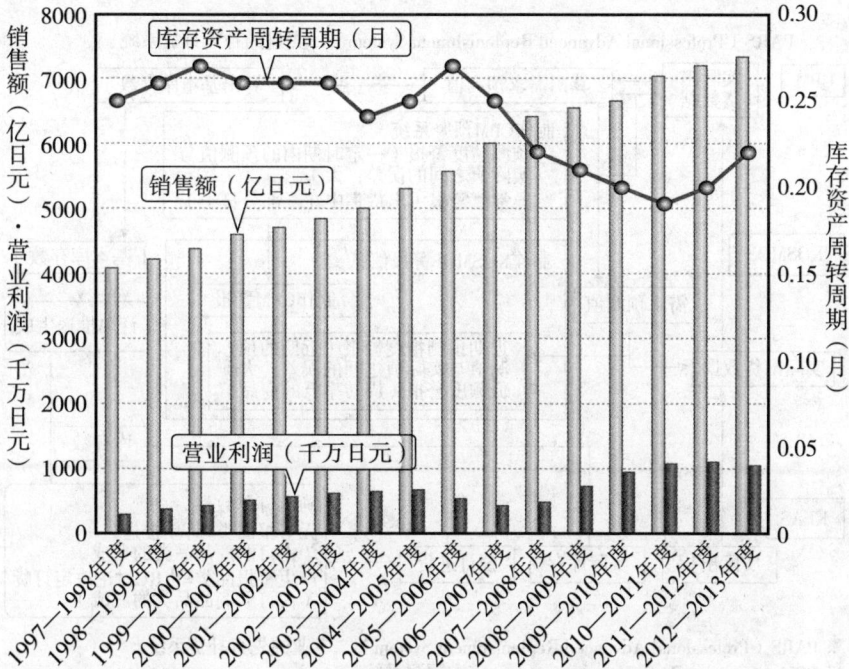

图 26 – 1　集团总业绩和库存资产周转周期的推移

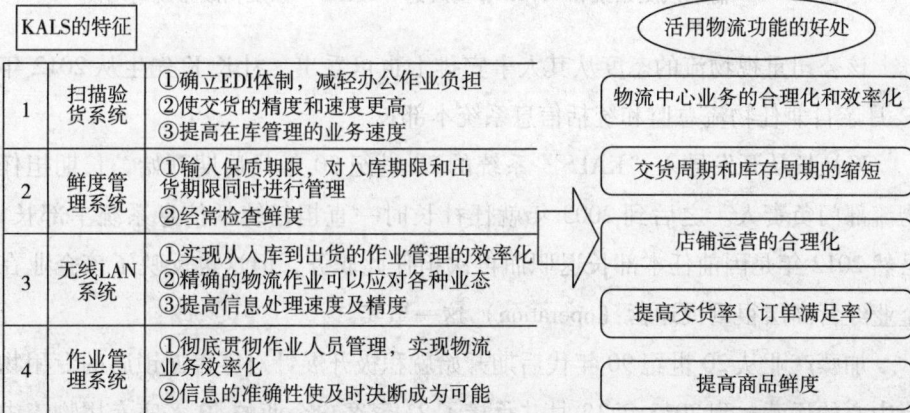

	KALS的特征		活用物流功能的好处
1	扫描验货系统	①确立EDI体制，减轻办公作业负担 ②使交货的精度和速度更高 ③提高在库管理的业务速度	物流中心业务的合理化和效率化
2	鲜度管理系统	①输入保质期限，对入库期限和出货期限同时进行管理 ②经常检查鲜度	交货周期和库存周期的缩短
3	无线LAN系统	①实现从入库到出货的作业管理的效率化 ②精确的物流作业可以应对各种业态 ③提高信息处理速度及精度	店铺运营的合理化
			提高交货率（订单满足率）
4	作业管理系统	①彻底贯彻作业人员管理，实现物流业务效率化 ②信息的准确性使及时决断成为可能	提高商品鲜度

图 26 – 2　运用全公司共同的 WMS 系统 "KALS" 来管理物流现场

　　加藤产业从 2006 年开始运行订单管理系统："PARS"。在 PARS 系统中，WMS 的 "KALS"，商流基干系统的 "KOSMOS"，需求预测系统的 "CPM" 都是其重要的构成要素（见图 26 – 3）。

PARS（Professional Advanced Replenishment System）…先进的补充订货系统

| CPM | 实际出货数据 | → 算出需求预测值 | → 算出基本库存数 |

制作CPM预警系统
　预测精度警报（一定时期内的预测值与实际值之间的误差：大）
　异常值警报（出货集中在一部分日子）

| KOSMOS | | 制作KOSMOS警报信息 | 基本库存数 |

需求预测值

制作CPM警报
＋

订单推送生成

实际出货数据

近期预测精度警报（近期的预测值与实际值之间的误差：大）
低频度警报（周转率低的商品）

库存数

| KLAS | 确定订单数量 |

实际出货　实际库存　预订进货

无警报品类=订单推送（占订购商品品类的七成）
产生警报品类=由RC讨论决定订货（占订购商品品类的三成）

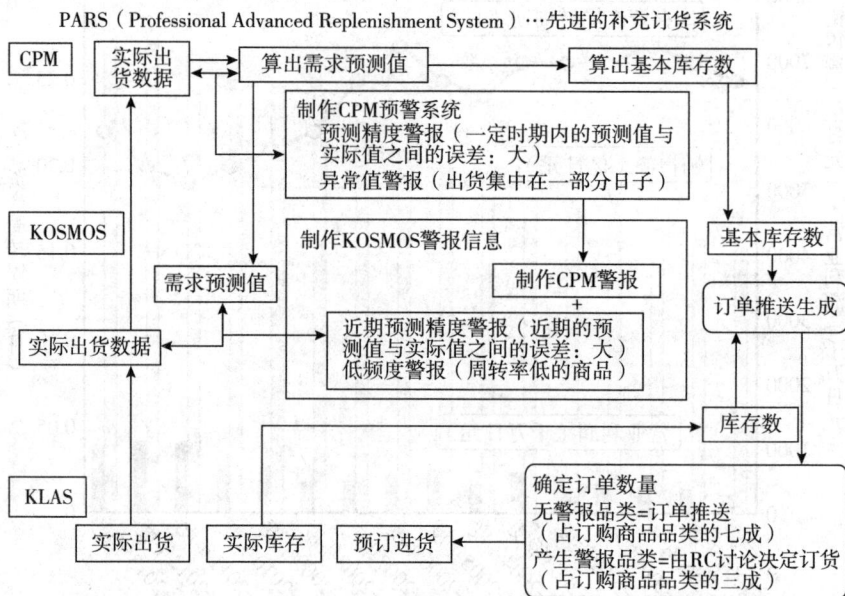

※ PARS（Professional Advanced Replenishment System），专业的先行补货系统
※ CPM（Category Profit Management），需求预测系统
※ KOSMOS（Kato Operation Support and Management Optimizing System），商流基干系统
※ KALS（Kato Advanced Logistics System），物流信息系统

图 26 – 3　需求预测系统和 WMS 等构成的"PARS"以及构成系统的功能

该公司重视物流的态度从其人事安排上也可看出，社长 K 先生从 2012 年 12 月亲自兼任物流总监和统括信息系统本部长。

K 社长从开发导入"KALS"系统的 20 世纪 90 年代后期开始，长期担任物流部门负责人。之后到 2003 年就任社长时一直担任统括信息系统本部长。虽然 2012 年是因前任本部长退职而再次担任此职务，但这也反映了该企业在企业经营高层很重视运营（operation）这一事实。

加藤产业从 20 世纪 90 年代后期开始就积极开展针对零售连锁店的专用物流中心的运营。到 2013 年 12 月共承接了 21 家客户企业的 40 多座专用物流中心的运营业务。这其中也包括将通用中心的一部分作为专用中心来使用的情况，该公司的物流中心包括通用中心在内共计 70 处，专用中心占的比例较高。

加藤产业作为中间流通企业，如何简化流通过程，如何将库存控制在较低水平都是时刻追求的课题。在 11 个分公司的管理下构建了通用物流中心。与此同时也积极拓展专用物流中心的建设。加藤产业相信：通过通用中心和专用中心的组合能够实现商品流通的效率化。

26.2 重视灵活性，积极使用手持终端

加藤产业在现场运营上十分重视灵活性，对于大规模引进和使用物料搬运设备（material handling machine）持审慎的态度。现在在公司所有的物流中心里，引进托盘自动仓库的只有三处，板箱自动仓库一处也没有。但是公司充分应用了通过无线区域网（LAN）链接的手持终端。从商品进出库，到库存的管理和盘点，乃至作业现场的管理都使用手持终端来支持。

作为"KALS"主要功能的 WMS 就是以利用手持终端为前提而设计的。在探讨是否开发该系统时，也曾讨论过要不要采用市场上销售的 WMS 集成软件。如果依照加藤产业的业务内容对现成的集成软件再进行个性化改造（customization），费用也是相当高的。于是该公司决定投资数十亿日元开发公司独有的"KALS"系统，这个决断使该公司后来在 IT 系统上积累了丰富知识和经验。

该公司的物流部长 H 先生回忆道："在此之前，本公司的现场作业都是依靠作业人员的经验、记忆及个人的直觉判断来操作的。现在把这些都交给系统来处理，通过无线 LAN 向手持终端发出指示。另外在系统里还编入了'作业管理系统'的功能。通过这个功能，可以把握每一个作业人员在各个时间段做了什么工作、做了多少。"

在 20 世纪 90 年代末，为了再次提升这一管理手法，加藤产业在一家大型咨询公司的帮助下，引进了 ABC（activity based costing）成本计算法，并在此基础上开展了 ABM（activity based management）管理活动。

作为一项长期的活动，从 2008 年开始强化业务的"预算和实绩管理"。该管理被称为"库内运营可视化"，即预先在系统中输入预测的每笔业务的货物量、作业时间、生产性、需要人数等数据，然后和手持终端里储存的实际业绩相比较，促进业务的改善。

如果"预定"和"实绩"之间产生差距的话，就要究其原因并实施具体的改善策略。改善活动实施后还要对其效果进行验证。这样的 PDCA（plan –

do – check – act）循环管理方式提高了作业品质，推动了低成本化。

H 部长告诉笔者："到作业管理阶段也能充分利用该系统，有赖于所有业务都使用手持终端。我们的基本想法是：保持'KALS'开发时的基本方针不变，同时不断加入多种功能推动系统的进化。这个系统可以不断积累管理经验，能够迅速应对客户多变的需求。"

26.3　在鲜度管理方面下功夫

鲜度管理对于食品类批发企业非常重要，在 KALS 系统中特别强化了这方面的管理功能。在加工类食品的流通领域，有一个被称之为"三分之一规则"的商业习惯。指的是如果已经超过了从生产日期到保质期限的总期间的三分之一，这样的商品是不可以出货的。这种商业习惯好坏暂且不论，以零售商为客户的批发商不得不遵从这一商业习惯。

以前只是单纯地按照商品的进货顺序采取"先入先出"的方式出货。但是从制造商那里进的货并非总是按照保质期限的先后到货的。另外物流中心为了提高运营效率采用了非固定货位方式，"先入先出"的原则有时很难实施，因此通过实现系统化进行严密精确的日期管理必不可少。

KALS 系统从 1996 年开始启动时就配备了这样的功能。在系统内输入每个客户所指定的商品的出货期限日，然后从出货期限逆推过来算出进货的期限日，以此防止进入加藤产业物流中心的商品超过进货期限。

在制造商交货时对商品的生产日期严格检查，拒收比已入库商品的生产日期还要早的货物。现在日期的前后颠倒已经被视为物流作业上的失误。就算距保质期限时间还久，但只要生产日期早于已经交货的同类商品，这批货物一般情况下都不会被接收。

这种鲜度管理系统，不仅使加藤产业能够应对客户的严格要求，也减少了尚有实用价值的商品的浪费。另外还在 KALS 系统里设定了一个所谓的"检讨期限日"，这个期限早于出货期限日。一旦到了"检讨期限日"，系统就会发出警告，然后公司马上对其能否销售进行讨论。

H 部长告诉笔者："你可能经常会听说许多批发商一旦发现商品接近期限

就会马上联络制造商要求退货，但我们不会轻率地要求退货。我们要对已经入库的商品负责任，努力把这些商品卖出去。因此，必须要在和客户约定的期限之前妥善处理，这是实施鲜度管理和开发 KALS 系统时秉承的原则。"

现在，加藤产业也在不断努力为实现作业现场使用的工具和设备的高度化。例如：该公司独自开发的拣选手推车最近又做了一些改进。在能够同时用六个折叠式料箱来拣选的基础上，又加入了称重验货的功能，提高了物流精度。这个被命名为"hyper – picking cart"的器械还在 2013 年 11 月申请了图案注册。

加藤产业开发的拣选手推车与市面上销售的一般类型的拣选手推车在形状上有差异。H 部长解释说："之前我们是使用客户指定的交货用手推车和笼车与手持终端结合来进行分拣作业的。这种做法能够用拣选的手推车直接向门店交货，省去换装的环节，在此基础上逐步进化演变为现在独自的六轮手推拣选车。"

使用这种手推车，可以使分门店和分类别的拣选作业一次完成。但是，一次拣选六个折叠式料箱对于作业人员的负荷很大。为了应对这一问题，在拣选区域附近设置了传送带用于传送已拣选完的料箱，这些折叠式料箱最后再被放在客户指定的手推车或托盘式台车（dolly）上装车出货（见图 26 –4）。

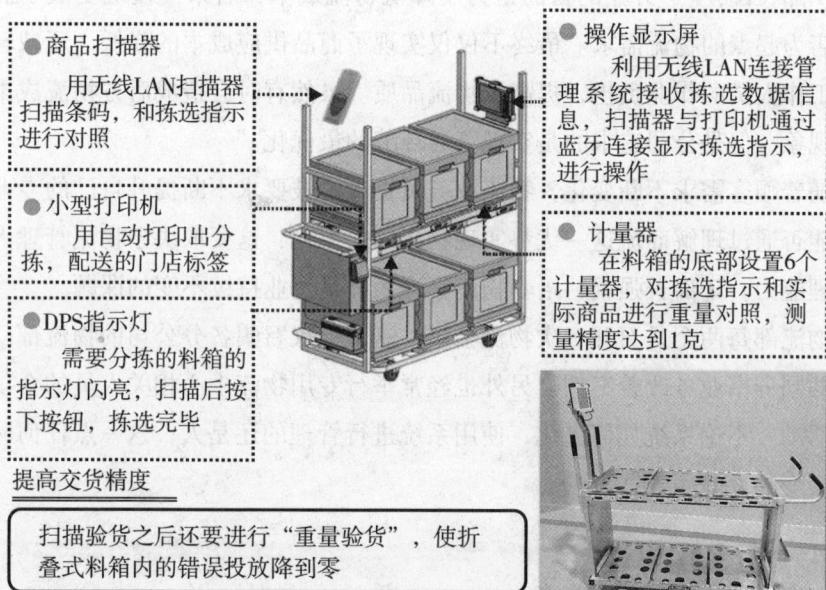

●商品扫描器
　用无线LAN扫描器扫描条码，和拣选指示进行对照

●小型打印机
　用自动打印出分拣，配送的门店标签

●DPS指示灯
　需要分拣的料箱的指示灯闪亮，扫描后按下按钮，拣选完毕

●操作显示屏
　利用无线LAN连接管理系统接收拣选数据信息，扫描器与打印机通过蓝牙连接显示拣选指示，进行操作

●计量器
　在料箱的底部设置6个计量器，对拣选指示和实际商品进行重量对照，测量精度达到1克

提高交货精度

扫描验货之后还要进行"重量验货"，使折叠式料箱内的错误投放降到零

图 26 –4　以六轮手推拣选车为基础开发的最新型手推拣选车

26.4　以对于商流的理解为武器实现差别化

加藤产业在长期经营计划中提出了实现销售额（联合决算）一兆日元的目标。到目前为止给企业带来发展的是面向零售商的一揽子物流业务，但这一业务已近饱和状态。有实力的零售连锁商大多设置了专用物流中心，今后物流中心的新设不会很多，主要是伴随物流中心整合而出现的更新改造。因此，承接物流中心运营的3PL企业之间竞争会越来越激烈。

为了应对这种状况，加藤产业大约从十年前开始就展开将物流和商流明确区分的商业模式。在商流方面不断提升解决方案的能力，而在物流方面则力争功能的高度化，以此不断扩大两方面的业务。

作为物流部门，也希望能将批发企业熟知商流的优势充分发挥到物流中心运营上。比如：能够与零售商共享销售信息，与制造商直接交涉，发挥灵活利用这些信息的独特优势，在缺货发生时能够及时补货，等等。而这些优势是一般物流企业难以模仿的差异化因素。

H部长说："一开始的目的是为了降低物流成本，后来慢慢地变成了满足以门店为起点的物流需求。最终不仅仅实现了商品供应成本的降低，还减轻了门店工作人员的作业负担，提高了物流品质。虽然有时会造成后方物流成本上升的现象，但是公司追求的是实现流通环节的最优化。"

随着顾客需求不断变化，物流业务负责人也被要求不断提升自己的专业技能。能否通过理解商流这一优势实现物流的效率化，这要取决于物流管理人员的管理能力。H部长强调，培养物流管理人员是企业持续不变的课题。

物流部每两个月召开一次物流会议。这个会议召集各分公司的物流部门负责人共同分享业务改善案例。另外也经常举行专用物流中心相关人员的会议或研修活动。不论系统如何进化，使用系统进行管理的还是人，这一点任何时代都不会变的。

思考题

1. 根据本文的案例，讨论食品供应链中鲜度管理的主要环节和基本要素。

2. 试从批发企业的经营战略角度分析商流与物流之间的关系，进而探讨物流能力对于流通企业的核心能力形成的意义。

3. 整理一下服务于零售企业门店的通用物流中心和专用物流中心在信息管理和现场作业系统上的区别。

27　TOHAN 的大型流通基地与供应链管理①

【提　要】TOHAN 是日本一家大型图书流通企业。该公司通过 2007 年正式启动的大型图书流通基地"桶川 SCM 中心",与上游的出版社和下游的书店建立了共享信息协调供需的机制,大大减少了退货。该中心高达 80 万 SKU 的库存提高了客户订单充足率。另外,该中心 2011 年开始使用 RFID 标签,将折叠式料箱配送量扩大到总出货量的 8 成左右。该企业官网为:http://www.tohan.jp。

27.1　运用新技术促进图书流通的效率化

大型图书流通企业 TOHAN 投资 300 亿日元建成了日本出版业界最大规模的流通基地——桶川 SCM 中心。近年来,该企业着力实施了一个供应链管理(SCM)项目,旨在通过与出版社和书店之间的信息共享及物流方面的合作消除供需不平衡,在减少退货量的同时增加销售。桶川 SCM 中心就是作为该项目的核心基地于 2007 年 10 月全面启动的(见图 27 - 1)。

该中心将分散在首都圈(东京为中心的地区)及各地的 31 处的订货的保管、送货、退货处理等功能集中到一处,并运用先进的 IT 技术,提高运营效率。同时,该中心集约了出版社的退货受理、库存、再发货基地,以及读者订购服务专用库、信息的采集和发送基地等功能,从而有效地支持了"能卖出的书迅速供应到能卖出的地方"。

该中心为五层建筑,使用面积达 7.6 万平方米。书店订单商品的处理工作在 1~3 楼完成。订单从书店传来后,先在三楼的库存中心用手持终端进行一揽子拣选(total picking),然后通过传送带运到一楼(见图 27 - 2)。

---

①　原文执笔:内田三知代,翻译:谢蕊,监译和改编:李瑞雪

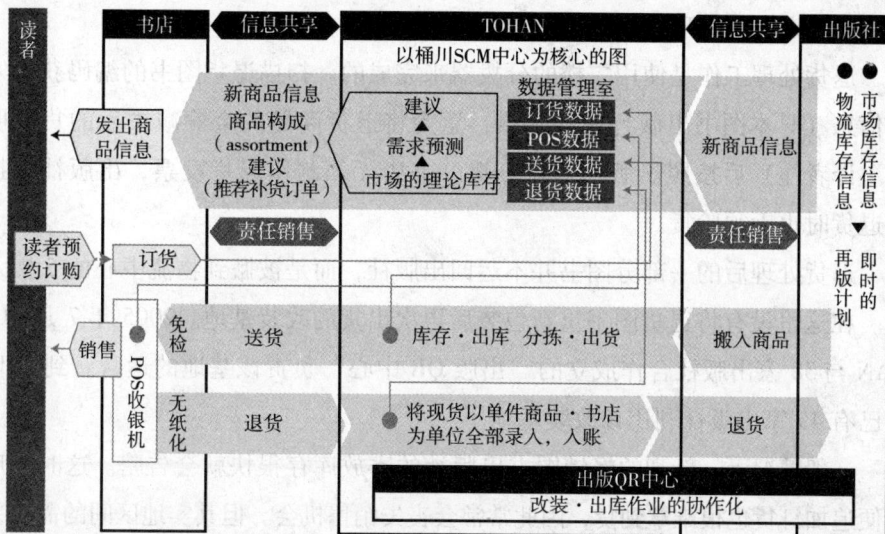

图 27-1　桶川 SCM 中心的图书流通整体示意

图 27-2　桶川 SCM 中心的作业区域

图书进入自动仓库暂存后，再根据送货计划出库，一本一本地投放到用于发货准备的高速自动分拨设备，按不同书店进行分拨。三台这样的分拨设备一共有 1200 个射出口。一天分四批处理，可处理 4000~5000 家书店的订单商品。

商品分拣时，扫描图书的条码或 ISBN 码获取向各书店送货的信息。然后按包装单位生成商品明细信息发往书店，同时将包装标签上的条码与明细信息绑定。

机械化的作业使送货失误极少发生，因此书店可以省去验货作业。配有阅读输入器（leader writer）的书店只要读取包装上的条码，从进货、验货到库存更新可以一次处理完成。

退货处理工作是使用二楼的分拨器来完成的。扫描退货图书的编码获得入账信息（日本图书出版行业的术语，意为将退货商品的金额减去后的货款明细。译者注）后按照出版社进行分拨。书店无须制作退货发票，出版社在接收退货时也无须验货。

退货处理后的一部分图书并不运回出版社，而是被搬到物流中心的 5 楼入库。在这里设有将退货图书重新包装后再次出货的改装基地。2005 年 7 月 TO-HAN 与 38 家出版社合作成立的"出版 QR 中心"负责该基地的运营。到 2011 年已有 45 家出版社利用该改装基地。

一般情况下，新刊的畅销图书出版社的寄放库存很快就会告罄。这时书店即便追加订货也很难拿到货，因此常常会丧失销售机会。但其实地区间的需求差异很大，有的书在这家书店脱销了，而那家书店却因卖不动要退货。如果能将退货的书改装后及时送往脱销的书店，供求之间的不平衡就可以得到有效改善。

但是如果将退货商品都逐一退还给出版社然后再发货的话需要耗去好多天，极有可能错过销售时机，还会产生不必要的物流费用。于是 TOHAN 与出版社在桶川 SCM 中心内共同设置了这个改装、保管、再出货的基地，在这里能够高效率地将退货商品重新投放市场。

位于五楼的"QR 中心"的业务是与二楼的退货处理作业联在一起的。二楼受理完退货后，将属于"QR 中心"用户的 45 家出版社的商品传送到 5 楼入库。

但是没有出版社的寄放库存的新刊图书有退货时要另行处理。如果书店订单的图书在中心内没有出版社的寄放库存，则须先将书名等录入系统。已经录入系统的图书来了退货不必要按照出版社分拣，而是根据订单从作业线上滑出，直接传送到中心二楼做改装处理后再次出货。

与将退货运回出版社改装再发货的方式相比，从退货到再发货的所需天数可缩短一周左右，因此实现了对书店订单的快速响应（quick response）。

27.2 80 万 SKU 的库存量，100% 的订单充足率

在日本的出版流通行业，根据图书的销售方式可以分成两大类，一类是书

店根据销售预测下订单，卖不完剩下的图书全部向出版社退货的方式。另一类是读者通过书店或互联网订购的方式。前者称为"书店订单商品"，后者称为"读者订购商品"。TOHAN 等流通企业在其中发挥着代销批发功能。

桶川 SCM 中心的四楼是由 TOHAN 的全资子公司"BOOK LINER"运营的"图书加急快递"的专用库，负责"读者订购商品"发货业务。这里主要处理那些书店内没有库存而且销量很少的商品。

与"书店订单商品"不同，"读者订购商品"是已经确定买家的，提高其订货充足率将直接带来销售额的增长。因此 BOOK LINER 针对这类商品采取提前准备库存来对应"加急快递"加盟书店的订货。

之前 TOHAN 在东京附近的川口市设置了一个 1200 坪（一坪约为 3.306 平方米）的仓库，库存 40 万 SKU（书名）来应对"加急快递"业务。桶川 SCM 中心建成后，这个业务就移到该中心的四楼，仓储面积扩大到了 3000 坪，库存数也增至 60 万册。除了书籍以外还添加了杂志的过期刊物和多媒体商品的库存。

"读者订购商品"每一书名的订货总数很少，属于典型的多品项少量型的物流形态。为了提高仓储效率，"读者订购商品"专用库内将 60 万种商品在书架上竖着摆放，并全部采用非固定货位（free location）的方式。

书架上库存的图书并没有按照图书类别来分类。漫画书的旁边有可能放着专业书籍，同一书名的图书或许被分散摆放在不同的货位。采用不固定货位可以缩短入库作业的动线。入库时在手持终端中输入货位号码绑定商品，这样就可以对所有的商品进行在库管理了。

中心四楼的"读者订购商品"专用库的库存与 TOHAN 自身管理的三楼的库存加在一起，桶川 SCM 中心的总库存 SKU 高达 80 万。这个数和 TOHAN 一年所经销图书的品项数（items）基本一致。TOHAN 确信依托这个中心几乎可以处理正在流通的全部图书。

实际上自从移至桶川 SCM 中心后，"读者订购商品"的订单满足率除了出版社也没有库存的绝版书籍以外基本达到了 100%。截至 2011 年 4 月，已有 4500 家加盟店使用"加急快递"服务。

在桶川 SCM 中心 1 楼到 5 楼各层的物流运营中获得的信息会即时传送到设在办公楼内的数据中心积累起来。汇集到数据中心的信息量极其庞大，送货数据（包含新刊）一天有 60 万册的量，退货数据一天有 65 万册的量。此外，每天还要汇集来自全日本 3000 多家书店的 POS 数据。

数据中心根据这些数据推算出各书店的库存量和各书名在市场中的库存数，进而进行需求预测。TOHAN 把这些信息与出版社和书店共享，以支援书店做出适当的进货决定，出版社做出及时的再版决定。其结果是：退货减少和销售增加同时实现。这样的效果也正是 TOHAN 当初建设桶川 SCM 中心时所希望的蓝图。

27.3　根据销售及库存信息自动补货

TOHAN 为了实现这一蓝图，在 2009 年相继推出两项措施。其中一项是被命名为"MVP Supply"的商品供给新方案。该方案使用 TOHAN 自己开发的应用软件，根据桶川 SCM 中心的送货和退货数据及各书店的 POS 数据算出各书店和各书名的库存数，再结合每家书店的地理位置、门店面积、商圈域内的竞争关系等因素综合测算后做出需求预测。然后根据需求预测数据向每家书店推送合理的进货建议，即订单推送（见图 27 - 1）。

对于畅销的新刊图书，TOHAN 使用 MVP Supply 专用库存来确保供货，在门店售完该书之前自动补货，以防止销售机会的丧失。这并不是单纯地补充卖掉的数量，而是由桶川的数据中心根据每天的销售状况和库存数来决定补货量。当销售的势头开始减弱时就逐渐减少补货数，以尽量防止大量退货的发生。

TOHON 首先在漫画书和袖珍本的供应链上应用了 MVP Supply，因为这两类图书占门店陈列商品两成左右，预估改善效果将比较大。而且这类图书与其他类别相比通年销售额比较稳定，易于做出需求预测。另外因为卷数比较多，可以较早拿到出版社的发行计划并易于向书店建议进货数。基于这些考虑，TOHAN 决定先就这两类图书应用 MVP Supply 系统。

刚开始的时候，是在新刊图书的发货基地即公司总部设置 MVP Supply 的专用库存，并由相关业务部门的员工通过手工作业来运营。随着数量的增加，为了提高作业效率，该业务被移交至桶川 SCM 中心的三楼，整合到"书店订单商品”的作业流程内了。

到 2011 年 4 月，已有 1300 家书店导入了 MVP Supply 系统。2010 年 4 月到 2011 年 1 月的公司业绩反映，新供给系统带来了明显的成效。在已导入 MVP Supply 的书店，部分类别图书的退货率与未导入这一系统的书店相比要低 1.5～2.3 个百分点。同时销售额与前年同期相比增长了 2.0～8.3 个百分点。

MVP Supply 以外另一个重要的举措是“责任销售制度”。该制度下，TO-HAN 向书店提供高利润率，但条件是对书店的退货数设一定限制。TOHAN 以前就曾经讨论过采用这样的制度，但都因为很难准确掌握“哪家书店在哪些商品上退货了多少”而无法实施。直到通过桶川 SCM 中心可以获取各书店和各书名的退货信息，该制度才得以正式采用。

适用于“责任销售制度”的品牌在 TOHAN 内部被通称为“MVP Brand”。这类商品从制作阶段就开始和出版社协商，然后设定每个书名的利润率及受理退货数量等。到 2011 年 4 月已经开发了 20 个品牌的 MVP Brand。

这些措施取得了不俗的成果。2010 年上半年的综合退货率与前一年度同期相比下降了 0.8%，其中图书的退货率下降了 1.0%。

TOHAN 的 SCM 项目是由商品开发部、采购部、物流部等多个部门通力合作下得以推动的。物流部部长兼桶川物流中心副主任 L 先生说：“今后我们要与其他部门一道强力推动与出版社之间的信息共享。”

到 2011 年，与 TOHAN 共享库存信息的出版社有 500 多家。其中也有一些出版社只为其提供有无库存的信息。TOHAN 计划“通过更加详细的信息共享减少存货点（stock point），以此能够对书店的订单做快速响应”。

27.4　灵活运用 RFID，扩大折叠式料箱的配送

TOHAN 在桶川 SCM 中心的设计阶段就已经实施一项举措：对于“书店订单商品”的送货使用折叠式塑料料箱。之前送货主要使用纸板箱，书店须承担使用完的纸板箱的处理成本，而且用纸板箱送货也很容易发生商品破损。利用可循环利用的（returnable）容器后这些问题都大为改善。而且书店也可利

用其送回退货商品，省去购买退货用纸板箱的费用。

桶川 SCM 中心启动之初，就在向出版社退货时使用这种折叠式料箱。出版社再利用这些料箱向 TOHAN 发货，这样 TOHAN 可以回收料箱。

但是与出版社不同的是，书店分布在日本全国各地，TOHAN 能否回收料箱令人担心。为了解决这一问题，TOHAN 开发了一套使用 RFID 标签（UHF 带）来管理料箱的供给回收系统，在经过试验后于 2009 年秋开始在一部分书店的送货中使用。具体做法是：将"书店订单商品"放入贴有 RFID 标签的折叠式料箱内送往书店，然后再用这些料箱运回退货。

书店订单商品集中在桶川 SCM 中心使料箱管理十分简洁。在中心一楼按照书店分拣后放入折叠式料箱，再按照运输方向分拣时通过阅读 RFID 信息使其与到货书店绑定。退货商品使用垂直搬运机搬到二楼入库，入库前扫描每只料箱的 RFID 标签，这样就可以准确捕捉"什么时候给哪个书店送货的料箱已经回收"的信息。

料箱的尺寸被统一设定为大小两种类型。大型料箱内可放置袖珍本 80 册，小型料箱可放 50 册。两种大小料箱的底部面积相同高度不同。大型料箱两层的高度与小型料箱三层的高度相同。底部的长宽采用与出版业界常用的 900 厘米×1100 厘米托盘一样的尺寸。

到 2011 年 4 月面向出版社及面向书店投入使用的折叠式料箱共计 40 万只。其中有 10 万只是面向书店的，平均一天送货要使用 1 万只。料箱回收率在 98% 左右，比当初预想要高出很多。

2011 年 TOHAN 计划将折叠式料箱的使用扩大到桶川 SCM 中心的货物处理量的 8 成左右，将投入 100 万只折叠式料箱来替换纸板箱，一年使用折叠式料箱的配送将达 1600 万只次。这样每年可削减 6 亿日元的材料费，还可减少 4000 吨二氧化碳排放量。

在日本出版业界，使用如此规模的折叠式料箱配送方式 TOHAN 是第一家。出版物大多利用专线卡车（LTL）的联合运输网络向书店送货。TOHAN 认为料箱配送在全业界内的扩大可以提高运输效率并推动了环保型物流的发展，因此该公司在日本出版代销协会的物流委员会上提议统一料箱规格，并设想在不久的将来实现折叠式料箱的共同利用。

思考题

1. 结合"快速响应"的有关理论，分析 TOHAN 的桶川 SCM 中心在图书供应链管理中发挥的功能。

2. TOHAN 在销售预测方法上进行了哪些创新？

3. 日本传统的图书流通有哪些特有的商业习惯？试探讨图书网购的扩大对这些商业习惯会产生什么样的影响？TOAN 的桶川 SCM 中心能否对应图书网购对物流的要求？

28 本田技研工业的物流基地整合与改善[①]

【提 要】本田技研工业株式会社于 2005 年投资 200 亿日元在三重县铃鹿市建设了大型售后零部件物流中心。该中心建成后集中管理了之前分散在 2 个地区共 21 座仓库的库存。通过库内运营的改善、运输方法的变革及包装的重新设计,力求实现缩短至 4S 店的配送时间及降低 30% 物流成本的目标。

28.1 建设和运营可处理 65 万 SKU 实际库存的大型物流基地

2005 年 12 月,本田技研工业(以下简称本田)利用与三重县铃鹿国际汽车赛道毗邻的公司闲置土地,建设了一座大型的汽车及通用车(如中耕车、除雪车、搬运台车、发电机、除草机等)售后零部件物流中心。该中心占地面积约 6 万平方米,总使用面积达 15.2 万平方米,是一座三层建筑的大型物流设施。投资总额约 200 亿日元,投资规模在该公司物流项目中首屈一指。

售后零部件是应对事故、故障及车检、维护时用于更换的零部件,属于新车售后市场的商品。一台汽车有 2 万 ~3 万个零部件,所有这些零部件都需要在相当长的时间内供应相应的售后配件,以满足用户的需求。

通常售后市场的零部件供应持续的时间较长。不仅在新车量产阶段,量产结束之后,只要有该型号的汽车尚处于使用状态,维修用零部件就有需求。一般来说,量产终止后的旧型车的零部件供给时间要比该车型的量产阶段长数倍。

---

① 原文执笔:内田三知代,翻译:王晓华·黎雪,监译和改编:李瑞雪

近几十年来，汽车的使用寿命有逐年延长的倾向。日本车辆检查登录协会（国土交通省的外围团体）2005 年 3 月的调查显示，以乘用车为例，用户从新车登记到注销的平均使用年数为 10.93 年，比 30 年前延长了 4 年。汽车生产企业最短也要保证在此期间持续供给维修用零部件。

维修用零部件的需求大多是突发而紧急的，很多还是不可替代的。这就要求汽车生产企业要有迅速应对订单的供给体制。能否提高供货服务水准对汽车售后市场起着关键的作用。

为了满足这样的需求，汽车生产企业大多是以保有大量库存为基本对策。汽车零部件本来 SKU 数就很多，加上每个车型四五年就有一次升级（model change），每次升级就会增加数千种零部件，因此库存量很容易变得极其庞大。既要提高顾客服务水平又要减轻库存负担，这是所有汽车生产企业售后零部件物流业务上的最大难题。

在许多的汽车生产企业内部组织结构中，量产终止后的旧车型，其售后零部件的采购工作一般都仍由原来的量产零部件部门负责。但本田在这一点上非常独特，一旦成为旧车型，其售后零部件从采购到供给、销售的供应链活动就不再由量产零部件采购部门负责，而是由另外的部门来管理。顾客服务总部（Customer Service Headquarters）统管售后零部件的采购、供给和国内外销售。由此可窥见本田对售后市场的重视。

本田的产品大体可分为三大块：①汽车（四轮车）；②摩托车（两轮车）；③通用产品（发电机、中耕机等）。针对这些产品的维修用零部件的 SKU 数 2006 年 7 月就达到了 121 万。近些年来，本田努力将那些具有相同功能的零部件合并，但却未能减少 SKU 数。保持现在的库存规模，不再增加 SKU 数就很不容易了。

登录在册的零部件中，实际保有库存的有 65 万 SKU。这样的库存规模对于应对维修市场的需求是必要的。其实每月来自 4S 店等零售店的订货量超过 500 件的品种大概也只有 3 万 SKU 左右。这一现象反映了维修用零部件物流多品种少批量的典型特性。

本田的维修用零部件的在库时间平均 3～4 个月，与其他公司相比偏长。为了缩短在库时间，同时强化在顾客服务水平上的优势，本田以顾客服务总部的零部件供给部为中心，实施了售后零部件的物流改革计划。投资 200 亿日元新建物流中心就是该计划中的重要项目。

28.2 实现了业界最高水平的订单满足率

售后零部件的库存周转率很低，原因是库存的 SKU 数量多，对订单满足率（fill rate）的要求又非常高。即使是那些通年出货很少的零部件，当因交通事故等突发情况而需要紧急配货时必须有现存的库存来应对，所以无论何时都需要保有库存。因此，必须避免出现因削减库存导致订单满足率降低，进而造成顾客服务水平下降的局面。

降低库存与提高顾客服务水平是一个二律背反的矛盾关系。本田积极探索既维持现有订单满足率水平，又能削减库存的途径。他们重新研究了向零部件供应商订货的方式，引进了高精度的需求预测系统和自动补货系统，旨在将库存向出货频率高的 SKU 倾斜，以提高库存周转率。并在现有的信息系统的基础上，自行开发了新的系统，2006 年经过测试正式投入运行。

库存削减的同时，提高顾客服务是这次改革的另一个主要目标。顾客服务包含两个重要因素：一是订单满足率，另一个是配送速度。本田对于订单满足率采用了上文中提到的维持现有水平的方针，同时又从其他的角度为切入口，努力改善顾客满足度。

说明具体的改革计划之前，先让我们看看本田售后零部件的供应流程。

本田售后零部件主要通过 4S 店销售。也有一部分是经由零部件销售公司销往配件商家及汽车修理厂。为了能在短时间内将零部件供应到买家，本田在日本全国设有 74 处被称为"HDW"的配件仓库。平均每个都道府县有 1~2 处，形成了一个比较密集的物流配送网络。

HDW 内的库存以车辆保养和修理中常用的零部件为主，这类配件出货量大、出货频率高。通过密集的 HDW 网络，实现对 4S 店的订单翌日上午送到的服务。HDW 也保管零部件销售公司从本田采购的库存。HDW 原则上由本田零部件供给部负责在库管理，而库内运营则委托给零部件销售公司。

铃鹿地区和狭山（位于埼玉县）地区的仓库负责向各 HDW 补货。不过，

HDW 内没有库存的订货，则自动从铃鹿和狭山的库存中直接拣货，然后经由 HDW 配送给 4S 店。

2005 年包括轿车（四轮车）及通用车的零部件在内，来自 4S 店的订单合计月平均达 187 万票，从 HDW 库存中实际执行的为 135 万票，订单满足率为 72%。尽管由于车型升级等因素而重新调整了库存品种的结构，订单满足率仍能基本维持在 70%~80% 的水平，再加上铃鹿仓库和狭山仓库执行的出货部分，整体的订单满足率达到了 98%。上述的"维持订单满足率的现有水平"就是指这个数字。

98% 的订单满足率显然已经是相当高的水准了。但是因为分母的值很大，以绝对数来看的话，缺货的量还是不少的。这样的话，顾客不满照旧会存在下去。但如果简单地提高订单满足率将会使降低库存变得异常困难。

因此对于未能从库存执行的订单，本田采取了即时回答其订单商品何时能被送到的办法来提高顾客服务水准。

为此，本田改变了与零部件供应商之间一直采取的订货交货方式，而是事先与供应商协商约定好各零部件的交货提前期（lead time）。在接到 4S 店等顾客的订单后，就可以自动回答送至顾客的时间。只要零部件供应商严格遵守约定好的交货提前期，即便不能立即向顾客发货，也可以告知确切的配送时间，对顾客来说，便于修理业务的安排。

这些举措带来了显著的效果。顾客订单的 99.99% 可以直接从库存中执行或立即回答送货时间。"这在业界应该是最高的服务水平了。"零部件供给部的 I 部长自信地告诉笔者。

28.3　翌日 9 点送达区域的扩大

实现上述目标之后，本田下一步瞄准了另一个强化服务的关键因素：速度。具体做法是以新建的物流中心为依托，实施"从库存型物流中心转变为通过型物流中心的运营改革"（I 部长）。

在 2005 年以前，本田一直没有在售后零部件物流设施上大力投资。作为库存及出货基地的铃鹿地区的仓库和狭山地区的仓库大半是租借的。每增加

SKU 数就需要新租借仓库，结果造成了共有 21 所仓库、总保管面积达 21 万平方米的庞大规模。

分散在这两个地区的多处仓库规模小效率低，而且很容易产生难以利用的空间（dead space）。即便想对其中的保管设施和运营方式进行变革改善，但因不是公司自有仓库而无法实施，运营成本偏高的问题十分严重。

当时向 HDW 的补货是分别在铃鹿和狭山集货后再送往各 HDW。出货频率高或体积大的零部件在两个地区都保有库存，分别负责向东日本和西日本的补货。而其他种类的零部件则由其中一个地区向所有的 HDW 补货。为了备齐补货，各地区内的仓库之间以及两个地区之间常常需要相互调货，因此容易产生仓库之间的交叉运输。

其中最大的问题是因为分两个地区发货，造成了各地区的发货量常常达不到 1 台卡车的满载量，所以只好使用零担专线卡车（LTL）来运输，而不能使用包租卡车（FTL）的方式，所需的运输时间很长。

本田制定的关于服务水平的目标是 4S 店发出订单后的翌日上午把配件送到。为了实现此目标，对于 HDW 缺货的订单，须从铃鹿和狭山的仓库于当日出货，并于翌日上午 9 点前送到 HDW，然后和 HDW 的拣货一起在中午前配送到 4S 店。

但由于当时是用零担专线运输，从铃鹿地区发往日本的东北一带从狭山地区发往日本的中四国一带以及从这两地区发往北海道、九州的货物，根本无法在翌日上午 9 点前抵达 HDW。

包装上也存在障碍。售后零部件的订货大都是以单品为单位，出货也大多是拆零包装。所以很多时候都需要在本田的仓库内将供应商交货的包装换成向 4S 店发货的专用包装，而且零担专线运输要经过中转，为了避免在中转装卸时商品受损，必须采用缓冲材料严格包装。

28.4　包装材料也要削减三成

为了解决这些问题，本田决定自己投资建设新的物流中心，将分散在铃鹿和狭山两地区的保管和出货功能全部集中起来，这样就能使出货量增加到可以利用包租卡车来运输的量。使得除了北海道之外的所有 HDW 都能在收到 4S 店订单的翌日上午 9 点前接收到来自物流中心的货物。而在新物流中心投入运营之前，在东北、九州等许多地区的 HDW 都无法实现这一点（见图 28 −1）。

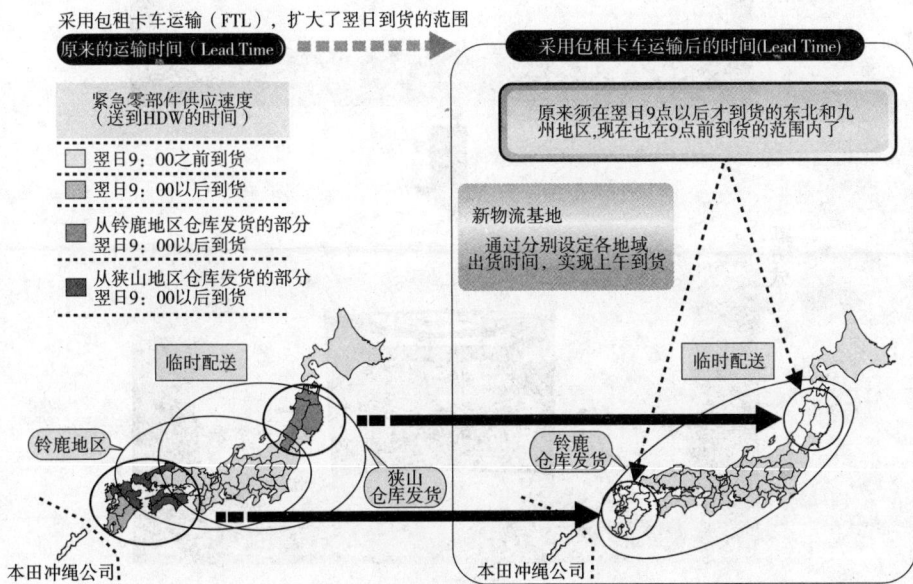

图 28 −1　新旧物流中心运营效率对比

另外，由于改 LTL 零担运输为 FTL（整车运输），在包装上便可以采用可循环使用的容器。杜绝过剩包装、减少纸板箱的使用量，力求包装简易化，采用以简易包装的状态装进可循环容器来运输。本田通过这些新包装方法的利用，特别是在那些出货频率高的零部件上，力争削减三成以上的包装材料（见图28 −2）。

本田在欧美等世界各地采取了生产互补战略。为了配合这一战略的推进，在零部件的地域间运输上，本田正积极构建利用可循环使用容器的运输体制。本田计划先在日本国内引进可循环使用容器后，逐步在全球范围推广。

物流基地的整合集约首先是在摩托车的售后零部件上实施的。2005 年 1 月利用铃鹿地区现有的内部仓库启动了摩托车售后零部件的集约体制，紧接着

现方式

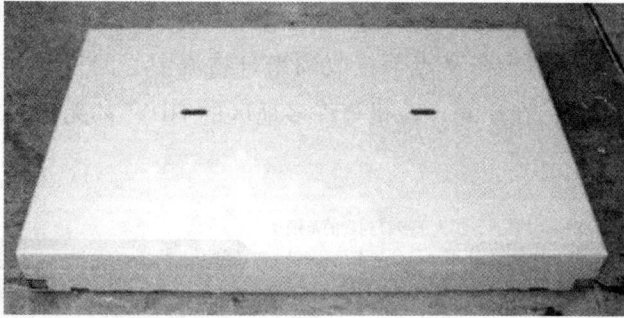

新方式

图 28 - 2 板金配件的包装简化（以发动机罩为例）

就新建了汽车和通用车售后配件的物流中心。在新建的物流中心内，除了物流功能之外还承担了质量管理方面的功能。

新物流中心为三层建筑，使用面积 15.2 万平方米。因为建设当初就立足于消除难以利用的空间、提高仓储效率、加快库存周转的仓库运营方针，新中心比原有仓库加在一起的总面积还少了 6 万平方米。在中心内，引进了利用无线手持终端的即时管理作业进展的信息系统，在搬运和分拨作业上引进了自动化装备。

以新物流中心的建设和运营为核心的物流改革有力地支持了本田削减库存和提高顾客服务的活动。在此基础上，2006 年本田又制定了包括保管、运输、包装等活动在内的物流总成本下降 30% 的物流改革新目标。

思考题

1. 压缩库存的同时提高顾客服务水平是物流管理上的巨大难题。本田的售后零部件物流在这方面采取了哪些改良改善措施，取得了哪些成效？

2. 本田的物流设施集约的目的是什么？其目的达到了吗？

3. 汽车的售后物流与销售物流、采购物流在流程设计、现场运营、物流服务水平、管理方法和指标等方面有哪些不同？

29　YAMAE 久野的现场改善①

【提　要】批发企业 YAMAE 久野承接了大型超市连锁的专用物流中心的运营业务。以此为契机，该企业开始引进丰田式的现场改善活动，并逐次在 10 所物流设施内推广。这项活动已在部分设施里坚持了下来。但各设施之间贯彻的程度尚有不小的差距，还远远没有达到在全公司范围内的全面开展。之后，该公司又引进了带有称重功能的拣选手推车和语音识别系统，试图以设备投资来完善和强化业已开展的现场改善活动。该企业官网为：http：// www. yamaehisano. co. jp。

29.1　"YAMAE 改善活动体系" 的开展

YAMAE 久野是日本九州地区颇具实力的一家食品批发企业。该公司多年来积极开展多元化经营，业务范围较广。2012 年度的销售额（联合决算）为 3135 亿日元，其中食品批发业务占 70% 左右。另外还有服务于生产企业的原材料采购业务以及向牲畜饲养行业销售饲料等业务、向建筑企业销售预加工木材业务等。

在食品业务上，YAMAE 久野从最初的加工食品和酒类批发，逐步扩展到畜产品和水产品的生产加工等领域。一度还经营过养猪场、养鸡场以及食品超市。虽然经历过许多挫折，但 YAMAE 久野一直都在摸索适应批发企业的战略方向。

该公司的常务董事 Y 先生对于批发企业的功能十分自信，他告诉笔者："把原材料采购过来销售给生产企业，再将生产企业制造出来的成品流通到超

① 原文执笔：冈山宏之，翻译：黎雪·卢梅，监译和改编：李瑞雪

市等零售企业。这一系列功能只由批发企业来承担，这就是所谓的供应链。"

　　YAMAE 久野开展一揽子物流中心的运营业务已经有很长历史了。1996 年为了经销某零售连锁企业的常温食品业务，设立了建筑面积达 18000 平方米的库存型专用中心（DC）。当时在日本，一揽子物流还处于黎明期，日本国内几乎没有可以作为参考的先例。所以公司派人前往美国连锁超市 Supervalue 参观，获得了一些经验和知识。根据这些经验边干边摸索，规划构建了物流中心的各种运营体系。

　　在那之后，YAMAE 久野积极地拓展承接专用物流中心运营的业务。现在，在九州等地区共运营 25 所专用物流中心。除此之外，还在 20 多个营业所运营有通用物流中心。

　　物流现在已经明确定位为公司的核心业务，但 YAMAE 久野在战略性物流管理的意义上其实起步很晚。公司在 2007 年才设立物流部，在那之前，物流管理仅仅是营业部的一个职能而已，各地的物流设施都是由营业部管理的，是否设立新的物流设施也是由营业部来决定。

　　企业在 2000 年时的经营面临了一些困难，促使了物流方面的变革。其中重要的措施之一是在全公司推行低成本的运营。为此于 2007 年成立了物流部。Y 先生就是第一任物流部部长。他回忆说："当时我们开始清醒地认识到，如果不把作为批发企业竞争优势基础之一的物流战略梳理清楚，公司就很难发展。"

　　同年还出现了另一个契机。2007 年 11 月起 YAMAE 久野承接了北九州市的一家大型超市的专用物流中心的运营业务。这家超市企业当时正在开展丰田生产方式（TPS）的现场改善活动，YAMAE 久野承接运营的物流中心里也引进了 TPS。

　　来自丰田自动织机公司的顾问们对物流中心的现场改善活动指导了约两年时间。其中的一年，丰田自动织机的顾问常驻在物流中心里，对中心的员工进行了彻底的培训和指导，在全员参加的前提下，实施了 2S（整理、整顿）、可视化、标准化、节约化以及作业人员多面手化等各项活动，使物流中心的面貌大为改观。

　　这些活动被命名为"YKS"（YAMAE 改善活动体系）。YAMAE 久野总公司的相关负责人也长期深入现场，努力推动人才培养和相关知识经验的积累（见图29－1）。

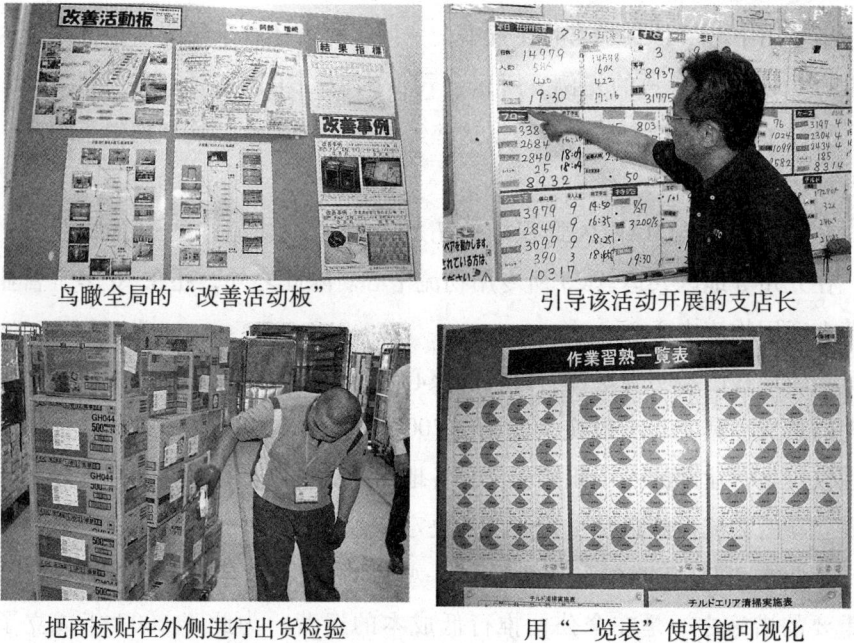

鸟瞰全局的"改善活动板"

引导该活动开展的支店长

把商标贴在外侧进行出货检验

用"一览表"使技能可视化

图29－1　通过 YKS（YAMAE 改善活动体系）推进现场改善

这些努力获得了可喜的收获。Y 常务满意地告诉笔者："一个不采取任何改善措施的物流中心，其运营成本会随着货物处理量的增加而上升。但是在坚持推行 TPS 的物流中心内，即使货物量增加成本仍会降低，这一点非常了不起。"

YAMAE 久野很快就试图把"YKS"引进到其他的物流中心，但障碍很多进展缓慢。尽管已经在 10 所物流中心里推动了"YKS"的实施，但仅在其中的一部分中心里得以坚持下来。特别是在那些现场负责人比较消极的物流中心更是困难重重，无法推进。

不过物流部的 M 次长对此并不悲观："没有现场的自主性，这样的活动就不能持久。那些把改善活动坚持下来的物流中心里，员工们都变得很有想法很有创意，这对公司来说是笔巨大的财富。"

29.2 引进最新的物流设备

YAMAE 久野还引进了最新的物料搬运设备等来改善业务效率。在刚开始实施 YKS 的物流中心里，一般都会同时引进附带称重功能的拣选手推车（岛津 SD 公司生产），以提高拆零拣选作业的效率。

作业人员在手推车上放 3 个折叠式料箱同时拣选货物。由于每次都对拣选的商品扫描并称重，这样可以有效地防止拣选误差的发生（见图 29－2）。带称重功能的拣选手推车每台价值约 150 万日元，YAMAE 久野仅在这所物流中心就购置了 20 台。尽管 TPS 并没有提倡这样的设备引进，但 YAMAE 久野把消除拣选误差作为最优先的课题，所以做出了这样的决断。

引进带有称重检品功能的拣选手推车防止误差发生

拣选手推车可配置3只折叠式料箱同时进行拣选作业,但又能轻松地推动行走

图 29－2 采用带有称重功能的拣选手推车提高了劳动生产率

以前使用的是手持便携终端，但拣选误差总不见减少。而引进上述的拣选手推车后，不仅提高了劳动生产率，而且拣选误差几乎降到了零。现在已经有

好几个物流中心都引进了同样的拣选手推车。

2012 年 6 月又开始实施了利用另一种先进技术的现场改善活动。在一所专用物流中心里，引进了 Vocollect 公司设计生产的物流系统来对水果蔬菜类商品作箱单元拣选，这套系统采用了先进的语音识别技术。

水果蔬菜类的分拣作业以前都是按照打印在纸上的拣选指示单（picking list）来进行的。因为水果蔬菜类商品没有贴上条码，只能靠作业人员目视，而无法通过扫描识别，拣选作业速度很慢，而且每个月都会发生 2～3 次的误差。一旦出现拣选错误，门店就会投诉，使 YAMAE 久野为此非常困扰。

就在 YAMAE 久野苦恼如何解决这一难题的时候，得知了 Vocollect 公司的语音物流设备。于是 YAMAE 久野投资 2000 万日元引进了四套，并开发了相关的软件系统。尽管投资额很大，但 YAMAE 久野认为：只要能减少误差，获得顾客信赖，就是合理的投资。

29.3　语音物流系统使生产效率提高了三成

语音物流系统的引进获得了超乎想象的效果。刚开始的时候，生产效率只提高 2 成左右，但随着作业人员渐渐适应，通过调快语音提示速度，更进一步地提高了生产效率。三个月之后，生产效率比之前提高了 31.4%（见图 29－3）。

错误率几乎为零。Y 次长自豪地说："这一系统投入使用以来已经有一年多了，期间没有发生过一次错误。当然在利用语音系统来进行分拣时仍会有错误出现，但在中心内其他工序和系统的协作下，我们已经可以做到确保拣错的商品不会从物流中心发出去。"

语音提示的信息包括拣选商品的货位、品号、个数，等等。这与手持终端所显示的信息基本上是一样的，作业人员通过语音一边与电脑进行确认，一边拣选，使得准确率大大提高。

由于作业人员在作业中不需要去看拣选指示一览表（picking list）或便携终端的屏幕，而且双手都可以自由使用，所以这种作业方式的速度更快。即使是新手，只要大约一周时间就能达到一般作业人员的平均速度（见图 29－4）。

1. 第一次分拣（入库检验）
时间（秒）/笼车（平均值）

△40.5%
作业时间增加

31.7　49.3　53.3

导入前　刚导入时　导入后

导入后的单位作业时间的增加是
因为作业人员的变化

作业对象的笼车数
导入前：3
刚导入时：4
导入后：12

2. 第二次分拣（按门店分拣）
时间（秒）/箱（平均值）

▲53.3%
劳动生产率提高

21.4　15.3　10.0

导入前　刚导入时　导入后

作业对象的笼车数
导入前：18
刚导入时：29
导入后：95

3. 出货检品
时间（秒）/门店（平均值）

▲81.5%
作业时间增加

99.0　18.3

导入前　刚到导入时　导入后

作业对象的笼车数
导入前：1
刚导入时：-
导入后：25

评价
■ 第一次分拣平均每1笼车的作业时间增加40.5%
（22秒/笼车）
■ 在分拣作业中，第二次分拣和出货检品的劳动生产率分别提高了53.3%和81.5%

分拣/出货作业的劳动生产率得以很大的改善，整体的劳动生产率提高了31.4%。

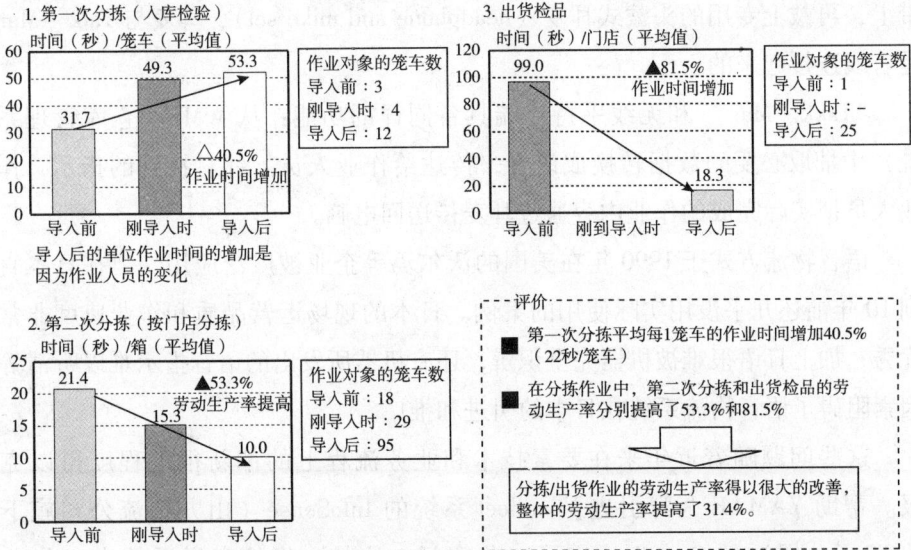

图 29-3　提高了蔬菜水果类箱单元分拣作业效率的语音物流系统

可以双手自由作业

应用在进货检品和分拣作业

边听语音提示，边搬运商品

在"Talk-Man"上调节语音速度

图 29-4　引进语音识别系统实现了零误差

作业人员作业时须把一个重约 330 克的专用终端（"Talk-Man"）挂在腰

带上，再戴上专用的头戴式耳麦（headphone and mike set），耳麦与 Talk – Man 是有线连接起来的。

"Takk – Man" 和无线手持终端具备同样的功能：从 WMS（仓库管理系统）中抽取必要的数据转换成语音，传达给作业人员。针对接到的指示，作业人员把实际完成的作业内容通过耳麦传送回电脑。

语音物流方式于 1990 年在美国的沃尔玛等企业被广泛应用。但在日本直到 10 年前还几乎没用实际使用的案例。日本的现场运营品质和作业速度非常优秀，加上日语很难被机器完全识辨，还有机器所发出的语音指示难以听清等因素阻碍了语音物流系统在日本的引进和推广。

这些问题随着近年来在要素技术和业务流程上的革新很大程度得以克服。帮助 YAMAE 久野引进 Vocellect 系统的 InfoSense（山九物流公司旗下的 IT 子公司）的 O 先生透露了一些窍门，比如：将特定说话的人（作业人员）的声音事先录入到 "Talk – Man" 系统里就可以大大提高辨别率；按照事先制定好的 "对话流程" 来对话，业务的劳动生产率就会得到大幅改善。

举一个 "Talk – Man" 与作业人员对话的例子。计算机问作业人员："商品编码是什么？"作业人员读出该商品的编码。如果没有差错就进入下一个工序，指示需要分拣的商品个数等。作业人员边复述内容边作业。

这就是所谓的人机对话。提高作业效率的关键在于事先做好对话流程。要尽可能地让作业人员使用简单的词语，尽量让机器多说。作业人员的语句越长，系统的识别率就越低。所以系统设计时，要尽量使作业人员只需说出数字、拉丁字母、"是""不是"等极简单的语音。

这样的对话流程的设计属于系统开发中的 "要件定义"。InfoSense 是一家大型综合物流企业的 IT 子公司，多年来一直从事 WMS 等系统的开发，在这方面积累了丰富的经验，具备很强的实力。

不过，语音物流系统的引进项目获得成功要归功于 InfoSense 与 YAMAE 久野两家公司的密切合作。"没有相关各方的共同努力，这个项目是不可能顺利进行的。YAMAE 久野的物流部非常积极、全力以赴。物流中心的现场作业人员对改善业务都有很强的意识，非常配合。这个才是项目取得成功的关键因素。"InfoSense 的董事兼业务部部长 I 先生告诉笔者。

YAMAE 久野对于获得的效果非常满意。特别是对于消除了误差，取得客户企业的门店的信任这一点，YAMAE 久野给予了极高的评价。这套系统已经在其他的物流中心引进，用于常温特卖商品的业务中，今后还打算应用到日配品中。

29.4　看清投资效果

值得注意的是，语音物流方式也有它的局限性。在业已导入 DPS（Digital Picking System）等系统的现场，其效率化已经达到了一定程度，引进语音物流方式不太可能获得类似蔬菜水果类商品分拣案例的效果。估计生产效率的提高最多也就为 10%～15%。如果只有这点效果，要回收投资需要很长时间。所以拆除已有的设备而引进这样的系统，恐怕得不偿失。

在这种情况下，不需要依托新设备投资的改善活动，比如上文提到的"YKS"，则大有用武之地。也就是说，首先应该做脚踏实地的改善活动，在此基础上再判断引进最新设备和系统的必要性。

YAMAE 久野的业务大多集中在九州地区。这一地区的市场已经非常成熟，建设新的 DC 型的专用物流中心的市场空间已经很小了。所以该公司今后打算建设一批 TC 型的通用型物流。

思考题

1. 旨在改善和提高物流中心的运营现场的活动常常难以开展或难以持续。最大的障碍在哪里？结合本文的案例谈谈你的看法以及克服的途径。

2. 如何处理物流中心现场的改善活动与先进的设备引进之间的关系？本文的案例提供了什么样的启示？

3. 日本的许多批发企业都将物流中心的运营业务定位为核心业务之一。结合企业战略的相关理论谈谈该战略方向的合理性和局限性。

后　记

　　本书是 2013 年出版的《日本企业物流与供应链案例精选》一书的姊妹卷，或可称之为后续卷。《日本企业物流与供应链案例精选》问世以来，读者的反响超出预想。笔者还收到了许多读者的 E-mail，希望给予更多更详细的案例介绍。笔者有一些在中国国内大学从事物流教学工作的朋友，他（她）们曾把该书作为物流管理课程的辅助教材使用，许多选课的大学生和研究生也对书中的案例表现出了浓厚的兴趣，还积极地反馈了很多意见和想法。该书的价值还得到了物流学术组织的肯定。在 2014 年中国物流学会的学术年会上，《日本企业物流与供应链案例精选》荣获了第四届物华图书奖一等奖。作为该书的主编，笔者深感欣慰！

　　笔者深知：《日本企业物流与供应链案例精选》所获得的良好反响并不能说明该书的水准如何，只不过是该书适应了一部分读者的切实需求。该书通过真实的案例叙述向读者提供物流管理上成功的经验和挫折的教训。在叙述中力图还原当事人的困惑、苦恼、探索、实践、奋进、反思的过程，回避抽象空疏的教条式分析，不吝啬基于现场观察和访谈的细节描述，以期让读者有一种近似如临其境的体验，进而自己去思考案例中各种举措的巧拙与得失。结果证明，这样的专业图书能够得到至少一部分读者的支持。早在规划《日本企业物流与供应链案例精选》一书时，就曾设想今后每隔一两年出版一本，形成系列。但这一设想能否付诸实施，终究要取决于读者的态度，而当时心里是没底的。所幸读者的积极反响给出版社和笔者带来了不少的信心和勇气。《日本企业物流中心案例精选》就是在这样的背景下诞生的。

　　本书虽为续卷，但并未沿用前一本书的书名。而且在内容和结构上也作了较多的改变。首先在选材上，前一本书涵盖了物流与供应链的几乎所有主题；而这本书则围绕物流中心的规划建设与运营改善这一单一主题来选择案例，针对性更强。通过本书的 29 个案例，读者可以比较全面地了解日本企业在物流中心方面的特征，发现值得自己借鉴学习或引以为戒的内容。另外在结构安排上，改变了上一本书根据业态（制造业、批发业、零售业、物流业）来编排的方式，而是根据物流中心的不同侧面分为规划与建设、运营与革新、现场改善三部来分别选取合适的案例。

聚焦物流中心的选材与笔者在中国国内调研时的观感有着直接的关联。尽管在中国现有的仓储设施存量中，陈旧落后依赖人手作业的仍占相当大的比例，但近年来各地迅速兴建了大量的各类新型物流中心，并投入了各种各样先进的物料搬运设备（Material Handling Machine）。更重要的是，许多企业经营者逐渐认识到了物流中心对于物流管理（Logistics Management）、供应链管理（Supply Chain Management）乃至整个运营管理（Operations Management）的重要性，因此对于设立高效的现代化物流中心，提高企业运营水平抱有极大的热情。但在设计建设和管理物流中心上，缺乏足够的经验和知识是很多国内企业面临的普遍问题。介绍在这些方面先行一步的日本企业的经验和教训，或许能够给他们提供一些可供借鉴的资讯。这一动机直接促成了笔者决定将本书的选材集中在物流中心这个主题上。

特别要提到的是，深圳星利源商贸物流集团董事局主席林立方先生对本书的支持。林先生也是跟笔者联系的《日本企业物流与供应链案例精选》的读者之一。他的公司已在华南地区启动了一项名为 iDC 的项目，主要是建设和运营大型的智能化快速消费品物流中心，以此为平台依托打造一个有别于传统流通渠道的新型快速消费品供应链，整合和提升传统零售门店的经营能力和营销水平，进而构筑先进的供应链金融平台、大数据营销平台、全渠道配送平台，推动中国城市流通的现代化进程。林先生读了《日本企业物流与供应链案例精选》后与笔者联系，邀请我为 iDC 项目建言献策，鼓励并支持我们将日本企业物流中心的案例翻译整理出来在国内出版。正是在他慷慨的经济支持下笔者才得以获取案例并组织人员整理和翻译。在案例编译过程中，林先生和他的团队总是最热心的读者，并提出许多宝贵的修改意见。在此谨向林先生和他的同事致以衷心的感谢，并祝愿他们的 iDC 项目成功。

本书尽管在选材范围和结构上与前一本书相比作了较大的调整，但坚持了同样的编写方针。不妨让我们引用一下《日本企业物流与供应链案例精选》的后记中阐明的这一原则。

"本书的案例有别于一般商学院教学中常用的 Case Method（案例教学法）。……这些课上使用的案例大多都是为了让学生更深入准确地理解掌握某些管理学或经济学的理论或方法，培养学生分析商业现象、思考解决问题的能力而撰写的，其中不乏纯属架空的教学案例。本书的案例也有别于由严谨的社会科学学者们基于绵密深入的田野调查（Field Research）而梳理出的案例。这类案例的目的在于通过典型案例中的事实和事实间的合理逻辑，科学地归纳探索本质性、规律性的理论。而本书中的所有案例则如同一部部短篇的物流现场纪录片，尽可能原汁原味地向读者展现日本企业的物流现状以及物流工作者的苦恼、探索、奋斗和获得的成效。

……

本书就是要给读者提供一种富有临场感的学习和借鉴方式。对于从事物流业务的管理人员，本书可以用于标杆分析（Bench Marking）的素材。对于攻读物流专业的本科生和研究生，阅读本书可消除缺乏现场实习所造成的认知模糊，帮助将似懂非懂的理论和概念融入真实的物流运营现象中。而从事物流教学的学者们则可以用本书作为辅助教材，根据课程需要灵活地将本书中的案例编排为合适的教学案例。物流学者和研究人员可以从本书的记述中了解日本企业在物流与供应链管理上的动态，也可以将本书作为研究日本物流的基本素材来使用。"

秉承这样的原则，笔者梦想在不远的将来，能够出版关于中国企业物流与供应链管理案例的图书。相信像深圳星利源商贸物流集团这样的虚心借鉴国外先进经验的同时又锐意创新的中国企业会越来越多，所以我们相信这一梦想一定能早日实现。

最后，作为本书的主编向所有为本书出版作出贡献的人员表示由衷的谢意，其中有同意用中文编译出版的内田三知代、冈山宏之、夏川朋子、森泉友惠、刘屋大辅 5 位日文原文撰稿人；有利用业余宝贵时间参与中文翻译工作的黎雪、王晓华、谢蕊、李英实、金艳华、王亦菲、卢梅、张远航；还有将案例中繁杂的图片收集整理出来的中岛祐等。主编在编辑过程中，对各位的原稿及翻译稿作了不同程度的改写，感谢你们的宽容和支持。

中国财富出版社的编辑对笔者的选材及编写方针给予了极大的理解，并耐心地等待一再拖延的稿件。在此深表感谢！

李瑞雪　大矢昌浩

2015 年 5 月于东京